Maneja tu dinero

PARA

DUMMIES™

Maneja tu dinero

PARA

DUMMIES™

Robert Morán Quiroz

¡La fórmula del éxito!

*T*omamos un tema de actualidad y de interés general, añadimos el nombre de un autor reconocido, montones de contenido útil y un formato fácil para el lector y a la vez divertido, y ahí tenemos un libro clásico de la serie ...para Dummies.

Millones de lectores satisfechos en todo el mundo coinciden en afirmar que la serie ...para Dummies *ha revolucionado la forma de aproximarse al conocimiento mediante libros que ofrecen contenido serio y profundo con un toque de informalidad y en lenguaje sencillo.*

Los libros de la serie *...para Dummies* están dirigidos a los lectores de todas las edades y niveles del conocimiento interesados en encontrar una manera profesional, directa y a la vez entretenida de aproximarse a la información que necesitan.

www.paradummies.com.mx

¡Entra a formar parte de la comunidad Dummies!

El sitio web de la colección ...para Dummies está pensado para que tengas a mano toda la información que puedas necesitar sobre los libros publicados. También te permite conocer las últimas novedades antes de que se publiquen.

Desde nuestra página web, también, puedes ponerte en contacto con nosotros para resolver las dudas o consultas que te puedan surgir.

Asimismo, en la página web encontrarás muchos contenidos extra, como por ejemplo los audios de los libros de idiomas.

También puedes seguirnos en Facebook (facebook.com/dummiesmx), un espacio donde intercambiar tus impresiones con otros lectores de la colección ...para Dummies.

10 cosas divertidas que puedes hacer en www.paradummies.com.mx y en nuestra página de Facebook:

1. Consultar la lista completa de libros ...para Dummies.
2. Descubrir las novedades que vayan publicándose.
3. Ponerte en contacto con la editorial.
4. Recibir noticias acerca de las novedades editoriales.
5. Trabajar con los contenidos extra, como los audios de los libros de idiomas.
6. Ponerte en contacto con otros lectores para intercambiar opiniones.
7. Comprar otros libros de la colección en línea.
8. ¡Publicar tus propias fotos! en la página de Facebook.
9. Conocer otros libros publicados por Grupo Planeta.
10. Informarte sobre promociones, presentaciones de libros, etcétera.

Sobre el autor

Cuando se rompió una pierna, el autor, Roberto Morán, se hizo el propósito de aprender a bailar salsa en cuanto se recuperara. Le serviría, además de, para no quedarse sentado en todas las fiestas como hasta el momento, para probar las teorías de los nuevos economistas del comportamiento que dicen que sí es posible ponerse objetivos y metas, siempre y cuando se tengan los estímulos adecuados. Morán pensó que si podía adquirir el hábito para contar "1-2-3, pausa; 1-2-3, pausa", entonces todo era posible en el mundo, incluso manejar el dinero, en lugar de que los asuntos del dinero lo manejan a uno.

Roberto Morán estudió Economía en la Universidad de Guadalajara, aunque por mucho tiempo consideró que prefería la comunicación y el periodismo (carreras que no había en la queridísima *alma máter* de sus padres y sus hermanos mayores). En su vida laboral se decantó por el periodismo y mucho después encontró que la economía le gustaba tanto como la comunicación. Además, en el periódico al que entró a trabajar no había plazas para escribir sobre las jacarandas y los tabachines del centro de Guadalajara, como él quería, sino para cubrir las noticias de economía y negocios, en momentos cuando se firmaba el Tratado de Libre Comercio de América del Norte y se vivían los efectos de la apertura económica de México.

Tras varios años de encajarle, figurada y a veces realmente, el micrófono en la boca a los funcionarios del gobierno, empezó a editar la sección de finanzas personales de una revista de negocios y después fue el editor de una revista especializada en el tema, llamada *Dinero Inteligente*, que murió por falta de anunciantes, pero que sirvió para que el autor profundizara en el tema, encontrara que hay una gran demanda de información sobre las finanzas personales y se hiciera de muy buenos amigos; sobre todo, amigas.

Roberto Morán ha tomado diversos cursos sobre manejo de inversiones y se ha concentrado en leer libros clásicos que pueden ilustrar muy bien los usos y costumbres actuales, pero que rara vez le ganan adeptos a la hora de las pláticas de sobremesa. Y sobre la salsa: ya puede contar los pasos y las pausas, solo le falta hacerlo al mismo tiempo que los músicos.

Agradecimientos

Este libro contó con la generosa asesoría y comentarios de Cristina de la Torre, mi esposa, y de Alejandra Xanic, Teresa Medrano, Blanca Gómez, Manuel Cullen, Jorge Petersen, Silvia Lailson, Juan Musi, Andrés Branciotto y Adrián Katzew. Muchas gracias por los ánimos y el ejemplo que siempre me dan Iván Carrillo, Armando Talamantes, Carlos Velázquez, Angélica Plascencia, Hilda Morán, Irene Córdova, Rodolfo Morán, Sofía Macías, Adina Chelminsky, Isela Muñoz, Regina Reyes-Heroles, Verónica García de León, Roberto Rodríguez y Rodrigo Hernández.

Dedicatoria

A Cristina

Sumario

· ·

Introducción

POR HABER GASTADO MAL Y GUARDADO MAL, HAN PERDIDO EL PARAÍSO.

Dante Alighieri, *La Divina Comedia*

Los derrochadores, aquellos que tienen su tarjeta de crédito más allá del tope y gritan que necesitan ese último, último, último videojuego/libro/palo de golf/modelo de teléfono o par de zapatos, sufrirán en el infierno. Pero no te rías. También estarán ahí los tacaños, quienes no disparan una comida ni en defensa propia, los que trabajan y trabajan durante los mejores años de su pareja/hijos/papás con la esperanza de lograr un ascenso o conservar la oficina súper lujosa; los que no gastan ni en una blusita para ir a una fiesta y los que no organizan la fiesta y los que ladran para no mantener a un perro.

Lo peor de todo es que los derrochadores y los tacaños estarán en el mismo círculo del infierno: el cuarto, para ser precisos, según *La divina comedia* de Dante. Su castigo será enfrentarse entre sí por toda la eternidad: los derrochadores caminan para un lado, los avaros para otro y se lanzan unos a otros enormes pesos, se dan grandes golpes y se recriminan a gritos: "¿Por qué guardas?" "¿Por qué derrochas?".

¿Cómo que el mismo castigo para los dos extremos del manejo del dinero? Por la sencilla razón de que cualquiera que sea el camino, si te obsesionas con el dinero el resultado será el mismo: no vas a disfrutarlo. Y deja tú que disfrutes el dinero: tampoco disfrutarás la vida, porque el soplo de los bienes de la Fortuna pasa con rapidez.

Antes de que voltees a ver la portada para checar si no te equivocaste de libro y tomaste uno del estante de literatura o de filosofía, regresa aquí. Las leyendas y la tradición literaria nos ayudan a entender mejor el dinero y nos servirán de guía a lo largo de este libro.

El dinero es el resultado de una convención de la sociedad. Vale porque todos decidimos que valiera. Es como los semáforos: todos aceptamos esos símbolos, con ganas o sin ganas, para dejar pasar o no a otra persona al llegar a una esquina. Nadie ha dicho nunca que el color verde tenga un valor por sí mismo ni que el signo de alto sea malo porque desata las pasiones. Del dinero sí se han dicho esas cosas, porque no está tan claro cómo es que llega y cómo es que se va, y porque la ambición, la envidia y la falta de claridad (no el dinero) han desatado peleas familiares y guerras con bombas y *drones*.

Para manejarlo mejor necesitamos un poco más de información. En el primer capítulo te platico de dónde viene, según algunos autores. Y eso creo que va a servir para que sepamos adónde se va, que es lo que nos preocupa a casi todos y que será el tema de casi todo el resto del libro.

La primera parte es una exploración sobre diferentes teorías que hablan del dinero en general. Ahí derrumbaremos las ideas complicadas que tal vez te impiden manejar mejor el dinero. En la segunda iremos a las bases de las finanzas personales. Voy a revelarte un secreto. Lo más probable es que ya te sepas todos esos consejos y regaños que dan los autores de finanzas personales: que gastes menos que lo que ganas, que hagas un presupuesto, que pienses en el futuro, que dejes ahí... El secreto está en que todos estamos igual de zonzos al tener dinero en la bolsa o en la cuenta del banco, pero sí existen trucos para manejarlo mejor.

La tercera parte te habla de las oportunidades que tienes para construir un patrimonio. Para eso van a servirte los bancos un ratito, pero también te ayudará conocer un poco más de otras instituciones financieras.

La última parte es para tiburones. Si quieres meterte a invertir en la Bolsa de Valores o en bonos de una empresa extractora de gas en Bolivia, tendrías que conocer algunas de estas noticias que voy a contarte. Y, ¿qué crees? Las reglas de las inversiones también se aplican para algo que en apariencia es más sencillo: prestarle dinero al primo, ir a trabajar todas las mañanas o comprar un departamento.

Me encantaría que en todos los capítulos quedara claro que el manejo del dinero no es una tortura, que no se trata de regañarnos a nosotros mismos porque gastamos o dejamos de gastar. El dinero tendría que manejarse de forma automática, mientras haces otras cosas con tu vida. Es más fácil decirlo que hacerlo, como también es fácil decir que a la hora de bailar salsa son tan importantes los pasos como las pausas. Eso puedes aprenderlo, pero solo lo dominarás cuando tus piececitos lo hagan en forma automática. Es cuestión de empezar a practicar y de que dejes de obsesionarte.

Ya sabes cuál era la condena que vivían los derrochadores y los avaros en el infierno de Dante por su obsesión con la riqueza: "Todo el oro que existe bajo la luna, y todo lo que ha existido, no puede dar un momento de reposo a una sola de esas almas fatigadas".

Cómo está organizado este libro

Parte I

¿Qué es el dinero, cómo surgió, qué representa y para qué sirve?

Parte II

¿Cómo puedo manejar mejor mi dinero?

Parte III

¿Cómo puedo construir un patrimonio?

Parte IV

Para tiburones: ¿Cómo invierto mi dinero?

Iconos que se usan en este libro

 Es una sugerencia que puede servirte en el punto donde te encuentres.

 Es información que debes guardar en tu memoria.

 Este icono te indica una situación con la cual debes ser cauteloso o prestarle atención especial.

 Son datos que te permitirán comprender mejor el texto.

 Esta es información que forma parte del conocimiento de la humanidad y puede aplicarse en numerosos ámbitos.

Con este icono señalamos datos peculiares que enriquecen el relato.

Así marcaremos los acontecimientos trascendentales que dieron un nuevo giro a la historia.

Para profundizar: Estos párrafos merecen tu reflexión para que llegues a tus propias conclusiones.

Así marcaremos los datos curiosos que pocas personas conocen y que harán más divertida la lectura.

Aquí confirmaremos o desmentiremos información histórica que ha llegado hasta nuestros días.

Así marcaremos las citas textuales de los personajes de nuestra historia.

Y ahora, ¿qué sigue?

Relájate. No te irás al infierno de Dante, cualquiera que haya sido tu manejo del dinero hasta el momento. Si tienes este libro frente a ti es porque te preocupan tus finanzas y deseas administrar mejor tus bienes, además de obtener más beneficios como fruto de tu trabajo. No es tan difícil y ya lo descubrirás a medida que avances en tu lectura. Como habrás visto en el sumario, este libro está organizado en pasos progresivos para convertirte en un experto en finanzas personales; no obstante, su estructura te permite consultar solo las partes que te interesen. Desde luego, mi recomendación es que lo leas completo porque todos los datos que te proporciono están ligados entre sí con la idea de que tu comprensión sea total y puedas tomar las decisiones financieras que más te convengan.

Parte I

En esta parte...

- Daremos un vistazo al pasado para descubrir de dónde surgió el dinero, qué representa, cómo le otorgamos valor y qué significan los conceptos asociados con él.

- Analizaremos las ideas erróneas que te impiden tener dinero y administrarlo bien.

- Hablaremos sobre la pobreza y algunas estrategias para combatirla.

- Haremos un diagnóstico de tu salud financiera y te ofreceré estrategias para mejorar tu relación con tu dinero.

Capítulo 1

Conoce tu dinero

En este capítulo:

▶ Te contaré de dónde surgió el concepto de *dinero* y cuál es el significado real de las monedas y los billetes que atesoras con tanto afán.

▶ Te explicaré qué es la *inflación* y por qué puede resultar benéfica para la economía de un país, a pesar de su connotación negativa.

Una buena explicación del dinero

No es el que el dinero otorgue valor a todas las mercancías. El dinero solo sirve para reconocer que en cada mercancía hay tiempo de trabajo invertido, decía Carlos Marx: "Por ser todas las mercancías, consideradas como valores, trabajo humano materializado y, por tanto, conmensurables de por sí, es por lo que todos sus valores pueden medirse en la misma mercancía específica y ésta convertirse en su medida común de valor, o sea en dinero".[1] Ya lo decía Rumi, un poeta místico del siglo XIII: "La belleza de coser una camisa con cuidado radica en el tiempo empleado en hacerla".

No lo vas a creer, pero ese billete que traes en la bolsa ha sido motivo de un quebradero de cabeza para mucha gente. ¿Cómo es que ese billete de cincuenta pesos vale lo que vale? ¿Cómo sabe el tendero que le conviene recibir tus cincuenta pesos a cambio de darte alguna fruta?

Parece que te hablo desde siglos muy remotos porque es probable que en muy poco tiempo ya no traigas ese billete en la bolsa, y no porque ya te lo hayas gastado sino porque ya no necesitarás tener esa forma tan arcaica de dinero. Pronto podrás pagar con una tarjeta de crédito o mediante una transferencia desde tu teléfono celular. ¿Cómo? ¿Todavía no acabamos de entender por qué los billetes tienen valor y ya no van a existir los billetes?

Es muy sencillo: el dinero es algo que tiene **valor** para todo el mundo porque todo el mundo *cree* que tiene valor. Lo anterior da lugar a muchas teorías de la conspiración que han aparecido a lo largo de la historia de la humanidad y que sugieren que alguien está manipulándote al manipular el precio del dólar o del peso. Vamos a llegar a eso, pero primero veamos un poco de historia.

Ya habrás escuchado la historia de que, al principio, la humanidad usaba vacas, en Europa y Asia, o semillas de cacao, de este lado del océano, para pagar sus taparrabos *Calvin Klein*. Pero ahí te va de nuevo: cuando la humanidad comenzó con el comercio se dio cuenta de que era una flojera calcular cuántos kilos de almendras o de dátiles sería bueno darle a cada comprador que llegaba con algo diferente para ofrecer a cambio. Que si una semilla de trigo, una gallina o una vaca. ¡Ah! ¡Una vaca! Esa es buena, porque la vaca tiene valor para casi todos, ya que casi todos quieren comérsela (y más en los tiempos antiguos de los que te hablo, cuando había muy pocos vegetarianos militantes) y además genera algo adicional mientras está en capacidad de producir leche.

Olvídate de la dificultad de guardar tu vaca debajo del colchón o de que se enferme y se te muera. No es muy fácil dividirla en pedacitos para pagarle una parte al que vende los dátiles y otra al de las flechas. Con todo y sus complicaciones, eso de las vacas se quedó tan grabado como una representación de riqueza que de ahí vienen las palabras "peculio" y "pecuniario", que la verdad a ti y a mí nos tienen sin cuidado porque no las usamos mucho en la actualidad, pero son un sinónimo para "patrimonio" y "dinero" y provienen de la palabra latina para "ganado".

De usar a las vacas para pagar la despensa semanal hasta adoptar por fin las monedas, que son un poco más fáciles de transportar, pasaron muchos años. El dinero como lo conocemos tiene, en realidad, muy pero muy corta historia. Así que no vas a aburrirte si te cuento un poco.

Te decía que los pueblos antiguos tomaban lo que tenían a la mano para hacer el intercambio y así tener un objeto que representara el valor y no verse obligados a recurrir al trueque. O sea que eso del trueque no es algo que se nos dé mucho a los humanos, a pesar de que cada vez que hay una crisis aparece por ahí gente que quiere volver a él porque considera que es una manera más honesta de conseguir bienes que mediante el cochino dinero. Lo que se me hace chistoso de esas modas de regresar al trueque es que casi siempre las propone gente que no se dedica precisamente a cultivar calabacitas, sino a diseñar sitios electrónicos o a traducir del tagalo al español. Ya quiero ver que intercambien sus traducciones por un kilo de huevo.

Entonces, se usaron semillas, piedritas, caracoles. Dicen que en lo que ahora es México se usaban semillas de cacao, hasta que alguien descubrió que había piedritas que duraban más, que estaban bonitas y que además eran relativamente fáciles de transportar. Esas piedritas solían contener oro. De ahí a sacar el oro de las piedras y acuñar monedas solo había un paso. Un paso que debe haber tomado miles de años, pero un paso al fin. Jack Weatherford[2] hace una buena recopilación sobre la historia del dinero, así que si quieres meterte más en el tema te recomiendo que busques su libro, de donde tomé mucha información para este capítulo.

En la primera obra literaria conocida de la humanidad, *La Ilíada* de Homero, se habla poco de monedas, aunque sí hay referencias a la riqueza en oro. Como recordarás, en *La Ilíada* se relata la Guerra de Troya, misma que duró cerca de diez años y en la cual se enfrentaron sobre todo dos héroes: Héctor, defensor de la ciudad asediada, y Aquiles, que era como Brad Pitt pero en guapo y fuerte. No desesperes, ya voy al tema que nos ocupa.

Homero hace referencia a **talentos de oro** como premio para los ganadores de unos juegos que organiza Aquiles en homenaje a su cuate Patroclo. La obra se escribió 800 años antes de Cristo y cuenta los pormenores de una guerra que sucedió 400 años antes. Cuando menos desde entonces se usaba el oro para facilitar el comercio. No es que lo facilitara mucho, porque cada talento pesa 26 kilos, así que ya te imaginarás cómo viajaron los aqueos, es decir, los invasores de Troya, desde lo que ahora es Grecia hasta lo que ahora conocemos como Turquía, con su carga de oro para pagar a los guerreros.

Según Weatherford, los participantes en la Guerra de Troya eran salvajes porque no conocían las monedas que les facilitaran el intercambio de bienes, aunque bien que les brillaban los ojitos por el oro. No estoy tan de acuerdo, porque el uso de las monedas no le ha quitado ni tantito lo salvajes a muchos traficantes, gobiernos y sociedades. Además, los invasores de Troya resultaron buenos negociantes. Ulises llegó desnudo a una isla y sin una pizca de violencia salió de ahí cubierto de tesoros. Ayudó el hecho de que la princesa Nausícaa lo viera desnudo, pero ese no es el tema. El punto de Weatherford es que las primeras monedas surgieron a unos cuantos kilómetros de la antigua Troya, también en territorio de la actual Turquía. Para más precisión, en Lidia.

Se cree que los gobernantes de Lidia fueron los primeros en acuñar monedas, alrededor de los años 640 y 630 antes de Cristo. Las monedas eran una mezcla de oro y plata y medían más o menos lo que un pulgar. Al que se le ocurrió inventar las monedas de oro puro fue a Creso, rey de Lidia alrededor del año 560 a.C. En inglés hay una expresión que dice que alguien "es tan rico como Creso" porque ese rey, que prácticamente inventó las monedas de oro, era el Carlos Slim de su tiempo, solo que su riqueza se medía en metales y no en contratos de teléfonos celulares y cafés servidos en una cadena de restaurantes como la fortuna del Creso moderno, o sea Carlos Slim.

Creso, rey de Lidia, fue el primero en acuñar monedas de oro puro alrededor del año 560. a.C.

Gracias a que se adoptó el oro, y en especial las monedas en ese metal, fue más fácil transportarlo. Para el imperio romano las monedas se popularizaron porque sirvieron para pagar a los soldados. A un emperador se le ocurrió bajarle el contenido de oro a las monedas y entonces se armó un relajo porque empezaron a aumentar los precios, ya que la gente sabía que estaba recibiendo menos oro que lo normal.

El oro es difícil de transportar. Los chinos, que inventaron el papel, inventaron también los primeros billetes. Por lo menos eso fue lo que encontró Marco Polo en sus viajes por China en el siglo XIII.

¿Cómo le hacían los emperadores chinos para que el público aceptara los papeles que daba el gobierno, con el sello oficial, en lugar de lingotes o monedas de oro? El gobierno confiscó todo el oro y la plata de los súbditos y a cambio les dio los billetes. El que no usara esos billetes o no los aceptara estaba expuesto a fuertes penas, que no sé ni cuáles son porque no las cuenta Weatherford en su libro. Lo que sí dice este autor es que hasta los comerciantes que llegaban del exterior debían entregar oro, plata y piedras preciosas y recibían a cambio los papelotes (medían 13 por 33 centímetros, o sea como un cuaderno *Scribe*). Los billetes no se extendieron al resto del mundo hasta mucho tiempo después. Hubo algunos intentos que casi siempre terminaron con una gran inflación, porque el gobierno o los bancos que imprimían los billetes fabricaban de más y entonces perdían su valor.

Se supone que los billetes, en un principio, eran una **representación** del oro o la plata que estaban almacenados en alguna parte. Por ejemplo, los billetes de México decían "el Banco de México pagará a la vista al portador" una cierta cantidad de pesos, porque se supone que en cuanto quisieras tus pesos de oro o de plata te los daban. Lo mismo sucedía con los billetes estadounidenses, hasta cierto momento que ahora te voy a contar.

Si se te hace difícil transportar la moneda de un kilo de oro, ahora imagínate lo que hacen los habitantes de Yap, una isla de Micronesia famosa por las monedas rai, unas piedras talladas en forma de círculo con un agujero en medio. Las hay de distintas denominaciones, algunas pequeñas que se pueden transportar con facilidad y otras que miden tres metros de diámetro y pesan cuatro toneladas. Las monedotas se quedan en un solo lugar, que es como una especie de banco central de Yap, y tienen propietario. Todos saben de quién es cada piedra y hay un pequeño relajito con las denominaciones.

Va la historia: cuando Estados Unidos era colonia británica no tenía yacimientos de oro (los tendría a partir de 1840, cuando se descubrieron
en California), así que a los padres de la patria se les ocurrió financiar la
Guerra de Independencia mediante la fabricación de su propio dinero: se
pusieron a imprimir billetes con la promesa de pagar en oro después.

Algo similar sucedió en México durante la Revolución, cuando aparecieron los llamados "bilimbiques". Así se les conocía a los billetes impresos
por los numerosos bandos revolucionarios, con poco o ningún respaldo
de oro o de plata. Quien los aceptara, confiaba en que algún día el ban-
do que emitía los billetes tendría los suficientes metales preciosos para
pagarlos. Claro que como sucedió siglos antes en China, en muchas oca-
siones la fe de quien recibía el billete estaba respaldada por la fuerza. ¿Te
imaginas a un tendero diciéndole a un revolucionario mal encarado y bien
armado que sus billetes no valían y que no los recibía?

Para conmemorar el bicentenario de la Independencia de México, el gobierno acuñó en
junio de 2011 un total de 200 monedas de un kilo de oro cada una. En 2013, la Casa de
Moneda las anunció con un precio de referencia de 720,458 pesos.

A los billetes los respalda la confianza en quien los emite, o la fuerza que
tenga el emisor para hacer que se acepten. Los billetes bien podrían ser
una idea del diablo, como se sugiere en *Fausto*, de Goethe.[3] El mismísimo
Mefistófeles convence a un emperador de que imprima billetes para hacer
feliz a todo su pueblo. "Un papel así", dice Mefistófeles en referencia a
los billetes, "en lugar de oro y perlas, ¡es tan cómodo! Al menos sabe uno
lo que tiene. No hay ya necesidad de regateos ni de cambios. A su gusto
puede uno embriagarse de amor y de vino. ¿Se quiere metálico? Siempre
se encuentra un cambista, y si falta metal, entonces se cava la tierra un
momento". El emperador, extasiado con el invento de los papeles que
representan oro, regala las minas a Fausto (quien, como sabes, vendió su
alma al diablo) y a Mefistófeles.

Hasta hace muy poco tiempo, los billetes y las monedas de metales comunes eran una promesa de pagar después en oro. Eran **pagarés**, ni más
ni menos, porque se supone que todos los gobiernos respaldaban su promesa con reservas de oro guardadas en alguna parte. Para poder cumplir
su palabra, algunos gobiernos confiscaron el oro de sus ciudadanos. No
creas que eso sucedió en alguna lejana dictadura de la antigüedad. En
1933, el gobierno de Franklin D. Roosevelt lanzó la orden ejecutiva 6102,[4]
mediante la cual prohibía a los ciudadanos estadounidenses tener más
allá de cierta cantidad de oro. Toda cantidad excedente debían venderla
al gobierno, el cual pagaría 20.67 dólares por cada onza troy de oro. Poco
tiempo después el dólar se devaluó frente al oro y la onza troy llegó a más

de treinta dólares, así que ya te imaginarás la cara que pusieron los primeros en acatar la orden de vender. Esa prohibición se levantó después de que yo había nacido; o sea, para mí hace muy poquito tiempo y no voy a decirte en qué año para que no calcules mi edad.

La evolución del dinero podría contarse de otra manera. No es que todo el mundo haya decidido al mismo tiempo complementar los lingotes o las monedas de oro o de plata con los fabulosos billetes inventados por los chinos. El invento de los billetes y de la fe en su valor también se relaciona con las deudas. Cuando tú firmas un pagaré, ese documento se convierte en dinero porque representa la obligación de que pagarás con las monedas, los billetes o lo que sea que el tendero de la esquina te acepte. Los pagarés de las **deudas** con los bancos en la Italia del Renacimiento también se convertían en billetes intercambiables.

De esa forma, el gobierno de Estados Unidos se aseguraba de que los ciudadanos estadounidenses aceptaran como dinero los billetes y monedas de dólar que no contenían oro.

Aun así, el dólar seguía respaldado por el oro, al igual que las monedas y billetes de muchos otros países. Cuando terminó la Segunda Guerra Mundial, los países aliados se reunieron en Bretton Woods, Estados Unidos, y acordaron que el dólar seguiría respaldado por el oro, pero que las demás monedas estarían respaldadas por el dólar. Fijaron entonces cuánto valdría cada moneda nacional frente al dólar.

México también participó en esos acuerdos, aunque en 1948 se permitió una pequeña licencia: liberar el tipo de cambio del peso frente al dólar, un detalle que no fue estipulado en Bretton Woods.[5] Un año después volvimos al redil y adoptamos un tipo de cambio de 8.65 pesos por dólar, nivel en el cual permaneció hasta 1954, "cuando el país tuvo que realizar un nuevo ajuste cambiario", como cuenta la semblanza histórica del Banco de México en su sitio electrónico.

Depender del oro disponible resta poder a los gobiernos y hace más difícil que los productores y los consumidores fijen los precios. Si de repente hay mucho oro en el mercado, suben los precios de todas las cosas, como sucedió en el mundo tras los descubrimientos de yacimientos en Alaska y Sudáfrica a finales del siglo XIX. En cambio, si falta oro, en teoría los artículos tendrían que bajar de precio.

Para los años setenta, los gobiernos de todo el mundo se hicieron muchas bolas para mantener el **patrón** oro y además respaldar sus monedas con el dólar, así que muy calladitos abandonaron los acuerdos de Bretton Woods y cada quien se puso a fijar el tipo de cambio que le convenía.

Mientras tanto, Estados Unidos abandonó el patrón oro durante el gobierno de Nixon, en 1971. En los billetes de los dólares se sustituyó la leyenda que decía "se pagará a la vista al portador" (*"Payable to the Bearer on*

Demand") por el famoso "*In God We Trust*", o "en Dios confiamos", que es una manera de decir que confiamos en nosotros mismos de que este pedazo de papel representa algo. A eso se le llama **dinero *fiat***, que viene del latín y que significa "que se haga". Es decir: creemos en el valor de los billetes por decreto.

Lo mismo sucedió en México. Aunque nadie imaginaba llegar al Banco de México a exigir que le pagaran "a la vista al portador" los pesos en oro (o en dólares) que representaba cada billete, la leyenda todavía seguía en los billetes mexicanos hasta que, en 1993, aparecieron los "**nuevos pesos**", el nuevo nombre del dinero mexicano que introdujo el gobierno de Carlos Salinas cuando sintió que ya había acabado con las inflaciones galopantes de los años ochenta y que podía quitarle tres ceros al dinero para empezar otra vez a contar.

Habrá por ahí algunos mayorcitos de cuarenta o cincuenta años de edad que todavía recuerden que los billetes decían eso de que el Banco de México pagará tanto al portador.[6] Ahora ya no hay una promesa porque los billetes valen justamente lo que dicen. El valor del peso, de cualquier manera, está respaldado por las **reservas internacionales del Banco de México**. Esas reservas sirven para garantizar la confianza de propios y extraños en la solidez de la economía mexicana.

Si por alguna razón el mundo deja de creer en los pesos mexicanos, México tendrá para ofrecer unos cuantos dólares como respaldo de su credibilidad (**169,000 millones de dólares, en dólares y oro,** la última vez que vimos la cifra de las reservas internacionales).

El dinero ya no es lo que era porque ya no está respaldado ni por el oro, como estuvieron muchas monedas durante gran parte del siglo XX, ni por la plata, como estuvo el dinero mexicano, por ejemplo. Eso genera un gran peligro: que los gobiernos fabriquen dinero a voluntad, con lo cual pueden hacer que aumenten los precios de todas las cosas. La tan temida inflación.

Como tú sabes, la **inflación**, o sea cuando aumentan los precios de todas las cosas, es un impuesto para los más pobres, porque ellos no pueden cambiar mucho el precio de lo que venden en el mercado, que por lo general es su trabajo. Si tú ganas un salario fijo, tendrás que esperar a la siguiente revisión para ajustar el precio de lo que vendes (tu trabajo). En cambio, si tienes algo que todo mundo necesita o quiere, como cervezas, podrás ajustar el precio con mayor facilidad y, mientras otros pierden con la inflación, tú ganas más y más. Al final, la inflación exagerada acaba con la confianza en un gobierno, así que tampoco se puede abusar mucho de andar inflando los precios.

Pregunta a los mayores de tu casa y todos tendrán alguna anécdota de lo fuerte que era la inflación en tiempos pasados. Es la maldición de Mefistófeles, el diablo en *Fausto*, que como te decía fue quien sugirió que se inventaran los billetes para que el pueblo viviera la ilusión de tener más dinero.

¡Vaya ilusión! En la obra *Fausto*, después de que el emperador acepta gustoso los billetes, su servidumbre se queda muy contenta porque ahora comprará trajes fastuosos, pagará sus deudas o comprará haciendas. Ni se imagina la que vendrá cuando se descubra que esos billetes son puro cuento porque no están respaldados por algo. El emperador tiene un bufón. En cuanto el bufón tiene billetes en sus manos, se vuelve loco de contento con todo lo que planea hacer con ellos. Y entonces se da el siguiente diálogo:

El bufón: ¡Hojas mágicas! No lo entiendo bien.

El emperador: Lo creo perfectamente, porque las emplearás mal.

El bufón: ¿Y puedo comprar tierras, casa y ganado? ¿Y un palacio con bosque y caza y riachuelo con peces?

Cuando los gobiernos se ponen a imprimir billetes, en realidad lo que hacen es endeudarse porque solo emiten promesas de pago. Para conseguir esos billetes, tú y yo pedimos dinero prestado porque hay una gran **oferta de crédito**. Como hay muchos billetes, los bancos dicen que te lo prestan con bajos intereses. Entonces nos endeudamos, compramos "tierras, casa y ganado", o "palacios con bosque y caza y riachuelos con peces". De hecho, es más probable que compremos lo último, los palacios con bosque, que el ganado, porque cuando empieza este engaño colectivo de los muchos billetes disponibles, hay una gran oferta de crédito que se usa en **artículos de consumo** y no siempre en herramientas que te ayudarán a producir más.

La emisión de billetes a lo loco es una feria de deuda y así de fácil todos caemos en la trampa del bufón de *Fausto*. Corrían los años ochenta, muy presentes los tengo yo, cuando el entonces presidente de México, José López Portillo, dijo que ahora los mexicanos tendrían que acostumbrarse "a administrar la abundancia". La producción de petróleo de México se disparó y, gracias a las promesas de riquezas futuras, el gobierno se endeudó y se endeudó hasta que su crédito se acabó. Construyó obras faraónicas —que de seguro permitían desviar una parte del dinero— y pensó en comprarse el palacio con bosque que se menciona en *Fausto*.

Pero un gobierno no puede emitir billetes sin que la gente se dé cuenta de que hay muchos. Si no aumenta la producción de bienes y servicios más o menos al mismo ritmo que el montón de billetes y monedas, entonces las manzanas, llantas y automóviles disponibles se vuelven más caros. Así le pasó al gobierno de López Portillo, que terminó por devaluar el peso frente al dólar y que generó una inflación que llegó a 98.84% en 1982, año en que ese presidente se despidió del pueblo mexicano con lágrimas en los ojos y con el anuncio de la nacionalización de la banca.[7] Y eso fue solo el principio, porque de ahí se desató lo que los elegantes llaman **espiral**

inflacionaria, de manera que entre 1982 y 1988, el precio del kilo de tortilla pasó de 3 a 89 pesos.[8]

Casi la mitad de los mexicanos que viven en estas épocas ha pasado la mayor parte de su vida con grandes aumentos de precios. La inflación fue de 159% en 1987. Para recordar esos tiempos idos, me puse a buscar en el periódico *El Informador de Guadalajara* algunos precios. En enero, un kilo de carne se anunciaba en 1,990 pesos. Para diciembre de ese año, el kilo de manzanas ya había alcanzado un precio cercano, porque Aurrerá lo ponía en oferta, rebajado de 1,925 a 1,449 pesos. El año siguiente, el gobierno autorizó un aumento de un jalón de 10% en el precio de la tortilla, que llegó a 340 pesos el kilo.[9]

CULTURA GENERAL

La inflación más famosa de la historia ha sido la de la república de Weimar en los años veinte, cuando el gobierno alemán no podía pagar a sus vecinos por las reparaciones de los daños causados en la Primera Guerra Mundial. El marco alemán se devaluó frente al dólar estadounidense a niveles humillantes. El tipo de cambio llegó a quedar en 4.2 billones de marcos por dólar. Escrito sería así: "Especial, de hoy, dólar a solo 4,200,000,000,000 marcos".[10] Mira tú, Goethe fue profeta en su tierra. Qué tiempos aquellos, porque después el marco llegó a ser una de las monedas más fuertes del mundo, antes de que fuera sustituido por el euro.

RECUERDA

La inflación es un pequeño truquito que sirve para **estimular la economía** porque prometes un pago a los productores, aunque tú (bueno, supongamos que tú eres un gobierno) no tengas todavía con qué pagarles.

El economista Keynes describió para qué sirve que los precios aumenten en una economía, aunque tú, yo y la patita de la canción de Cri-Crí, un antiguo compositor mexicano de canciones de terror para niños, nos enojemos por lo caro que está todo en el mercado. La patita de la canción se encuentra con que sus patitos crecen y ella no tiene dinero para comprarles zapatitos y llegará un momento en que les dirá: "coman mosquitos, cuara cua cuá".

Puesto en español, cuando los precios aumentan, hay **estímulos** para que los productores incrementen su oferta. Si las manzanas cuestan más, pues es hora de producir manzanas. Como los precios de todos los productos no aumentan al mismo ritmo, con la inflación la sociedad tiene una manera algo sutil de decir lo que quiere de ahora en adelante.

Te menciono a Keynes porque es un economista a quien se le atribuye la responsabilidad de que el gobierno intervenga en la economía con tal de generar empleo. Con una pequeña ayuda del amigo gobierno se puede estimular el consumo, lo que hará que crezca la **inversión** —mediante una complicada intervención en las **tasas de interés** que no estoy yo para explicarte, porque ni siquiera te he dicho qué son o para qué sirven—.

Imagínate que tú eres un trabajador (lo eres, ¿verdad?) y que no irías a trabajar en la mañana por un salario que consideras muy bajo. Nos ocurre con frecuencia a los que trabajamos por nuestra cuenta. Ahí estamos haciendo malabares para ver a qué cliente atendemos, y lo ideal es que atendamos al que nos paga más por hora por nuestro trabajo. Si se suma a todos los trabajadores de un país, habrá un precio mínimo para ponerlos a trabajar. Y no es que sean flojos. Puede llegar a suceder que un trabajo no te dé para pagar el transporte, los zapatos y el traje que necesitarías para desempeñarlo; entonces no puedes aceptarlo, a riesgo de que te desmayes por la falta de frijoles.

Si a ti te dicen que te van a bajar el sueldo, vas a enojarte y tal vez puedas decir que no trabajarás más. Pero si el poder adquisitivo de tu dinero baja, por el efecto de la inflación, entonces en realidad estarás ganando menos que antes, aun sin darte cuenta.

Parece que tenemos un problema: imprimir billetes, dar crédito, sobre todo si se le presta a quien después no podrá pagar, en algún momento va a generar inflación y eso golpeará a los más pobres, porque generalmente no tienen un gran poder de negociación de sus ingresos. ¿Quién podrá protegernos?

El dinero es una **representación del trabajo** pasado. Cuando se usaban vacas para comprar bienes, era difícil que todos las tuvieran. Ahora también es difícil que tengas dinero, pero hay un pago al trabajo, ya sea lícito, como pegar ladrillos o traducir libros, o ilícito, como vender drogas o extorsionar. La sociedad, el mercado o como le quieras llamar, otorga un valor a lo que tú vendes y te paga con dinero, que tiene valor porque todos confiamos en que así es.

Existe un gran terror a la inflación causada por los bancos que imprimen los billetes. En México hay una asociación cívica que quiere que regrese la plata, porque así el gobierno no podrá manipular la cantidad de dinero en circulación. Si hay demasiados billetes circulando por ahí, pierden valor al igual que bajarían de precio las naranjas o los zapatos si se produjeran más que los que la gente quiere comprar. Esta asociación supone que así los ciudadanos tendrán una moneda que vale por sí misma y que no se devalúa. Hablé con el vicepresidente de esa asociación, José Alberto Villasana, quien explica que un grupo de mexicanos, preocupados por la crisis de México en 1994 y 1995, en la que ooootra vez se dispararon los precios, se propone lograr que las monedas vuelvan a ser de plata.

Sucedió en México alrededor de 1935. Las monedas eran de plata y subieron tanto de valor que su precio en el mercado era mayor que la cifra que representaban. Es decir, una moneda de un peso de plata se vendía en mucho más. Las autoridades emitieron nuevas monedas, con menor contenido de plata, para que el valor de mercado fuera, cuando mucho, igual al "**valor facial**", o sea, el que está escrito en la moneda.

Villasana explica que si se adoptaran de nuevo las monedas de plata, eso no volvería a suceder porque las monedas no tendrían grabado un valor, sino que sería publicado por el Banco de México de acuerdo con la cotización internacional. Nada de que hoy tu peso vale menos que ayer, porque según Villasana y los otros afiliados, la plata siempre tiende a subir.

Con las monedas de plata se le arrebata al gobierno la capacidad de generar billetes y monedas a su gusto. En cambio, el valor de las monedas que tendrías en la bolsa o enterradas bajo la mesa del comedor sería el que el mercado determinara y casi siempre sería mayor que un día antes. Casi siempre, porque a veces el precio de la plata puede bajar.

¿Qué pasaría si de pronto se descubriera mucha plata, como sucedió con el oro en la última década del siglo XIX, lo que provocó un aumento generalizado de precios?, le pregunto a Villasana. Contesta que la cantidad de oro se exageró y que eso no sucedería con la plata.

¿A poco no te gustaría sentirte como Juan, el que sembró una semilla de frijoles y llegó hasta el cielo a conquistar el castillo del gigante? Con la moneda de plata tendrías un recuerdo reluciente de que cada vez tu dinero vale más. Esta asociación civil, que preside Hugo Salinas Price (papá del famoso empresario de las telecomunicaciones y las tiendas a crédito, Ricardo Salinas), propone que las monedas sean de plata y no que se adopte el **patrón plata**; es decir, que circulen billetes y monedas que prometen pagarte la plata cuando la quieras.

¿Cómo le harías para transportar las monedas de plata, en especial ahora que estamos acostumbrados a que el dinero viaje a la velocidad de la electricidad, con transferencias por medio de Internet o con pagos a través del teléfono celular? Villasana explica que se harían cuentas especiales, como la que ya ofrece Banco Azteca (de Ricardo Salinas), en la que tú depositas la plata y luego la ligas a una cuenta de cheques y ya de ahí mueves el dinero por Internet, por tarjeta o como quieras. O sea que volveríamos a que un banco garantizara el pago de una cierta cantidad de plata, pero no sería una institución única sino un banco o un grupo de bancos privados.

Si te gusta la idea de tener monedas bien brillantes y bonitas, no te emociones mucho porque no hay grandes probabilidades de que la moneda de plata sea adoptada por México o por algún otro país. Villasana dice que los economistas del Banco de México se oponen a la adopción de las monedas de plata porque temen perder el poder sobre los precios.

Pero el problema es más profundo: la plata es una mercancía como cualquier otra, sujeta a variaciones en su valor. Si hay mucha, suben los precios; si hay poca, no hay dinero suficiente para estimular la economía. Según Villasana y sus amigos, con las monedas de plata amarran al gobierno para que no genere inflación, pero a cambio le dejan la labor de fijar los precios a las entrañas de la Tierra. Además, no siempre sube: el

2 de enero de 2013 la plata estaba en 30.87 dólares por onza. Para agosto del mismo año, la onza estaba en 19.7. Si alguien ya hubiera tenido esa monedita supuestamente indestructible, ¡habría perdido la tercera parte de su valor en ocho meses!

Con el patrón oro y sin la intervención del gobierno en la economía no hay "medio disponible de que pudiera echar mano el gobierno para mitigar la miseria en el interior de un país", dice Keynes.[11] Lo mismo podría aplicarse a la plata.

Adoptar un metal brillosito y supuestamente maravilloso como la medida de valor de todas las cosas es un poco fetichista, una reliquia del pasado, dicen que dijo Keynes. Y como ya te contaba, la excesiva inflación hace que los ciudadanos se enojen con sus gobiernos, así que ahora deben cuidarse de no desatarla por completo, si es que quieren seguir cobrando impuestos y atrayendo a extranjeros a quienes también habrán de cobrarles impuestos. De manera que hay premios para los gobiernos que se amarran las manos y ponen límites a su capacidad de emitir billetes.

El Banco de México ya es autónomo, como pasa en muchos países civilizados, así que está difícil que el gobernante de turno le pique al botón de imprimir billetes sin ton ni son. Hay una serie de controles para que la inflación esté más o menos baja, de manera que no se le cobre ese impuesto a las clases pobres, y eso se hace sin eliminar por completo la capacidad del banco oficial de estimular la economía con un aumentito de precios por aquí y otro por allá.

La inflación es un elemento de la vida diaria y hay que vivir con ella, como vivimos con los automovilistas energúmenos que no frenan en las esquinas para dejar pasar a los peatones que ya están abajo de la banqueta. Tampoco es tan mala. A mediados de 2013 en Japón festejaron que tuvieron un poquito de inflación, porque eso permitiría estimular a la economía después de veinte años de precios estancados.[12]

La inflación hace que un peso de hoy valga más que un peso mañana. Cuando eso pasa, hay un incentivo para que gastes más hoy. Es un gran problema, porque hoy no puedes comprar las medicinas que necesitarás cuando seas viejito y guardarlas, deja tú por la fecha de caducidad sino porque no sabes exactamente qué enfermedad vas a padecer. Entonces, necesitas guardar una parte de tu dinero para el futuro y eso se llama **ahorrar**. Pero con la maldita inflación no hay incentivos para ahorrar, a menos que logres proteger tu dinero de los efectos del aumento de precios. De eso platicaremos a lo largo del libro.

La liga entre el presente y el futuro es la **tasa de interés**. Es lo que se recibe por prestar el dinero y recibirlo después y es, por tanto, el costo del dinero. Para proteger tu dinero cuando lo ahorras, debes buscar que de alguna manera genere intereses. Es decir, debes aprender a manejar tu dinero de manera que puedas tener suficiente para tus gastos de hoy y para los del futuro. Eso implica tener en cuenta que existe la inflación y que es probable que llegues al futuro. Para allá vamos en los siguientes capítulos.

My precious!

¿Te acuerdas del Golum, el personaje de *El señor de los anillos*, enloquecido por un anillo de oro? El pobre andaba por los rincones y sufría por la posibilidad de perderlo, porque consideraba que tenía un valor absoluto. No creas que es muy fantasioso. Así estamos los humanos, vueltos locos por el oro y por los metales preciosos. Es más lógico que lo que parece: si a todo mundo le gusta el oro, siempre habrá a quién vendérselo, así que uno puede tener la garantía de que aumentará de valor con el tiempo, algo que no puede decirse con tanta soltura sobre un billete de veinte pesos.

Gobiernos, empresas y abuelitas acumulan oro porque saben que lo más probable es que mañana valga más. Nadie se pregunta de dónde viene la magia, pero en las casas de empeño y en las colonias de bajos recursos siempre se vende y se compra oro porque es un excelente refugio en tiempos en que suben los precios. Y lo mismo que sucede en las casas de empeño con las tías que compran moneditas de oro con la esperanza de que suban de precio, pasa con los gobiernos, que en épocas de inestabilidad financiera acumulan y acumulan oro en todas sus formas, para protegerse de las alzas de precios.

Eso pasó durante la crisis financiera que azotó al mundo entero entre 2007 y 2009. Las inversiones tradicionales se volvieron inestables. Todos esos instrumentos de inversión un día bajaban de precio, un día subían y al día siguiente volvían a bajar. Con todos esos altibajos, mucha gente prefirió el maravilloso oro, que siempre ha sido tan querido.

Cristóbal Colón alguna vez dijo que "El oro es una cosa maravillosa. Quien lo posee es dueño de todo lo que desea. Con el oro hasta pueden llevarse almas al paraíso".[13] Y Colón debía saberlo. A todos nos enseñaron en la primaria que cuando los españoles llegaron a América brincaban de contentos con todo el oro que descubrieron, porque podrían ponerlo en manos de Su Majestad el rey, dado que él, quién sabe por qué razones, resultó ser el propietario de lo que se encontraran en las minas de territorios que ni siquiera conocía. Llegó tanto oro a España y a Europa que quedaron encandilados.

Los países empezaron a crear leyes para que el oro no saliera de sus territorios una vez llegado. Las leyes se llamaban algo así como "todo pa'acá, nada pa'allá". El caso es que los europeos de aquel entonces se confundieron e identificaron el oro y el dinero con la riqueza, como explica Eric Roll en *Historia de las doctrinas económicas*, y llegaron al extremo de considerar que acumular mercancías era malo y lo que debía buscarse era tener dinero. Ahora tú ya sabes que es mejor tener aceitunas porque saben mejor que el oro.

El precio del oro suele subir porque no es tan fácil producirlo y extraerlo. Ya que andamos con las citas, quiero que veas una película viejita para que te des una idea de lo locos que podemos volvernos los humanos cuando se trata de extraer oro de la Tierra. Es *El tesoro de la Sierra Madre*, basada en un cuento de B. Traven y que sucede en una sierra mexicana. Ahí, unos y otros se pelean por las pepitas que extraen de una mina. Si cuesta trabajo sacar el oro, imagínate lo que costará llevarlo a un lugar seguro.

Además, en realidad no hay mucho. A lo mejor ya te sabes estas cifras, pero desde que al hombre le ha dado por sacar oro de la Tierra, desde más o menos 500 años antes de Cristo hasta ahora, se han sacado 174,100 toneladas.

Si lo juntas todo y lo fundes (considerando que tienes un horno grandote y que alcanza 1,064 grados centígrados), podrías formar un cubo de 21 metros por lado. Se me ocurrió calcular cuánto valdría todo ese oro y la verdad es que sale una cifra estúpida de 7.1 billones de dólares (con el precio del oro de agosto de 2013), que para ti y para mí es tan irrelevante como saber cuántas células tiene el cuerpo humano (se me hace que muchas más). Si nos repartieran un pedacito igual a cada uno de los habitantes del planeta, tendríamos mil dólares cada uno. Pero adivina qué: si todos tuviéramos nuestro propio oro, no valdría tanto porque el chiste está en que sea escaso.[14]

Como es tan escaso y tan preciado, el oro, como te decía, sube de precio casi siempre. En el siglo XXI como que la gente dejó de tener fe en otras cosas y empezó a creer más en el valor del oro. Mira: en el año 2000 una onza troy de oro costaba 283 dólares, o 2,661 pesos de aquel entonces. Para septiembre de 2012 la onza troy ya estaba en 1,858 dólares

o 24,514 pesos. En pesos, la onza troy de oro valía nueve veces más que once años antes.

Pero todo es cuestión de ilusiones, porque cuando la gente empezó a recuperar la fe en otros instrumentos, como la Bolsa de Valores de Estados Unidos, incluso el oro empezó a reducir su valor. Mira tú, a pesar de los que dicen que el oro nunca baja, si tú hubieras comprado oro en septiembre de 2012, para agosto del año siguiente habrías perdido más de 30% de lo invertido, porque el precio del metal cayó.[15]

El oro puede llegar a ser una maldición. Cuando los españoles se inundaron de oro, todo subió de precio y se volvió inalcanzable para la mayoría de los súbditos de la Corona de España. Tampoco es que les haya ido muy bien a los que vivían en los lugares donde se encontró el oro o la plata, en especial a los incas o a quienes tuvieron que trabajar en las minas de Zacatecas. Esa maldición del oro, que desacomodó la economía europea tras el descubrimiento de América, ya había sido identificada por el rey Midas, quien, como sabrás, ya no hallaba cómo deshacerse de su capacidad de convertir en oro todo lo que tocaba, porque ya no podía ni comer.

El oro tiende a subir de valor. Te conviene tener un poquito porque así proteges tu poder adquisitivo. Tampoco cambies todas tus quincenas a lingotes, centenarios o joyas de oro porque, luego, ¿dónde los guardas?

Si ya quieres comprar centenarios para proteger tu poder adquisitivo, recuerda que entre el precio al que te lo venden los bancos y al que te lo compran hay una gran diferencia. Necesitas que el oro dé un gran salto para de verdad sacarle ganancia. Y además, cualquier rayón hace que tu centenario pierda valor.

La moneda más cara del mundo podría ser la **Double Eagle** de 1993, de Estados Unidos, que se vendió en 7 millones 590 mil dólares.[16] ¿Por qué tan cara? Ya verás la aventura de la moneda. Se supone que nunca debió haber circulado, alguien se la robó de las bodegas de la Casa de Moneda y fue a parar a las arcas del rey Farouk de Egipto, quien logró sacarla de Estados Unidos antes de que el robo fuera denunciado y se negó a devolverla a los estadounidenses. Cuando Farouk fue depuesto en 1952, la moneda reapareció en el mercado para volver a desaparecer en cuanto se supo que el gobierno estadounidense la buscaba. Cuarenta años después un coleccionista británico, Stephen Fenton, se presentó con ella en Nueva York. El gobierno de inmediato quiso recuperar la moneda y Fenton luchó por ella en los tribunales. Mientras se resolvía quién se quedaría con la pieza, la guardaron en el World Trade Center de Nueva York, destruido en los ataques terroristas de septiembre de 2001. ¿Qué crees? ¿Que se perdió? Nada de eso: en julio de ese mismo año, la Casa de Moneda y Fenton llegaron a un acuerdo para vender la moneda y repartirse las ganancias. Antes de los ataques terroristas, la *Double Eagle* fue trasladada a Fort Knox, donde Estados Unidos tiene guardado su oro, y finalmente fue vendida a quién sabe quién.

Notas

(1) Marx, Carlos, *El capital.* En: Roll, Eric, *Historia de las doctrinas económicas*, México, Fondo de Cultura Económica, 1994.

(2) Weatherford, Jack, *The History of Money*, Nueva York, Three Rivers Press, 1997.

(3) Jack Weatherford analiza muy bien lo que Goethe tiene que decir sobre los billetes, principalmente en su obra *Fausto*, pero también en algunos otros escritos. Describe que Goethe tal vez estaba impresionado por los primeros experimentos en Europa para adoptar el papel moneda, que sirvió para financiar guerras, así como Fausto sugiere al emperador. Como dice Weatherford, la obra *Fausto* sirve muy bien para entender cómo el dinero representa una promesa de pago sobre ganancias futuras. En la obra, el emperador otorga a Fausto y a Mefistófeles la concesión de las minas subterráneas a cambio de la feliz idea de los billetes caídos del cielo.

(4) La orden ejecutiva para prohibir el oro a los ciudadanos estadounidenses: http://en.wikipedia.org/wiki/Executive_Order_6102

(5) México faltó al acuerdo de Bretton Woods en 1948, que no admitía los tipos de cambio flotantes, cuando liberó por su cuenta el tipo de cambio del peso. Esto se cuenta en la historia del Banco de México dentro de su sitio electrónico: http://www.banxico.org.mx/acerca-del-banco-de-mexico/semblanza-historica.html#plat

(6) La leyenda fue removida de los billetes mexicanos en 1996. Sé que no es lo más confiable, pero el dato aparece en Wikipedia: http://en.wikipedia.org/wiki/Mexican_peso

(7) Sobre José López Portillo, *La Jornada*, 18 de febrero de 2004: http://www.jornada.unam.mx/2004/02/18/008n1pol.php.

Y en wikiquote, que te lleva a un viejo documental en Youtube: http://es.wikiquote.org/wiki/José_López_Portillo#cite_note-3

(8) Tomado del boletín sobre inflación de la Fundación Rafael Preciado: www.fundacionpreciado.org.mx. También información del sitio de la Asociación Latinoamericana de Sociología Rural: http://www.alasru.org/wp-content/uploads/2012/06/livro-ALASRU-VI-CONGRESSO_Parte6.pdf

Y del sitio de Alan Revista: http://www.alanrevista.org/ediciones/2006-3/evolucion_precios_alimentos_mexico.asp

(9) Hemeroteca de *El Informador:* http://hemeroteca.informador.com.mx

(10) David Wolman cuenta esta historia en su libro *The End of Money*, Boston, Da Capo Press, 2012.

(11) Keynes, John Maynard, *Teoría general de la ocupación, el interés y el dinero*, México, Fondo de Cultura Económica, 2003.

(12) Sobre la inflación en Japón. "At last, inflation in Japan is speeding up". Publicado en el sitio de CNBC el 25 de julio de 2013. En http://www.cnbc.com/id/100915605

(13) Cita de Cristóbal Colón. En: Roll, Eric, *Historia de las doctrinas económicas*, México, Fondo de Cultura Económica, 1994. Roll a su vez la tomó de Marx, Carlos, *Crítica de la Economía Política*, Barcelona, Folio, 2007, que citaba una carta de Colón en 1503.

(14) Cuánto oro hay en el mundo. Datos tomados del sitio del World Gold Council: http://www.gold.org/about_gold/story_of_gold/numbers_and_facts/

Y del sitio de la BBC: "Cuánto oro hay en el mundo" En http://www.bbc.co.uk/mundo/noticias/2013/04/130404_economia_oro_cuanto_hay_mundo_finde_tsb.shtml

(15) Los precios del oro fueron tomados de Kitco.com

(16) Sobre la *Double Eagle*. En http://popular.ebay.com/coins/double-eagle.htm

http://coins.about.com/od/famousrarecoinprofiles/p/1933_Gold_Eagle.htm

Referencias a la moneda de oro más cara del mundo: http://en.wikipedia.org/wiki/Executive_Order_6102)

The 1933 Saint-Gaudens Gold Double Eagle en About.com. En http://coins.about.com/od/famousrarecoinprofiles/p/1933_Gold_Eagle.htm

Referencias bibliográficas:

- Banco de México, "Costos sociales de la inflación". Publicado en el sitio del Banco de México. En http://www.banxico.org.mx/divulgacion/politica-monetaria-e-inflacion/politica-monetaria-inflacion.html#Efectosdistributivos

- Cerda González, Luis, *Qué es el dinero*, México, Fomento Cultural Banamex, 2007.

- Dante, *La divina comedia*, Colección Sepan Cuántos, núm. 15, México, Editorial Porrúa, 2008.

- Goethe, JW, *Fausto / Werther*, Colección Sepan Cuántos, núm. 21, México, Editorial Porrúa, 2013.

- Heath, Jonathan, *Para entender el Banco de México*, México, Nostra Ediciones, 2007.

- Homero, *La Ilíada*, Colección Sepan Cuántos, núm. 2, México, Editorial Porrúa, 2007.

- Homero, *La Odisea*, Colección Sepan Cuántos, núm. 4, México, Editorial Porrúa, 2007.

- Keynes, John Maynard, *Teoría general de la ocupación, el interés y el dinero*, México, Fondo de Cultura Económica, 2003.

- La Biblia, edición latinoamericana, Madrid, Ediciones Paulinas, 1972.

- McEachern, William A, *Economía. Una introducción contemporánea*, México, Thomson Learning, 2003.

- Publio Ovidio Nasón, *Las metamorfosis*, Colección Sepan Cuántos, núm. 316, México, Editorial Porrúa, 2010.

- Rumi, Jalaludin, *La sed de los peces*, México, Conaculta, 2005.

- The Spectator. "The asset that shines in troubled times". En www.spectator.co.uk http://www.spectator.co.uk/columnists/any-other-business/248281/the-asset-that-shines-in-troubled-times/

- Villasana Munguía, José Alberto, *El regreso de la moneda de plata, como dinero justo y honesto, a la luz de la Doctrina Social de la Iglesia*, México, Abacar Ediciones, 2006.

- Weatherford, Jack, *The History of Money*, Nueva York, Three Rivers Press, 1997.

- Wolman, David, *The End of Money*, Boston, Da Capo Press, 2010.

Capítulo 2

Ideas raras que te impiden tener dinero

Y ahora voy a contarte una historia de terror: los ricos no pueden entrar al cielo y los avaros pasarán la eternidad con los puños cerrados y golpeándose unos a otros. Para quienes prestan dinero con intereses, hay un lugar en el infierno, muy cerca de los ladrones y los defraudadores. El dinero es maldito. "Allá entre los pobres jamás lloré. Yo pa'que quiero riqueza si voy con el alma perdida y sin fe", cantaba José Alfredo Jiménez.

Pensándolo bien, tal vez no sea una historia de terror, sino de consuelo. Si no tienes dinero en esta Tierra, ni te preocupes que te ganarás las glorias de otro mundo o, cuando menos, te la pasarás muy bien. Es parte de una tradición literaria: los ricos son malos, así que ni quieras ser como ellos.

El clásico de clásicos es la conversación entre Jesucristo y el rico, quien le pregunta sobre el camino para el reino de los cielos. El diálogo va más o menos así:

EL RICO: Maestro bueno, ¿qué tengo que hacer para conseguir la vida eterna?

JESUS: Sigue los mandamientos... No matarás y eso.

EL RICO: Ya, ya, eso ya me lo sé.

JESUS: Ahora vende todo lo que tienes, dalo a los pobres y así tendrás un tesoro en el Cielo.

EL RICO: Ahí luego platicamos.

Ya sabes que cuando se fue ese señor, Jesús se quedó platicando con sus discípulos y fue cuando les dijo que es más fácil para un camello pasar por el ojo de una aguja que para un rico entrar en el Reino de Dios.[1]

Y aquí hay muchos que le quieren arreglar, que si la aguja no era una de coser, como las que usan los ratoncitos de la Cenicienta —en tal caso sería imposible meter a un camello por ahí— sino un arco en forma de aguja de los edificios típicos del Oriente Medio. Ya cabe más fácil el camello, ¿no?

Ya te imaginarás que no soy teólogo, así que no voy a resolverte esta cuestión. Lo que sí entiendo es que si estás concentrado solo en generar riqueza, más allá de la que necesitas para vivir con decencia y tener un *Audi* del año, está muy difícil que tengas tiempo para ir con tus niños al parque, ya no digamos entrar al reino de los cielos, algo que requiere pensar en los demás, alabar la obra divina y se me hace que hasta pagar impuestos.

De esta parábola del camellito se han soltado algunas interpretaciones de que no había lugar para los ricos en el cielo y que entonces había que ser pobre. A ver, vamos a leer con cuidado: Jesús le dice que deje sus riquezas a los pobres, no que no genere riquezas nunca. Si no las genera, ¿qué les dará a los pobres?

Más bien, de lo que se trata es de que no te preocupes de más. Esto también viene en el Nuevo Testamento, según el cual dijo Jesús a sus discípulos: "¿Quién de ustedes, por más que se preocupe, puede alargar su vida? ¿Por qué, pues, tantas preocupaciones? ¿Qué vamos a comer? O, ¿qué vamos a beber? O, ¿con qué nos vestiremos? Los que no conocen a Dios se preocupan por esas cosas. Pero el Padre de ustedes sabe que necesitan todo eso. Por lo tanto, busquen primero el Reino y la justicia de Dios y esas cosas vendrán por añadidura. No se preocupen por el día de mañana, pues el mañana se preocupará de sí mismo. Basta con las penas del día".[1]

Las burlas a los ricos sirven un poco para que te tranquilices y no te amargues la vida si no eres tan opulento como el vecino. Son como un escape, porque tú vas y te ríes de Carlos Slim en las obras de teatro en uno de esos cabarets de Coyoacán, una elegantísima colonia de la ciudad de México muy querida por universitarios de izquierda, y después de reírte del magnate te quedas muy tranquilo.

Una de las más conocidas caricaturas de los ricos es una obra de William Shakespeare, *El mercader de Venecia*. Ya sabes, se trata de un prestamista que pide como pago por un crédito una libra de carne tomada del cuerpo del fiador. "Todos contra el judío", podría ser el subtítulo de esta obra, que se escribió durante una ola de antisemitismo en Inglaterra. A Shylock le pasa de todo. Quien le pide prestado no tiene muchas intenciones de pagarle —el problema es para su fiador, que sí es un hombre honesto—; su hija lo odia por ser judío y le roba una fortuna para huir con un cristiano; una usurpadora hace las funciones de un juez y amenaza con mandarlo a ahorcar; y la máxima autoridad de Venecia ordena confiscarle todas sus riquezas.

En realidad el supuesto malo de la obra, Shylock, cumple una función importante: tener dinero para prestar a los demás cuando lo necesitan. Cobra por ese servicio, y tú pensarás que por ello es muy malo. Pero si no cobrara por los préstamos se quedaría sin más dinero para prestar.

Aquí, claro, hay una cuestión moral. Hay mucha gente que no tiene recursos suficientes para salir de la pobreza y por ello se ve obligada a pedir dinero prestado. Y justo para la gente de escasos recursos, los préstamos son más caros. En muchos casos, pedir un préstamo es echarse encima un ladrillo más para no salir de pobre nunca. Para alguien de clase media, comprar una pantalla plana es tan fácil como firmar un papelito y cargarlo a la tarjeta a diez meses sin intereses.

Por cierto, con ese ejemplo puedes ver la diferencia en el acceso al crédito. En una tienda de abonos "chiquitos" muy conocida en México, comprar una pantalla plana a 102 semanas sale 74% más caro que pagarla de contado y al doble de lo que costaría comprarla con tarjeta de crédito de una tienda departamental. Dirás tú, que el año pasado fuiste de vacaciones a Orlando con tus tres retoños, que una pantalla plana no es tan necesaria cuando eres pobre, pero entonces después me explicas cómo le haces para entretener a una familia que gana dos salarios mínimos y que cuando menos este año no irá a esquiar a Vail.[2]

En México, un rico empresario que ha hecho gran parte de su fortuna vendiendo en abonos, decía que el crédito más caro es el que no existe. Que su función de llevar el dinero a la gente que lo necesita tenía que cobrarla con algo de intereses. El problema está en qué tan grande es ese "algo".

En muchos países del Tercer Mundo, o en desarrollo, o como quieran llamar a México, India y similares, hay unas empresas conocidas como microfinancieras. Se dedican a llevar pequeños préstamos a personas en situación de pobreza que requieren el dinero para empezar o continuar una empresa. Uno de esos bancos en la India, el Grameen Bank, le valió el premio Nobel de la Paz a su creador, Muhammad Yunus. El premio se le concedió en 2006 por sus esfuerzos para crear desarrollo económico y social desde abajo.[3]

Aquí en México ya existen algunas de esas microfinancieras. Le prestan a la gente alrededor de diez mil pesos para que compre zapatos y los venda en un tianguis, o para que compre un carrito y naranjas y ponga un puesto de jugos. Ese dinero, que casi siempre es manejado por mujeres, puede ser la diferencia en la fortuna de una familia.

Bueno, el mismo Yunus, sobre quien voy a platicarte más en el capítulo 3, criticó a una microfinanciera mexicana por cobrar intereses demasiado altos y así generar grandes ganancias para sus inversionistas. Dice que bancos como el suyo fueron creados para combatir al prestamista, no para convertirse en el prestamista. El banco mexicano criticado por

Yunus se defendió diciendo que debía cobrar esos intereses porque llevar el dinero adonde se necesita no es barato, además de los gastos de cobranza y de operación.

Tener ganancias en un negocio hace que el negocio se perpetúe. Si no vas a tener ganancias por ayudar a los demás, los ayudarás solo por un rato, hasta que el hambre te obligue a pedir dinero para sobrevivir.[4]

Pero dejemos a Yunus y al banco mexicano que se agarren del chongo y volvamos a *El mercader de Venecia*. Es probable que el prestamista Shylock haya sido un desalmado porque él quería cobrar la carne del fiador, Antonio, a toda costa, a pesar de que se le ofreció el pago multiplicado de su préstamo. A Shylock no lo perdió la ambición desmesurada por tener más dinero a partir de lo que prestaba, sino su sed de venganza contra Antonio, a quien le tenía rencores antiguos.

Sin embargo, voy a contarte algunos atenuantes para que dejes de pensar que Shylock es un malvado. Todo empezó porque Basanio había malgastado su dinero y ahora quería un poco más para galanear con una chava. O sea que el buen hombre quería un dinerito para aparentar algo que no era y conquistar así a Porcia, quien por cierto era una rica heredera.

No entiendo cómo Basanio se ha librado de ser considerado el villano de esta obra, si dilapida su dinero y además, el muy interesado, quiere quedar bien con la rica heredera. Las cosas se ponen peor: para conseguir el dinero, le pide prestado a su gran amigo Antonio, un comerciante que tiene su fortuna invertida en barcos que por el momento surcan el mar. Como no tiene dinero líquido, Antonio le ofrece ser su fiador ante el prestamista del pueblo. Y aquí aparece el pobre Shylock.

Basanio, por lo que se ve, no tiene muchas intenciones de pagarle a su amigo, a quien ya le debía una cantidad desde antes. "Te debo mucho y quizá lo hayas perdido sin remisión", le dice todavía el muy descarado cuando le pide otro préstamo. El tarado de Antonio se ofrece a ser su fiador, a pesar de que ve que el zángano de Basanio no tiene muchas posibilidades ni intenciones de volver a pagarle.

En fin, firman un contrato por tres mil ducados. Según algunos cálculos, serían como 5.4 millones de pesos de ahora, si se considera que cada ducado tiene 0.11 onzas troy de oro. Shylock ofrece no cobrar intereses pero dice que si en tres meses no le pagan, Antonio deberá darle una libra de la carne de su cuerpo.

Y la historia recuerda a Shylock como malo. En cuanto tiene el dinero en la mano, Basanio organiza una fiesta para sus amigotes y contrata a Lanzarote, sirviente de Shylock, a quien le ofrece un mejor sueldo que el que obtiene con el prestamista. ¿Con qué ojos, divina tuerta? Con el dinero por el que su amigo Antonio dio su palabra y su promesa de pagar con su carne. El muy gigoló va y conquista a la dama sin necesidad del dinero. Es más, la dama le ofrece pagarle a Shylock el préstamo. Por supuesto que el vividor acepta y no ofrece ni un quinto del dinero del préstamo. Este patán se gastó los tres mil ducados en menos de tres meses.

Cuando llega la hora de pagar, el problema es del fiador Antonio, quien entiende que hay que respetar los acuerdos para que Venecia siga siendo la capital mundial del comercio.

Para ese momento, Antonio cree que está en la quiebra porque escucha rumores de que sus barcos naufragaron. De cualquier manera, Shylock prefiere cobrarse la libra de carne a que le paguen una vez pasado el plazo. En la escena del juicio, todos le hacen *bullying* a Shylock y el prestamista ya no quiere el queso sino salir de la ratonera. La moraleja: exigió un pago exagerado por su préstamo, lo cual lo incapacitó para cobrar porque no tuvo clemencia. Por cierto, te recomiendo que leas el discurso de Porcia sobre la clemencia y la justicia.

He escuchado más de una vez esa idea de que el abusivo es el que presta cuando se trata de pagar un crédito. Es que los bancos tienen la culpa porque piden muchos intereses. Ya te conté lo que dice Yunus, todo un premio Nobel de la Paz, sobre cobrar demasiado para hacer llegar el dinero necesario a la gente. Las leyes ya prevén la posibilidad de que existan acuerdos desventajosos para uno u otro lado y por lo regular la desventaja la tiene quien pide prestado, así que se busca proteger al más débil.

En el Código Civil del Distrito Federal, en México, hay un artículo que prevé lo que sucederá cuando el interés a cobrar por un préstamo sea demasiado alto:

> Cuando el interés sea tan desproporcionado que haga fundadamente creer que se ha abusado del apuro pecuniario, de la inexperiencia o de la ignorancia del deudor, a petición de éste, el juez, teniendo en cuenta las especiales circunstancias del caso, podrá reducir equitativamente el interés hasta el tipo legal.

Encontré esa referencia gracias a algún otro *nerd* que, como yo, se puso a analizar *El mercader de Venecia*, aunque él lo hizo desde el punto de vista legal.[5]

Le hace un daño a la sociedad quien cobra en exceso por un préstamo, porque limita las condiciones para que mucha gente tenga dinero y pueda salir de la pobreza. Pero hay niveles.

Supongamos que el préstamo, como en el caso de *El mercader de Venecia*, no es para salir de la pobreza sino para el consumo sabroso y despreocupado. Quien no lo paga también daña a la sociedad. A eso se le llama "daño moral": que alguien quiera utilizar algo en su beneficio sin restituirlo después, aunque eso perjudique a otros.

El hecho de que Basanio no pensara pagarle a Antonio perjudicaba a Antonio. Que no se le pagara a Shylock hacía más difícil que éste le prestara a alguien que en verdad necesitara el dinero. Habría que encontrar el justo medio.

Es difícil creer que si tú no pagas un crédito de tu tarjeta por cincuenta mil pesos vas a perjudicar al banco, que registra una utilidad neta de 5,706 millones de pesos tan solo en un trimestre.[6] Y ya con eso te quedas muy contento sin pagar. He sabido de gente que se endeudó para renovar su casa con mármoles importados de Italia, argumentar que los bancos son unos abusivos para no tener que pagar la tarjeta. Como hay quien abusa de los pobres, entonces estas personas de clase media deciden cobrarse también por tantas injusticias cometidas... contra otros que están lejos de beneficiarse de ese acto. Mira tú, qué justicieros. Allá ellos y su sentido del honor. Esto de que alguien pueda confiar en ti y en gente como tú, genera sociedades basadas en la confianza. Al final de cuentas, también a ti te conviene poder confiar en la gente.

Sí, existen. Yo conozco a alguien igual a Basanio, que es capaz de comprometer el patrimonio de otros para pedir prestado e irse de vacaciones. Y después tendrá muchos argumentos para explicar por qué no paga. Ya hay estudios sobre eso. Dan Ariely le llama el *"fudge factor"*.[7] Todos tenemos un mecanismo para justificar nuestra conducta: si el automovilista de al lado usa el claxon en un embotellamiento, es un neurótico que nomás hace ruido; si yo toco el claxon es porque así le recuerdo a los que están frente a mí que deberían avanzar. Si alguien se estaciona en la banqueta es un salvaje; si yo lo hago es porque no voy a tardar mucho y solo voy a bajar las bolsas del súper.

Así solemos funcionar también en cuestiones de dinero. La justificación para no pagar un crédito o cumplir un compromiso, aun cuando puedes hacerlo y el hecho de no cumplir perjudica a otros, es una más de las ideas extrañas sobre dinero que quiero platicarte y que conforman todo un paquete de nociones raras que te impiden manejar mejor tu dinero.

Aquí te van algunas de esas ideas extrañas. También podrían ser últimas palabras famosas.

1. No me importa el dinero

He escuchado muchas veces esta frase y supongo que también la dije en alguna ocasión. El momento ideal para decir ese tipo de frases es en la adolescencia: "Yo soy diferente; yo no estoy pensando en el dinero como los enajenados de mis padres o de otros adultos". Qué bueno que no estés obsesionado por el dinero, porque como ya te han dicho muchas veces, la obsesión te cerrará las puertas del cielo.

Pero tendrás que cambiar el discurso y, en lugar de pensar en dinero, empezar a pensar en recursos para alcanzar algo. Repite conmigo porque vamos a hacer una letanía: *No me importa el dinero pero sí ayudar a mis ancianos padres a tener una vida digna. No me importa el dinero pero sí practicar danza clásica o aprender karate. No me importa el dinero pero sí llevar agua potable al Valle del Mezquital o lograr que en Hostotipaquillo disminuyan los accidentes viales y el embarazo adolescente. No me importa el dinero pero sí fumar media cajetilla de cigarros al día.* A la mejor no necesitas dinero para esos objetivos, pero sí ponerte a trabajar en cierta dirección.

OK, OK, a ti no te importa el dinero. ¿Qué sí te importa en la vida? Al hablar de recursos y no de dinero, te queda más claro qué camino debes tomar para acercarte a tus metas. Si tu meta es estar acostadote en tu cama hasta la una de la tarde todos los días y después rascarte la panza, necesitas saber qué recursos te harán falta para conseguir esa meta. ¡Ah! ¿Ya estás haciéndolo? Entonces, ¿de dónde vinieron los recursos para pagar esa actividad —o falta de actividad—? Si tú no los juntaste, alguien más está pagando para que tú logres ese insigne propósito. Cuando cambies el discurso, entonces ya podrás entenderte mejor con tu mamá, que todo el día te reclama que, aunque no te interesa el dinero, sí te gusta comprarte artículos de marca. Ay, las mamás.

2. No sé cobrar

Cuando entras a tu primer empleo, empiezas a trabajar por tu cuenta o abres tu primera empresa, lo más normal es que no sepas cuánto cobrar por tu trabajo o por lo que produces. Si sigues con esas ideas, encontrarás demasiados obstáculos en tu camino.

Es probable que cobres de más; es decir, más que lo que otros cobran por el mismo producto, trabajo o servicio. Tal vez no lo haces de mala fe, nada más no tienes idea de cuánto cobran los demás por lo mismo. Si te sales con la tuya, con el tiempo tus clientes descubrirán que cobras más que lo que podrían pagar en otro lugar por lo mismo. ¿Te fijaste que no dije que les cobras más que lo que es justo? También puede suceder al revés: que cobres menos, y entonces caes en el viejo truco de que mientras más vendes más pierdes.

"Todo lo paga el cliente", es un secreto que me reveló, bueno, a mí y a otros que tomamos el curso, un instructor en Pro Empleo, una fundación que ayuda a emprendedores novatos a arrancar o mejorar un negocio. Me gustó la frase, que suena muy obvia pero que se nos olvida muchas veces a la hora de salir a vender. Todo lo que ofrezcas debe pagarlo el cliente. Mientras le soluciones un problema, es una maravilla. No tendrías por qué sentirte mal. Puede suceder que te sorprendas por lo que llegan a pagarte por un servicio por el que no esperabas cobrar tanto. Pero, ¿qué crees? Tal vez tu cliente ha hecho mejor las cuentas que tú.

En el curso de Pro Empleo del que te hablo dan una buena orientación para que empieces a calcular los costos de lo que vas a vender.

Corre por un lápiz que aquí te esperan algunos ejercicios. Esto es para un emprendedor, pero sirve también si eres un *freelance* (trabajador por tu cuenta) o un empleado.

a) Primero considera lo que necesitas para vivir y para ofrecer tus servicios como emprendedor, como empleado, como consultor o como lo que sea. No hagas trampa, en especial si tú eres el emprendedor, porque si empiezas cobrándote a ti mismo un sueldote la empresa nunca tendrá ganancias y así no podrás crecer. Lo que te pagas a ti mismo, más allá de lo esencial para vivir, se va a aplicaciones para tu *iPhone*; lo que dejas a la empresa sirve para el futuro.

Llena en una tablita tus gastos:

Tabla 2-1

Lo que necesitas	Cuánto cuesta al mes	Está padre tenerlo	Cuánto cuesta al mes
Comidas en casa		Restaurantes	
Vivienda		Masajes	
Ropa para ir a trabajar		Trajecito Ermenegildo Zegna	
Transporte		Automóvil deportivo	
Servicios		Más libros	
Seguros		Palos de golf	
Ahorro para el retiro		Gimnasio	
Medicina		Entrenador	
Cursos y talleres		Libros	

Nota que hay cosas que no son tan esenciales pero que podrían pasar al lado de las indispensables para hacer el tipo de trabajo que haces. Por ejemplo, si te dedicas al modelaje, tendrás que incluir en lo esencial el gimnasio, los masajes, el entrenador... O si vendes parques industriales, tendrás que tener palos de golf para platicar con tus potenciales clientes, y así sucesivamente.

Suma todos los costos y ya tienes el sueldo esencial. Si eres empleado, ya solo necesitarás saber si el mercado te lo paga; es decir, cuánto dinero gana un empleado similar o si de plano te cuesta más caro hacer lo que haces que lo que las empresas están dispuestas a pagarte. Puede llegar a suceder. En ese caso, quizá necesites buscar alguna otra actividad.

Si eres emprendedor o *freelance*, necesitarás hacer algunos cálculos más.

b) Anota cuál será tu inversión inicial, si vas a comprar computadoras, estufas, mezcladoras, sillones de dentista, etcétera. Analiza cuánto te durará cada una de esas cosas para que puedas hacer una tabla de depreciación. Si la computadora te cuesta 24,000 pesos y deberás reponerla dentro de dos años, anota mil pesos en su línea de costo mensual, o sea, 24,000 entre 24 meses. Y así sucesivamente. Los equipos se deprecian. Los servicios que se compran, como el registro de tu marca o el *hosting* de tu sitio de Internet, se amortizan. También tienes que anotar cuánto será el monto mensual de cada cosa.

Tabla 2-2

Depreciación	*Monto mensual*	*Amortización*	*Monto mensual*
Computadoras		*Hosting*	
Escritorios		Registro de marca	
		Tarjetas de presentación	

c) Ya casi llegamos. Ahora tienes que encontrar cuáles son los costos indirectos de producir algo. Y después los costos variables. Los costos indirectos son todos los que tienes que pagar, así vendas una torta o 25. Son, por ejemplo, la luz, la renta, el contador, etcétera. Los directos cambian con cada unidad vendida; por ejemplo, el jamón y la crema en el caso de la torta.

Sumas todos los costos y ya sabrás que, cuando menos, eso debes cobrar por tu producto o servicio.[8]

3. Me dijeron que es bueno comprar oro (o dólares o esmeraldas)

Esto de seguir lo que un amigo de un amigo te recomendó para invertir no es tan buen negocio. No sé si te habrás dado cuenta, pero a todos nos da por presumir y exagerar. Me acuerdo cuando yo abrí mi primera cuenta en una casa de bolsa en línea. Es decir, por medio de Internet ya podía comprar y vender acciones de empresas. En el primer mes de mi inversión gané cerca de 12% en uno solo de los instrumentos que compré. Doce por ciento en un mes. Si me hubiera seguido yendo tan bien, al cabo de un año habría multiplicado por tres mi dinero. Ya te imaginarás que daba brincos de gusto y que a todos les contaba y les presumía, lo cual equivalía a recomendarles que compraran lo mismo que yo. Sucede.

Te recomiendan que compres oro, porque es lo que más ha subido en el último año. O que los rubíes se han convertido en la moda en Dubai, o que los dólares van a subir porque mañana le dará catarro al secretario del Tesoro de Estados Unidos. El problema es que para cuando te lo cuentan, lo más probable es que sea demasiado tarde y que el alza ya se haya dado. Cuando tú copias las ideas de inversión de alguien más, entras en un momento diferente. Ha pasado muchas veces en la historia.

El episodio más famoso es el de los tulipanes de Holanda, en el siglo XVII, cuando supuestamente se llegaban a cambiar terrenos por un solo bulbo de tulipán. Empezó en 1593 cuando un profesor vienés llevó tulipanes de Turquía a Holanda, donde hasta entonces eran desconocidos. Causaron tanto furor que empezaron a subir de precio y en poco tiempo, todos querían invertir en ellos, bajo la influencia de lo que un autor llamó "la locura de las masas".[9]

4. Por qué se aprovechan de la necesidad de los demás

Un vecino mío, que vivía en una colonia muy elegante de Guadalajara, estudió en una universidad pública. Se enteró de que en los baños de mujeres no había papel higiénico, así que al día siguiente llevó una banquita y unos rollos y vendió a tanto el cuadrito. ¡O sea que se aprovechó de la urgencia de sus compañeras! Si quieres verlo de ese modo, adelante.

También podrías pensarlo al revés: había una necesidad y él la resolvió. Sus compañeras, que tenían la misma información que él (que no había papel en el baño), estaban de acuerdo en comprarle, en lugar de llevar desde su casa. Hay muchos factores aquí que podrían hacerte pensar que es una situación injusta (y en cierta forma, lo es): la universidad pública está obligada —porque tiene un presupuesto que viene de los impuestos de todos— a tener las condiciones necesarias para que los estudiantes se dediquen a estudiar; nuestro amigo no tenía una concesión para vender ahí y además debía emplear su tiempo en la escuela en estudiar, no en vender, etcétera, etcétera. Aun así, las fuerzas del mercado actuaron para resolver una necesidad.

Ya lo decía Adam Smith, el padre de la ciencia económica, que no es por la generosidad del carnicero que tenemos carne para comer, sino porque quiere nuestro dinero.[10] Todos buscamos nuestro beneficio y eso se convierte en el beneficio de la sociedad. Mientras no te pongas a extorsionar, secuestrar y cosas así, obtener dinero de un servicio o producto que tú puedas proporcionar no tiene por qué ser malo.

5. Debo gastar menos, debo gastar menos

Hace poco alguien descubrió que se siente cierta ira después de que uno se controla a sí mismo. O sea que cuando te resistes a comprarte el helado de yogur con chispas de chocolate y mermelada de chabacano que tanto te gusta, inmediatamente después sientes enojo. Esto, que ya lo habías sentido, lo documentaron David Gal, de la Kellogg School of Management, y Wendy Liu, de la Rady School of Management.[11] Reprimirte por no comprar terminará por hacerte enojar y el peligro es que después quieras vengarte del mundo firmando tu tarjeta de crédito. "Mjmjm", gruñirás enojado, "como no me compré ese yogur, ahora me compro esa camisa que cuesta la mitad de mi quincena".

Mejor que reprimirte a la hora de comprar es tener una cantidad asignada para cierto tipo de gustos. Y también conviene que en tu presupuesto esté incluida una partida para vestirte de acuerdo con lo que haces. ¿Recuerdas el cuadrito que hicimos para definir cuánto debes cobrar por tu trabajo? Ahí tendría que estar incluida la ropa que necesitarás para desempeñarlo. No es lo mismo vestirte para ir a cambiar una tubería a una casa que para vender seguros. La corbata es inapropiada cuando tienes una llave perica en la mano, pero no es tan mala cuando se trata de convencer a un cliente de que tienes un buen producto para él. De esa forma te librarás del mantra "debo gastar menos, debo gastar menos" cada vez que entras a una tienda de ropa, porque ya sabes qué debes comprar (y qué no).

6. Comprar en ofertas es ahorrar

¿Qué hacen unos bóxers color fucsia en mi cajón? Cuando los compré, en las rebajas de una tienda departamental, se veían razonables por 40% menos que unos estándar, pero ya no sonaron tan razonables en el último temblor cuando tuve que salir corriendo de mi departamento. Ese es el ejemplo extremo y común, que seguro ya conocías, sobre la desventaja de comprar en las rebajas en las tiendas. En general encontrarás ahí lo más extravagante, lo que fue más difícil de vender fuera de rebajas. A excepción de ello, no hay nada intrínsecamente malo en comprar en las rebajas. Es un juego entre el consumidor y la tienda, en el que las reglas son transparentes para ambos: el consumidor está dispuesto a esperar unos cuantos días y el comerciante mueve la mercancía que ya no está tan de moda.

Hay algunas trampas, sí, de las que puedes huir en cuanto te vuelves consciente de ellas. Los días limitados de rebajas crean una sensación de escasez y de urgencia por comprar, con lo cual reflexionas menos al escoger la mercancía. Las cosas presentadas como gratis o en rebaja pueden llevarte a comprar el artículo acompañante, tal vez con un sobreprecio, y los hombres se creen más las rebajas cuando las etiquetas están en rojo.[12] Hay otro truco más: uno tiende a fijarse más en el número del principio que en el del final, así que puedes creer que hay una gran rebaja cuando el primer número pasó del 4 a 3, aunque solo haya pasado de 4,000 a 3,899.[13]

Aunque te las des de muy listillo en descubrir los trucos secretos de las rebajas, todavía falta romper con el engaño básico en este tipo de pensamiento. **Ahorrar es ahorrar y comprar es comprar**. Es mentira que se ahorre comprando.

Ahorrar es guardar dinero para gastarlo en el futuro. Si eres el jefe de compras de tu casa y tienes un presupuesto muy claro para adquirir ropa, muebles, accesorios y otras cosas, y logras gastar menos que lo que había en el presupuesto, todavía te falta guardar en algún lugar el dinero que dejes de gastar; es decir, ahorrar. Para **ahorrar** necesitarás encontrar un instrumento y una institución que proteja tus recursos de la inflación. Ya te platicaremos más de eso.

7. Quiero tener mi dinerito bien segurito

Cuando, por fin, logras tener algo de dinero ahorrado quieres que esos recursos estén seguros y tienes razón. El problema está en encontrar dónde ponerlos para que realmente estén seguros. Debajo del colchón o en una lata de sopa *Campbell's* al fondo de la alacena pueden parecer buenas ideas, aunque tal vez el banco podría ser un poquitín más seguro, porque nadie entrará a robarte tus ahorros. Estas opciones están equivocadas por una sencilla razón, para empezar: no **protegen** tus recursos de los efectos de la inflación ni los protegen de ti mismo.

El colchón, la lata de sopa y el banco están bien si quieres tener el dinero disponible para gastarlo en cuanto salga una necesidad inmediata, como correr por unos lactobacilos a la tienda de la esquina cuando te duela el estómago. También pueden ser lugares para emergencias un poco más costosas. Hasta ahí.

Tú debes aprender a diferenciar tu ahorro en cuatro cajones diferentes:

Tabla 2-3

Para qué es el ahorro	Dónde ponerlo	Ventajas
Para comprar unas aspirinas en una cruda.	En el cochinito, el colchón o en la cuenta del banco.	Puedes gastar de inmediato. Si tienes una tarjeta de débito o pagos móviles desde tu celular, accedes al dinero del banco para comprar en cualquier tienda civilizada.
Para pagar la colegiatura o para pagar cada mes lo que consumiste con la tarjeta de crédito.	En una cuenta de banco o en un pagaré bancario a 28 días. Podría sugerirte lo que hacen algunas tesorerías de empresas, que es comprar cetes a 28 días y venderlos cuando van a tener la necesidad de gastar, pero como que eso implica demasiada concentración para solo ganarle unos 22 centavos al mes al dinero del gasto corriente.	Proteges tu dinero de los ladrones. Si está en un pagaré bancario a 28 días, el banco te paga un mínimo rendimiento que no te dan ni tu colchón ni tu cochinito. En un banco, tu dinero tiene un seguro hasta por un cierto monto, que claro que te alcanzará para cubrir la colegiatura de tus niños.
Para enfrentar emergencias. No, no emergencias como que se te olvidaron los condones; para eso, pasa a la casilla 1. Emergencias como una multa, un choque que implique pagar el deducible del seguro del auto, un mes que no podrás trabajar porque te rompiste un pie. Te conviene tener el equivalente desde tres a seis meses de tus ingresos.	Consigue un fondo de inversión de los llamados de deuda, en el que puedas disponer del dinero sin tener que esperar más de una semana. Así puedes pagar la emergencia con tu tarjeta de crédito y tener el dinero listo para pagar el saldo TOTAL de la tarjeta el día del vencimiento de la deuda.	Te da rendimientos por tu dinero, mayores que los de un pagaré bancario.

Tabla 2-3 (Cont.)

Para qué es el ahorro	Dónde ponerlo	Ventajas
Para plazos mayores a cinco años, con objetivos como tu retiro o poner un negocio.	En un fondo de inversión de renta variable. En el largo plazo debe pagar más que un pagaré bancario. Hay algo de riesgo, porque no existe una ley en el cielo que diga que deban tener rendimientos, pero si consigues un buen asesor y una institución vigilada por las autoridades de tu país, es probable que ganes más que con tu cuenta bancaria.	Está seguro, siempre y cuando revises que la institución está vigilada por las autoridades correspondientes y puede darte buenos rendimientos.
	Si tienes afore, felicidades, porque puede darte buenos rendimientos en el largo plazo.	Si es en la afore puedes esperar buenos rendimientos.

Más allá de esto, tienes que entrar a invertir, que ya no es solo ahorrar.

8. Mi casa es una inversion

Robert Kiyosaki, el famoso autor de *Padre rico, padre pobre*,[14] ha vendido cientos de copias de sus libros con el mismo mensaje: no te equivoques, tu casa no es tu inversión. Y tiene mucha razón. Se supone que el "American dream", o el sueño estadounidense, es tener una casa propia. Te da la relativa seguridad de que no vivirás en la calle y algunos creen que da rendimientos. No siempre.

Como explica Kiyosaki, los clasemedieros tendemos a gastar de más en la casa y a meterle dinero y dinero a cuartos y más cuartos, unos con chimenea y otros con jacuzzi y con pantallas planas. Es una idea que te impide tener más dinero, porque estás viviendo en lo que tú crees que es tu inversión.

Hagamos unas cuentas. Tu familia y tú podrían caber en una casa de un millón de pesos, pero tú te compras una de dos millones porque quieres guardarle un lugarcito al nieto que nacerá dentro de 25 años. Tienes ese millón de pesos extra estacionado en terreno, cuartos, mantenimiento e impuestos. Y para conseguirte esa casa más grande debiste mudarte de la colonia que te quedaba cerca de tu trabajo a una en las afueras de la ciudad, lo cual te implica más gasto en transporte, más gasto en alimentos fuera de casa y el costo emocional de ver menos a tu familia. Si, en cambio, utilizas el dinero adicional en una inversión de verdad podrías obtener rendimientos desde ahora, que te servirán para ayudarle al zángano de tu hijo a pagar una renta de una casa adonde se llevará a vivir a tu nietecito.

9. Voy a mi terapia de compras

La ansiedad se quita comprando... hasta que te da de nuevo la ansiedad, que se quita comprando hasta... Las terapias de compras no son tan efectivas porque su capacidad de curar se quita casi de inmediato. Ir con amigas o amigos a gastar te ayuda porque convives un rato con alguien. Es verdad que nuestras ciudades cada vez están más diseñadas para que no haya nada que hacer fuera de los centros comerciales, de manera que convivir con alguien es pasear frente a cientos de tentaciones. Peor, porque mientras el centro comercial tiene un estacionamiento muy cómodo, el parque no y además tiene tierrita en las bancas. Es más difícil (y poco aceptado socialmente) ir con una amiga al parque que a comprar, pero tú puedes hacer un esfuerzo.

El psiquiatra Mario Zumaya comenta que los compradores compulsivos tienen un ritual de compras, mismo que se convierte en un círculo vicioso a menos que se detecte qué es lo que lo desata. Por ejemplo, una mujer puede sentirse sola y abandonada por su marido. Con el corazón deshecho se refugia en las compras con sus amigas cuando él avisa que llegará, de nuevo, tarde del trabajo. Podría detectar lo que desata su conducta de ir a comprar (la llamada de él, una vez más diciendo que saldrá tarde) y detenerse a tiempo antes de ir a gastar. No es una cuestión de género. También puede suceder al revés, que sea el hombre el que va a gastar cuando tiene problemas con su pareja.[15]

10. Mujer que no gasta, hombre que no avanza

Y aquí está un clásico de los prejuicios de género, que alcanza todavía a algunas parejas clasemedieras del siglo XXI. Y eso que son las mismas parejas que se sienten insultadas cuando el juez quiere leerles la epístola de Melchor Ocampo a la hora de la boda civil. En esa epístola, Ocampo, uno de los héroes de la reforma liberal en México, dice que el hombre debe dar a la mujer "protección, alimento y dirección" y la mujer al marido "obediencia, agrado, asistencia, consuelo y consejo". Más allá de la desigualdad de que ella da cinco cosas y él sólo tres, en la epístola, y en el dicho de la mujer que gasta, hay una relación de amo y esclavo, en la que es difícil distinguir cuál es cuál. ¿Qué pasa entonces si la próspera chica se entera demasiado tarde de que se casó con un comodino, que no quiere trabajar más allá de lo que su corta ambición le recomienda? Tener más gastos podría convertirse en un acicate para él. También podría ser platicar acerca de los objetivos comunes, como lo veremos más adelante, en el capítulo sobre dinero y familia.

11. Mientras más trabaje, más dinero voy a ganar

Conozco esta frase de primera mano porque a los periodistas les daba por pasar horas y horas en la redacción de los periódicos, las revistas o los sitios de Internet. En tiempos inmemoriales, los editores de los periódicos no dejaban salir a nadie hasta que vieran cuál era la noticia principal en el noticiario nocturno de la televisión o, peor, hasta que investigaran ese tema, en caso de que el diario no lo incluyera en la edición matutina. Los reporteros entonces se meten en una espiral de trabajo, o de espera en la redacción, con la falsa promesa de que si trabajan más, ganarán más. Lo único que hacen, como decía un primo mío, era abaratar la mano de obra.

A más horas de trabajo, menos paga por hora. Eso es aritmética simple. Pero no solemos hacer esa operación tan sencilla y tendemos a confundirnos y a multiplicar nuestras horas de labor. Los economistas hablan de los rendimientos decrecientes del trabajo. Esto se refiere a que una unidad de trabajo extra tiende a producir menos que la anterior hasta casi cero. ¿Por qué? Porque todas las demás condiciones siguen igual y por más que trabajes una parcela de tierra o agregues datos a una noticia de un periódico, llegará un momento en que no saldrán más jitomates ni se publicarán más periódicos, a menos que cambien las condiciones.

Convéncete de una vez: para ganar más no necesitas solo trabajar en forma lineal, sino hacer que tus clientes, y si eres empleado tu cliente es tu jefe directo, se den cuenta del valor adicional de tu trabajo. Llega un momento en que tienes que agregarle valor a tu trabajo; es decir, aprender a hacer otras cosas valiosas y venderlas. Si estás ahí sentadote haciendo lo mismo todo el tiempo, es probable que tu jefe ni siquiera se dé cuenta de que existes... y promueva a otro que ha tomado cursos, asistido a juntas y contado chistes junto al garrafón.

Notas

(1) Sobre el camello que no puede pasar por el ojo de una aguja. Marcos 10, versículos 23 a 26. Que no te preocupes. Mateo 6: 25 a 33. La Biblia, Madrid, Ediciones Paulinas, 1972. Para una explicación de por qué no deberías preocuparte tanto por el estatus de tu vecino y así vivir más contento: De Botton, Alain, *Status Anxiety*, Nueva York, Vintage Books, 2004.

(2) Cuando te quieres poner a criticar a otros, en especial a la gente de escasos recursos, por la forma como gastan, piénsalo de nuevo. Qué mal que esos pobres tengan su pantallota de televisión pagada carísima en abonos chiquitos. ¿En qué se van a divertir si no lo hacen? Es algo que señala el profesor de Harvard Sendhil Mullainathan, en una entrevista en *Marketplace Money*: "Tú y yo podemos tomarnos un descanso de nuestro trabajo, pero nadie puede tomarse un descanso de ser pobre". Una pantalla de televisión es un elemento importante en su gasto. The Psychology of Poverty. Marketplace.org. Octubre de 2012. Mira esto: http://www.marketplace.org/topics/wealth-poverty/psychology-poverty (consultado el 9 de septiembre de 2013).

(3) Comité del Premio Nobel de la Paz. Comunicado de prensa, 13 de octubre de 2006. En http://www.nobelprize.org/nobel_prizes/peace/laureates/2006/press.html (consultado el 9 de septiembre de 2013).

(4) La crítica de Yunus a Compartamos Banco. En http://www.businessweek.com/stories/2007-12-12/online-extra-yunus-blasts-compartamos (consultado el 9 de septiembre de 2013).

(5) Un análisis jurídico sobre *El mercader de Venecia*: http://www.juridicas.unam.mx/publica/librev/rev/jurid/cont/21/pr/pr29.pdf

(6) Utilidades de Banamex en el primer trimestre de 2013. http://www.banamex.com/es/conoce_banamex/quienes_somos/prensa.htm

(7) Sobre la capacidad de justificarnos a nosotros mismos. *The fudge factor*, en Ariely, Dan, *The Upside of Irrationality*, Nueva York, Harper Collins, 2010.

(8) Sobre los cálculos de costos de producir un bien o servicio. Taller Emprende. Fundación Pro Empleo Productivo AC. www.proempleo.org.mx

(9) Sobre la burbuja de los tulipanes. Malkiel, Burton G., *A Random Walk Down Wall Street*, Nueva York, W. W. Norton & Company, 2012.

(10) Smith, Adam, *La mano invisible. Extracto de la riqueza de las naciones*, México, Taurus, 2012.

(11) Sobre el enojo después del autocontrol. Me enteré del artículo en particular por una nota de la revista *Harvard Business Review* en línea. "You experience a silent rage after exerting self control", de mayo de

2013. En http://blogs.hbr.org/daily-stat/2013/05/you-experience-a-silent-rage-a.html. El artículo es: Gal, David y Liu, Wendy, "Grapes of Wrath: The Angry Effects of Self Control", *Journal of Consumer Research* (27 de enero de 2011). Disponible en SSRN: http://ssrn.com/abstract=1749711

(12) Los hombres se creen más los descuentos cuando estos se anuncian en una etiqueta roja que en una negra, según un estudio de la Said Business School de Oxford. El truco no funciona cuando se trata de mujeres, citado por el *blog* de Harvard Business Review. El artículo es: Puccinellia, Nancy M., Chandrashekaranb, Rajesh, Grewalc, Dhruv y Rajneesh, Suri., "Are Men Seduced by Red? The Effect of Red Versus Black Prices on Price Perceptions", (en línea) http://www.sciencedirect.com/science/article/pii/S0022435913000031

(13) Goldberg, Alejandro, "Conoce el lado oscuro de las rebajas", *Revista Dinero Inteligente*, enero de 2010, publicado también en cnnexpansión.com. En http://www.cnnexpansion.com/mi-dinero/2010/02/05/los-secre-tos-de-las-rebajas

(14) Kiyosaki, Robert, *Padre rico, padre pobre*, México, Aguilar, 2008.

(15) Equipo DI, "No más trampas", *Revista Dinero Inteligente*, agosto de 2011. Un extracto se publicó en cnnexpansión.com: http://www.cnnex-pansion.com/mi-dinero/2011/08/10/no-mas-compras-compulsivas

Bibliografía:

- Christensen, Clayton M., *How Will You Measure Your Life*, Londres, Harper Collins, 2012.

- Shakespeare, William, *El mercader de Venecia*, Colección Sepan Cuantos No. 96, México, Editorial Porrúa, 2012.

Capítulo 3

Por qué hay pobreza y qué dicen los economistas al respecto

● ●

En este capítulo:

▶ ¿Qué es ser pobre? ¿Qué es ser rico? Entender esos conceptos puede ayudarte a manejar mejor tu dinero y a establecer metas más claras.

▶ Conocerás algunos ejemplos de personas que han tomado acciones concretas para combatir la pobreza.

● ●

¿Has soñado que andas descalzo en público? Suele ser una pesadilla porque en tus sueños todos los demás están bien vestidos y tú tienes que dar una presentación o hablar con tus jefes y por alguna razón se te olvidó ponerte zapatos. No sé qué digan los intérpretes de los sueños, pero esa situación vergonzosa puede ser una manera de empezar a describir qué es la pobreza: no tener las condiciones mínimas para funcionar en la sociedad. Y eso hace que no tengas las **condiciones mínimas** indispensables para vivir.

Uno de los padres de la ciencia económica, Adam Smith,[1] ya hacía la descripción de qué podía entenderse por pobreza: en el siglo XVIII era vergonzoso no poder salir a la calle con zapatos de cuero o con una camisa de lino. Lo vergonzoso era no poder hacer lo mismo que los otros. La definición de pobreza no está tanto en no tener esos artículos, sino en no tener la capacidad para comprarlos, aclararían después los economistas.

Te conviene saber qué entiendes por pobreza para aclarar tu relación frente al dinero. Existe la tendencia a creer que para que haya ricos, es necesario que existan los pobres. "Ningún provecho se alcanza sin el perjuicio de los demás", decía Michel de Montaigne,[2] el ensayista del siglo XVI. Claro que se refería a que para que puedas prestar un servicio, es necesario que alguien tenga una carencia. O sea, para que un médico o un soldado tengan trabajo, se necesita que haya enfermos o guerras. Pero también está la idea de que la riqueza de unos viene de la pobreza de los demás.

Desde antes de Carlos Marx, el pensamiento socialista tendía a creer que la pobreza y la riqueza vienen de la misma causa, como el bien y el mal en los cómics de *Batman*. Solo que en el sistema capitalista, en el cual vivimos, según los socialistas, los ricos casi gozan por la existencia de los pobres.

Dicen Marx y Engels en *El Manifiesto del Partido Comunista* que en el capitalismo "los que trabajan no ganan y los que ganan no trabajan".[3] Según ese manifiesto, hasta la llegada del capitalismo las clases opresoras cuando menos se preocupaban por las oprimidas, porque sabían que de ellas vivían. La idea de ellos es que, para tener ganancias, el capitalista debía explotar y explotar al obrero, a diferencia, supongo, de los bondadosos señores feudales y de los generosos esclavistas.

"El obrero moderno, en vez de ascender con el progreso industrial, se hunde más y más por debajo de las condiciones de su propia clase. El obrero sucumbe en la miseria y el pauperismo crece todavía más deprisa que la población y la riqueza".[3]

Según lo anterior, los obreros solo pueden ganar lo suficiente por su trabajo como para comprarse una sopa *Maruchan*, un *Gansito* y un refresco, que les darán energía para trabajar durante el día y desplomarse a ver la televisión en la noche, de manera que estarán listos para ir a trabajar más al día siguiente.

Como no le alcanza el dinero más que para vivir, el obrero nunca puede acumular el capital que le permitiría dejar de ser obrero. Tiene que haber por ahí alguna acumulación originaria de capital, que no será con el trabajo diario en una jornada de ocho horas, para que alguien se convierta en capitalista.

¿Te acuerdas de Jean Valjean, el héroe de la novela *Los miserables*, de Victor Hugo? Tal vez seas como yo, que solo lo conoces en su versión cantada por Hugh Jackman en la película musical. Solo hasta que Valjean obtuvo un pequeño tesoro en plata pudo arrancar el camino para dejar de ser un miserable y convertirse en un respetable burgués. La obra de Victor Hugo, cuando menos la versión que yo vi, es mucho más optimista que el *Manifiesto Comunista*. Según éste, el capitalismo está condenado a desaparecer. La burguesía (es decir, la clase de los capitalistas), dicen, "no puede reinar, porque es incapaz de asegurar a sus esclavos la riqueza".[3]

Tal vez el diagnóstico de Carlos Marx sobre la sociedad en la que vivimos pueda servirte para cuestiones prácticas: o eres obrero y trabajas para otros o eres capitalista y pones a los demás a trabajar para ti, gracias a que posees capital. El capital no es más que propiedades acumuladas que pueden convertirse en más riqueza.

Hay muchos matices en esta definición tan en blanco y negro de la sociedad capitalista. Hay un escritor mexicano, Gabriel Zaid,[4] que durante muchos años ha criticado a los privilegiados universitarios que reciben grandes sueldos por, entre otras cosas, interpretar a Carlos Marx y criticar a
los despiadados capitalistas. Él dice que ya quisieran muchos despiadados capitalistas tener el nivel de vida de algunos de esos universitarios.

El *Manifiesto Comunista* se publicó a mediados del siglo XIX. Según decía,
todos quienes no fueran capitalistas estaban condenados a morir de hambre, a menos que se unieran en la gran lucha revolucionaria contra los
burgueses. Decía el filósofo Bertrand Russell[5] que los marxistas son como
una secta que cree que vendrá un eclipse de luna inevitable y aun así
luchan por conseguirlo.

Otro filósofo, Alain de Botton,[6] señala que el marxismo puede servir como
un consuelo contra la frustración de no ser rico en la sociedad capitalista,
al igual que como sirvieron antes otras ideologías que despreciaban las
riquezas de este mundo. Según De Botton, el marxismo comparte con el
cristianismo primitivo tres ideas como consuelo para los pobres:

1. Los pobres, los obreros o como quieras llamarles, son los verdaderos
    creadores de la riqueza en la sociedad y, por tanto, merecen respeto.

2. El estatus que consigas en esta vida no tiene valor moral a los ojos de
    Dios.

3. Los ricos no se merecen honores porque son inescrupulosos y están
    destinados a un mal final en una serie de "inminentes y justas revolu-
    ciones proletarias".[6]

La pobreza de la clase obrera de Inglaterra que describe Federico Engels[7]
es muy diferente al nivel de vida que tiene la mayoría de la población británica, incluso la considerada pobre, en el siglo XXI. Es probable que haya
partes en México o en algunos países "en desarrollo" desde los cuales
incluso la situación de la clase obrera inglesa de 1845 parezca privilegiada, por las graves carencias que viven.

Como te decía al principio de este capítulo, la pobreza puede ser relativa.
Si no tienes para comprarte los zapatos de cuero o la camisa de lino, no
podrás ir a trabajar y entonces no podrás ganar más dinero y eso te sumi-
rá en más pobreza.

Considerar la pobreza como relativa puede llegar a conclusiones apresu-
radas. Una de ellas, que la pobreza no puede eliminarse porque siempre
habrá nuevas necesidades por satisfacer. Pero sí existe una pobreza absoluta contra la cual tendrían que luchar las sociedades y que tiene que ver
con las hambrunas y la falta total de recursos.

En la escuela de Economía te hablan de Thomas Malthus,[8] aquel que decía que el mundo no tenía capacidad para alimentar a toda la población
humana. Explicaba que los alimentos crecían en proporción aritmética;

es decir, pasaban del 1 al 2 al 3 y al 4 y así sucesivamente, sumando un número fijo al número anterior. En cambio, según Malthus, la población crecía en proporción geométrica, del 1 al 2 y al 4 y al 8; es decir, multiplicando (ya no sumando) un número fijo al número anterior.

De ahí, él concluía que la pobreza era inevitable. Es más, que era algo necesario para frenar el crecimiento de la población. Ni la población crece tan rápido (aunque cuando viajas en el metro te parezca que sí) ni la producción de alimentos se queda tan atrás como él creía. En el mundo sí hay esperanzas de terminar con la pobreza absoluta: en el año 2030, para ser precisos, según la revista *The Economist*.[9]

Según esa revista, en 1990 43% de la población de los países "en desarrollo" vivía en extrema pobreza, entonces definida como subsistir con un dólar al día. Para 2010 ya el porcentaje había bajado a 21% y la línea de pobreza estaba en 1.25 dólares al día.

The Economist cita a una gran cantidad de políticos que se congratulan a sí mismos porque, supuestamente, el mundo está a punto de hacer que la pobreza sea historia, por ponerlo en palabras del ex ministro británico Tony Blair,[9] quien dijo algo así en 2005.

Siempre se podrá hablar de pobreza —y de riqueza— relativas cuando se compara un individuo con otro o cuando se habla de diferentes sociedades. Pero esa idea relativista podría hacer que nos quedáramos todos muy contentos con que así son las cosas.

No tan aprisa. Amartya Sen, quien ganó el premio Nobel de Economía por sus aportaciones a la teoría del bienestar, explica que al definir la pobreza de acuerdo con las capacidades de los individuos obtendremos una definición más clara, para dejar de voltear a otro lado y poder atacar la miseria con más tino.[10]

La sociedad tendría que definir a sus pobres como los que tienen obstáculos para alcanzar su **potencialidad**. Es probable que un hombre fuerte y con todas sus capacidades físicas requiera menos dinero para ir al mismo trabajo que alguien de mediana edad y con alguna discapacidad física, en especial en los países "en desarrollo" donde hay un mal servicio de transporte público, que es muchísimo peor si un individuo debe usar un bastón, tiene más de sesenta años de edad o las dos.

La pobreza podría definirse entonces como "el fracaso en alcanzar el nivel absoluto de una capacidad".[10] De esta forma, el ataque a la pobreza tendría que concentrarse en ayudar a las personas a deshacerse de obstáculos que les impiden obtener sus satisfactores.

Tú tendrías que concentrarte en las capacidades que tienes para generar ingresos y analizar si necesitas ayuda del gobierno. Lo más probable es que no. Justo quienes pueden tener acceso a la lectura de un libro ya superaron varios obstáculos que sí enfrentan quienes están sumidos en la pobreza. La asistencia no tendría que ser con dinero, sino con apoyos que ayudaran a superar una gran cantidad de obstáculos.

Sen subraya que en el mundo hay alrededor de 600 millones de personas con alguna incapacidad física, lo cual les impide acceder a niveles adecuados de vida. El círculo vicioso es más pronunciado en los países más pobres.

En México se supone que los programas sociales dan apoyos económicos a las familias en situación de extrema pobreza con la condición de que asistan a clínicas de salud y envíen a los niños a la escuela. Es decir, dan dinero a cambio de que las familias afectadas por la pobreza entren en un proceso que les permita desarrollar sus capacidades para generar más ingreso.

- Más adelante platicaremos sobre qué tanto la **educación** es una buena inversión para un individuo. Para una sociedad lo es, porque genera una población con capacidad para desarrollar trabajos con más valor agregado. Así que se tiene la esperanza de que una mejor educación eleve el nivel de vida de la población en general, solo que la oferta de preparatorias y de universidades no alcanza a satisfacer la demanda de quienes quieren entrar.

- El acceso a un buen sistema de **salud** también ayudaría a mejorar las capacidades de todos para generar más ingreso.

Argelia es una trabajadora del hogar en la ciudad de México. Entre todos sus empleos —que le quedan a dos horas de distancia de su casa— puede llegar a ganar unos diez mil pesos al mes para mantener a su mamá y a cinco niños. Su mamá tiene insuficiencia renal. Primero la llevaba a un hospital del gobierno a que le hicieran diálisis, con el consecuente costo en transporte y tiempo porque ella debía trasladarla unas tres o cuatro veces por semana, en taxi.

En cuanto tuvo Seguro Social, se redujeron sus gastos porque ahora puede hacerle las diálisis en casa. Puede entonces dedicar más tiempo a sus diferentes empleos.

No es que el caso de Argelia sea muy común en México. Según datos del Instituto Nacional de Estadística y Geografía (INEGI) citados por la revista *Dinero Inteligente*,[11] 75% de las trabajadoras del hogar no tiene ningún tipo de prestación social, una cifra similar a la calculada por la Comisión Nacional para Prevenir la Discriminación (Conapred),[12] que en un estudio de 2012 señalaba que menos de una de cada cien trabajadoras del hogar en México contaba en ese año con algún acceso a servicios de salud.

Te pongo el caso de las trabajadoras del hogar porque ellas son el eslabón entre dos mundos, el de la clase media con capacidad para contratar a alguien más y el de la economía informal. ¿Economía informal? Sí, también ellas forman parte de la gran cantidad de trabajadores en México que entran, por definición, en la informalidad, porque no están protegidas por un sistema de seguridad social.

Estar dentro de la economía informal también podría ser un indicador de pobreza. Claro, hay diferentes grados. Hay muchos médicos que están en la informalidad porque se niegan a dar recibos de honorarios a sus pacientes, porque en lugar de pagar impuestos prefieren gastar el dinero en un juego más de golf (los pobrecitos). Y también hay muchos trabajadores independientes, *freelance*, por su cuenta o como quieras llamarles, que no están dentro de un sistema de seguridad social y eso los hace más vulnerables que sus contrapartes.

Más allá de las condiciones de pobreza extrema, tendrías que analizar si tú estás dentro de los trabajadores que no cuenta con protección médica o con algún plan de ahorro para el retiro.

De acuerdo con la Conapred, dentro del sector informal es más probable que se presenten "los trabajos en malas condiciones, improductivos y no remunerados" y que además tienen una "inadecuada protección social".[12]

A moverse

Los países más desarrollados del mundo ofrecen a sus ciudadanos la posibilidad de la movilidad social. Tan sencillo como ascender de una clase a otra. México, en cambio, tiene poca movilidad social; es decir, hay poca probabilidad de pasar "de mendigo a millonario", como aquella película antiquísima. En México, más de la tercera parte de los hijos de familias pobres no logra escalar en su posición social. En Suecia, Finlandia, Noruega y Dinamarca, entre 11 y 14% de los hijos de las familias más pobres logran colarse al nivel de las más ricas. En cambio, en México solo 5% de los hijos de las familias de la quinta parte más pobre sube hasta llegar a la quinta parte más rica de la población. No te imagines que quedarán al nivel de los más poderosos. Los hijos de los ricos tampoco tienen movilidad hacia abajo. En una sociedad en la que no hay movilidad social, como la mexicana, "no se premia el esfuerzo ni se castiga la desidia",[13] señala el Centro de Estudios Espinosa Yglesias.

Oportunidades en el combate a la pobreza

Si eres gerente en una multinacional, tal vez tus jefes ya te han pedido que encuentres oportunidades de desarrollo en la atención a "la base de la pirámide". Es un concepto que desarrolló C. K. Prahalad,[14] con el cual se supone que pueden obtenerse ganancias al mismo tiempo que se logra mejorar la situación de los pobres. En palabras de Bill Gates (dueño de una de las tres mayores fortunas del planeta, de acuerdo con la revista *Fortune*), para proveer una rápida mejora a los pobres necesitamos un sistema que atraiga a los innovadores y a los negocios de mejor manera a como se hace ahora. Ese sistema tendría una misión doble: generar ganancias y mejorar las vidas de quienes no se benefician con las fuerzas actuales del mercado.

En teoría, atender a la base de la pirámide, es decir, crear productos que puedan ser consumidos por los más pobres, también genera oportunidades para que salgan de los círculos de pobreza. En ese caso estarían algunas compañías celulares, que generan negocios para distribuidores en zonas pobres o que permiten las transferencias de dinero entre individuos que hasta el momento han sido excluidos de los servicios financieros.

Se supone que ese tipo de servicios ayudaría a los pobres a mejorar su calidad de vida. En México tal vez sirvan pero, por lo pronto, las transferencias de dinero por celular tienen comisiones más altas que las que paga un individuo con una tarjeta de débito o de crédito en un restaurante de lujo.

La propuesta de Prahalad es que haya colaboración entre los pobres, las organizaciones sociales, los gobiernos y las grandes empresas, lo cual "puede crear los mercados más grandes y de mayor crecimiento en el planeta".[14]

Negocios para salir de pobres

Con 27 dólares fue posible comprar la libertad de 42 personas. Eso es lo que cuenta Muhammad Yunus,[15] un economista que creía que podía ayudar a transformar su país, Bangladesh, dando clases en una universidad. Luego descubrió que podía hacer algo más práctico: prestar dinero a gente en extrema necesidad. Cuenta que conoció a una mujer, Sufiya Begum, que hacía banquitos de bambú para venderlos. A pesar de que trabajaba mucho y de que sus bancos eran muy útiles, no lograba salir de la pobreza. Encontró que Sufiya había pedido recursos al prestamista del pueblo para comprar el bambú de los bancos. El prestamista le entregó el dinero con la condición de que le vendiera a él los bancos al precio que él decidiera, además de que le cobraba una alta tasa de interés. "Una vez que una mujer como Sufiya pedía prestada cualquier cantidad, sin importar cuán pequeña fuera, era virtualmente imposible salir de la pobreza... Era una manera de reclutar trabajo esclavo",[15] considera Yunus.

HITO

Al ver eso, Yunus y uno de sus alumnos buscaron a las personas víctimas del prestamista y encontraron que estaban casi esclavizados por solo 27 dólares entre todos. Yunus sacó el dinero de su bolsa y a partir de ahí encontró la idea de fundar un banco, el Grameen Bank (traducción literal: banco de la villa) que da pequeños créditos a bajo costo para que personas de escasos recursos puedan tener negocios. De ahí salió la idea de las microfinancieras y de los negocios sociales.

Según Yunus, el capitalismo necesita ayuda para resolver los problemas de pobreza, que no vendrá ni de las grandes empresas que buscan ganancias ni de las instituciones de caridad ni de las organizaciones no gubernamentales ni del gobierno. Su propuesta es crear **negocios sociales**, con miembros de la comunidad como accionistas, que tengan como objetivo resolver los problemas de una zona pobre y que puedan obtener ganancias de ahí. La diferencia con las empresas tradicionales es que reinvierten sus utilidades para seguir haciendo algo en favor de la comunidad.

Un ejemplo es el Grameen Bank, una empresa que lleve alimentos nutritivos a bajo costo a lugares empobrecidos o una caseta telefónica que permita a los usuarios recibir envíos de dinero con bajas comisiones.

Abrir un negocio social es buena idea para:

- Jóvenes recién salidos de la escuela, motivados por el idealismo de la juventud y la emoción de cambiar al mundo.

- Adultos retirados con algo de dinero que pueden tener así una buena oportunidad de inversión.

- Si eres joven y te sientes frustrado por la falta de retos interesantes, abrir una empresa así podría llenar tu vacío, dice Yunus, quien recibió el premio Nobel de la Paz en 2006 por sus ideas para combatir la pobreza.[15]

Y tú, ¿de qué lado estás?

Se supone que solo existen dos grandes clases en una sociedad capitalista: la de los capitalistas y la de los obreros o proletarios.

Es probable que tú puedas estar en los dos lados porque, si eres empleado y tienes satisfechas tus necesidades básicas, podrías convertir una parte del fruto de tu trabajo en capital. Basta con que tengas algo de dinero para comprar un pequeño departamento que después podrías alquilar o para invertir en un fondo de inversión. La sociedad no te da un certificado de capitalista que te va a durar para siempre. Aunque, como dicen las abuelas, "tiene más el rico cuando empobrece que el pobre cuando enriquece". Es probable que pierdas en una inversión, que arriesgues demasiado y termines del otro lado del espectro social.

Si nos quedamos con lo que explica Marx, como trabajador no vas a ganar más allá de lo indispensable para que sigas haciendo el mismo trabajo; es decir, para mantener tu fuerza de trabajo. Pero puede suceder que tu fuerza de trabajo requiera, además de casa y sustento, capacitación en el Instituto Tecnológico de Massachusetts (un millón de pesos), conferencias (dos mil pesos), cursos (seis mil pesos), trajes *Giorgio Armani* (33,200 pesos cada uno) y vacaciones en Turquía (cincuenta mil pesos). Esos malditos capitalistas nunca te pagarán más allá de lo que necesitas para comer, vestir y prepararte para ser un trabajador a su servicio, con esas características. El chiste está en saber cuánto cuesta realmente esa fuerza de trabajo.

¡Trabajo informal en tu casa!

En México se les considera "la alegría del hogar", pero la mayor parte de las empleadas en las casas no tiene un seguro que las proteja en caso de enfermedades, de ellas o de sus familias, ni un plan de retiro. Marcelina Bautista llegó a la ciudad de México, desde su pueblo de Oaxaca, a los catorce años de edad para trabajar en una casa. Veintidós años dedicó a esa labor y en algunas casas donde trabajó la experiencia fue "buena, muy buena" y en otras, "mala, muy mala", según recuerda ahora. Como a los 16 años se acercó a grupos que se reunían en su parroquia para tocar guitarra y cantar y después vio que algunos obreros se juntaban a hablar de sus derechos. Le sorprendió. Recuerda que les preguntaba: "¿Por qué ustedes tienen derechos y yo no veo los míos?". Descubrió que sí, que las trabajadoras del hogar también tienen derechos, pero que muy pocas veces se les respetan. Ha escuchado a patrones que dicen "no es mi costumbre" pagar el Seguro Social o una liquidación cuando despiden a sus empleadas. No es que sea su costumbre, es que está en la ley, aclara Bautista.

Marcelina fundó una organización, el Centro de Apoyo y Capacitación para Empleadas del Hogar (CACEH), que las ayuda a entender y defender sus derechos. En la iglesia se enteró de la existencia de santa Zita, una empleada del hogar en el siglo XIII en Italia, famosa por los malos tratos que recibía de sus patrones. "Yo no quiero ser santa Zita", se prometió.

En teoría, lo más fácil para un patrón sería inscribir a su empleada del hogar en el Seguro Social. Tal vez no le sirva para atenderse de una enfermedad leve —es demasiado el tiempo de espera en las consultas—, pero sí para algún padecimiento grave que puede ser catastrófico; es decir, que puede convertirse en una catástrofe en la economía de una casa. Está difícil que si aprecias a tu empleada voltees para otro lado cuando ella o sus hijos se enfermen y la cuenta de un hospital privado llegue a superar más de diez veces el salario mínimo (y mucho más). Pero parece que eso sucede en muchos hogares mexicanos, en donde se supone que la trabajadora es parte de la familia.

¿Parte de la familia? Esa es una de las falsas creencias sobre las que el centro de apoyo de Marcelina Bautista quiere abrir los ojos a las trabajadoras del hogar. No, aunque se los digan, no son parte de la familia: son empleadas con derechos. En caso de que no quiera inscribir a la empleada en el Seguro Social, el patrón por lo menos podría tener algo de dinero ahorrado para cuando quiera separarla de su empleo, de manera que esté en capacidad de darle una liquidación más o menos justa. Pero Bautista ha visto casos de trabajadoras que sirvieron más de veinte años en una casa y que cuando las despiden no les dan ni las gracias. A veces emplean contra ellas violencia psicológica para que se vayan por cuenta propia.

La solución más fácil para todos, idealmente, sería el Seguro Social, aunque en las oficinas no hay precisamente una alfombra roja para el patrón que desee inscribir a las trabajadoras. Hay que darse algunas vueltas, pero será siempre más cómodo que gracias a eso la empleada tenga un plan de pensión (al estar en el Seguro también tiene derecho a un ahorro para la jubilación) que decirle adiós a la trabajadora cuando cumpla 65 años y mandarla a ver cómo le hace para vivir porque ya no puede con las labores de esta casa.

Si tú tienes contratada una trabajadora del hogar, tal vez el hecho de no prever qué vas a hacer en caso de que se enferme —o te demande cuando la despidas— sea una mala manera de utilizar tu dinero.

Consuelo por ser pobres

El filósofo Alain de Botton escribe sobre la ansiedad que causa el estatus.[6] El estatus de los demás, eso es. O sea que cuando ves que los otros tienen un *penthouse* más bonito que el tuyo o que a tu *Audi* le faltan tres números para llegar al A6 —como el de tu vecino—, te sientes mal. Aunque vives en una colonia tranquila y arbolada y tienes un auto que funciona, serías más feliz si vivieras en una isla y tuvieras más plátanos que tu vecino.

Para paliar el sentimiento de frustración que causa la riqueza de los otros, existen tres argumentos que pueden ser muy útiles, dice De Botton. Estos argumentos son:

1. Los pobres no son responsables por su condición y son los más útiles para la sociedad. Desde la Edad Media les daba por considerar a los pobres como inocentes y buenos, y que los ricos tenían lo obligación de ser padres amorosos. En el siglo XII, Juan de Salisbury, citado por De Botton, decía que los pobres eran como los pies de la sociedad y los ricos como la cabeza: la cabeza debe tratar bien a los pies si quiere caminar.

2. Un bajo estatus no tiene connotaciones morales. De Botton dice que el Nuevo Testamento demuestra que ni la riqueza ni la pobreza son buenos indicadores del valor moral de las personas. Los humildes "heredarán la tierra".

3. Los ricos son pecadores y corruptos y deben su riqueza a robarle a los pobres. Un tipo de historia que también impregna las obras de Carlos Marx y Federico Engels, según De Botton.

Notas

(1) Smith, Adam, citado por Sen, Amartya, "Poor, Relatively Speaking", Oxford Economic Papers, vol. 35, núm. 2, julio, 1983.

(2) Montaigne, Michel de, "El beneficio de unos es perjuicio de otros", Biblioteca Virtual Miguel de Cervantes, (en línea) http://bib.cervantes-virtual.com/servlet/SirveObras/01372719700248615644802/p0000002.htm#I_27_

(3) Marx, Carlos y Engels, Federico, *El Manifiesto del Partido Comunista*, Barcelona, Folio, 2007.

(4) Zaid, Gabriel, *El progreso improductivo*, México, El Colegio Nacional, 2004.

(5) Russell, Bertrand, *Historia de la filosofía occidental*, México, Espasa Calpe Mexicana, 1997.

(6) De Botton, Alain, *Status Anxiety*, Nueva York, Vintage Books, 2004.

(7) Engels, Federico, *The Condition of the Working Class in England*, Nueva York, Penguin Books, 1987.

(8) Malthus, Thomas, explicado por Roll, Eric, *Historia de las doctrinas económicas*, México, Fondo de Cultura Económica, 1994.

(9) *The Economist*, "Not always with us. The world has an astonishing chance to take a billion people out of extreme poverty by 2030", 1 de junio de 2013.

(10) Sen, Amartya, *La idea de la justicia*, México, Taurus, 2010.

(11) Ramírez, Zacarías, "Cuida la alegría del hogar. Tu empleada doméstica no es de palo. Mira cómo puedes protegerla", *Dinero Inteligente*, México, mayo de 2012. Publicado en el portal CNNExpansión (en línea), http://www.cnnexpansion.com/mi-dinero/2012/05/23/ella-te-cuida-a-ti

(12) Conapred, Reporte sobre la discriminación en México 2012, trabajo (en línea), http://www.conapred.org.mx/userfiles/files/Reporte_2012_Trabajo.pdf

(13) Malo Guzmán, Verónica y Vélez Grajales, Roberto (coords.), *El México del 2012, reformas a la Hacienda Pública y al sistema de protección social*, México, Centro de Estudios Espinosa Yglesias, 2012.

(14) Prahalad, CK, *The Fortune at the Bottom of the Pyramid*, Nueva Jersey, Prentice Hall, 2010.

(15) Yunus, Muhammad, *Creating a World Without Poverty. Social Business and the Future of Capitalism*, Nueva York, Public Affairs, 2007.

(16) La Biblia, edición latinoamericana, Madrid, Ediciones Paulinas, 1972.

Capítulo 4

Encuentra tu camino para llevarte bien con el dinero

En este capítulo:

▶ Te revelo en qué sí debes pensar para manejar tu dinero.

▶ Haremos un diagnóstico de tu salud financiera.

▶ Te ofrezco estrategias para conocer tus ingresos y distribuirlos de la manera más conveniente para ti.

Ya vimos en el capítulo anterior algunas ideas que te impiden tener una buena relación con el dinero. Y podríamos dedicar el día entero a enumerar lo que no deberíamos hacer en nuestra relación con nuestros ingresos. Primero vamos a ver cómo anda tu salud financiera.

Se trata de un cuadrito sencillo para ver si debes preocuparte o no. La salud financiera depende de tu edad. Por eso, esta tablita toma en cuenta la edad que tienes para darte una puntuación.

Instrucciones:

Lee la pregunta en la primera columna.

Si la respuesta es "nunca", anota un 0 en la segunda columna. Si la respuesta es "a veces", anota 5 y si es "definitivamente sí", anota un 10.

Tabla 4-1

Pregunta	Nunca = 0, A veces = 5, Definitivamente sí = 10
¿Tienes una fuente de ingresos con la cual alcances a pagar cuando menos tus gastos esenciales?	
¿Cada quincena ahorras cuando menos la décima parte de lo que ganas?	

Tabla 4-1 (*Cont.*)

Pregunta	*Nunca = 0, A veces = 5, Definitivamente sí = 10*
¿Sabes en qué gastaste el mes pasado?	
¿Sabes cuánto ganas al año?	
En caso de que te quedaras sin tu principal fuente de ingresos el lunes, ¿podrías vivir cuando menos tres meses de tus ahorros? (¿o de tus papás?)	
¿Has tenido un plan de ahorro para cuando te jubiles?	
¿Cotizas en el Seguro Social o en algún programa equivalente que te brinde servicios médicos (como el ISSSTE, un plan de un gobierno estatal o de una universidad)?	
¿Tienes un seguro de gastos médicos mayores?	
Si tienes auto, ¿cuentas con un seguro que pague por daños a terceros? (si no tienes auto, escribe 10)	
¿Sabes en qué podrías recortar tus gastos si te quedaras sin tu principal fuente de ingresos?	
¿Has tenido una tarjeta de crédito?	
Si tienes tarjeta de crédito, ¿consultas cada mes el saldo total a pagar?	
¿Lo que gastas en tu casa (renta, mantenimiento, mensualidad de la hipoteca) es menos de la tercera parte de tus ingresos?	

Tabla 4-1 (*Cont.*)

Pregunta	Nunca = 0, A veces = 5, Definitivamente sí = 10
Si otra persona depende de ti, ¿tienes ahorros o un seguro que dejarle para que se mantenga hasta que pueda valerse por sí misma si murieras?	

Ahora suma las cifras y escribe el resultado: _____

Y ahora escribe aquí tu edad (solo si tienes menos de ochenta años):_____

Réstale tu edad al número que habías obtenido y escribe aquí:_____

Es obvio que mientras más puntos tengas, mejor. Si no tienes 10 en todos los cuadritos y tienes veinte años de edad no tendrías por qué preocuparte mucho. Lo ideal es que cuando llegues a los cuarenta, ya estés en condiciones de contestar "definitivamente sí" en todos los cuadros.

Verás que después de los cuarenta ya no hay manera de que el resultado final sume 100 o más. Esto es porque, pasada esa edad, todavía tienes que hacer más méritos. Quedémonos en el diagnóstico de la salud financiera hasta la llegada al cuarto piso (o las cuatro décadas o como quieras llamarle).

Una vez que tienes una fuente de ingresos relativamente segura, ya podemos pensar cómo hacerle para administrar el dinero que obtienes de ahí. Por lo general, el dinero que te den tus papás no cuenta como fuente de ingresos relativamente segura. Si no cuentas con esa fuente de ingresos, ya analizaremos en otros capítulos de este libro qué hacer para conseguir trabajo, para que te paguen mejor o para calcular cuánto debes cobrar por tus productos y servicios.

Lo primero que te pregunto, después de saber si tienes una fuente de ingresos, es si tienes capacidad de ahorro. El ahorro no es un lujo ni algo deseable dentro de muchos años. Es importante que logres esa capacidad de ahorro lo más pronto posible, porque siempre habrá gastos más allá de los que se presentan en cada quincena.

Claro que tu capacidad de ahorro tiene que ir creciendo con los años. Si estás en tu primer trabajo, nadie va a exigirte que puedas ahorrar una gran cantidad de tu ingreso, porque estás acumulando cosas que te permitirán vivir mejor cuando tengas más años. Es decir, que entre los veinte y los treinta años de edad, como estás formando un patrimonio, tal vez tengas una mayor parte de tu ingreso comprometida, ya sea en pagar la casa, en pagar tus estudios o en invertir en una empresa.

Es más, habría que esperar que cuando eres joven tengas algo de deuda. Lo ideal es que esa deuda te sirva después para tener una mejor calidad de vida. En pocas palabras, no se vale que te endeudes para pagarle una ronda de martinis a todos tus compañeros, pero sí conviene que uses algo de deuda para comprar, tal vez, una casa. En Estados Unidos se acostumbra que los jóvenes se endeuden para pagar su carrera universitaria. En México todavía no hay tanta oferta de créditos para pagar las universidades y, cuando la hay, las tasas de interés son tan altas o más que las que cobra una hipoteca, lo cual no es precisamente lo más conveniente para una persona que apenas empieza a ganar dinero. Además, justo en Estados Unidos hay quien cuestiona si todavía es buena idea endeudarse para pagar una escuela.[1]

Es probable que necesites hacer algunos gastos irresponsables cuando tienes menos de 35 años. Como te contaré más adelante, los gastos en experiencias te hacen más feliz que los gastos en zapatos, así que sí se vale que, si tienes menos de treinta años, de vez en cuando te avientes un viaje a la playa con tus compañeros de escuela, con todos los gastos que ello implica. Te garantizo que cuando tengas 45 años ya no será tan divertido y se te marcará en la panza el elástico del traje de baño.

Con todas esas condiciones, ahorrar siempre te convendrá, independientemente de cuántos años tengas.

Hay dos dibujitos que debes tomar en cuenta para entender qué debes hacer con tu dinero a lo largo de los años. Estos dibujos representan cómo se comportará tu ingreso a lo largo de tu vida adulta y cómo se comportará tu consumo. Consideremos solo tu vida adulta, para no entrar con problemas de quién te pagó los pañales y las medicinas para bajarte la fiebre cuando eras bebé.

Cómo se comporta tu ingreso desde los veinte hasta los 85 años de edad.

Si te fijas, el ingreso sube conforme cumples años, hasta que llegas a alrededor de los cincuenta. Entonces deja de aumentar y es probable que

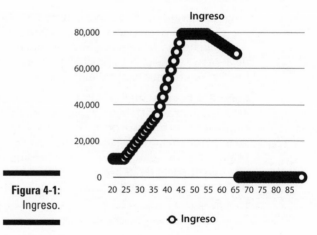

Figura 4-1:
Ingreso.

hasta empiece a bajar. Y cuando cumples 65 se supone que te retiras y que vivirás de tus ahorros. Ahí tu ingreso cae a cero.

Tu consumo no se porta igual que tu ingreso. Hay algunos años en que debes consumir más que lo que ganas, y entonces en esos años es probable que tengas que recurrir a la deuda. No es obligatorio, pero ya veremos un poco más adelante qué tanto te conviene endeudarte.

Tu consumo se porta más o menos así, a lo largo de los años:

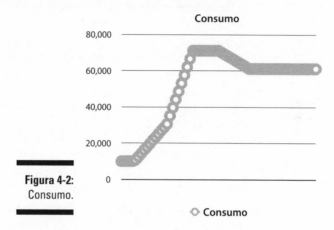

Figura 4-2:
Consumo.

O sea que cuando te jubilas, sigues consumiendo.

Si juntamos el ingreso con tu consumo, verás que llegará un momento en el que habría problemas, porque tú sigues consumiendo y el ingreso ya no sigue llegando:

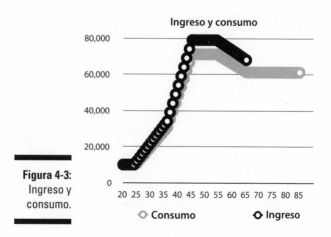

Figura 4-3:
Ingreso y
consumo.

El ahorro llega para salvarte

Es probable que estés pensando en dos o tres cosas:

1. Que falta mucho para llegar a los 65 años, así que ya nos preocuparemos hasta entonces.

2. ¡Oh, Dios! ¿Qué haré cuando ya no tenga ingresos?

3. ¿Estará buena la última película de Jennifer Aniston? Porque la del año pasado estaba un poco aburrida.

Si estabas pensando en cualquiera de las dos primeras opciones, descuida porque las cosas no son tan graves. Fíjate bien en la gráfica donde están juntos el consumo y el ingreso.

En los años en que sí hay ingreso, siempre es mayor que el consumo. Aquí tuvimos un supuesto muy agradable: que consumes menos que lo que ganas. Es decir, que destinas 10% de tu ingreso para el ahorro. Con ese porcentaje, el viejecito que llegue a los 65 años tiene más probabilidades de vivir bien durante su jubilación.

La principal conclusión de todo esto es que te conviene ahorrar cuando menos la décima parte de lo que ganas.

Mira cómo se ve ahora el ahorro. Supón que no empiezas a ahorrar desde el momento cuando recibes tu primer salario, porque te hacen la novatada de que debes invitar las cervezas a tus compañeros, después quieres comprar un coche, ir a la playa en él y adquirir el aparatito de moda. Total que te la pasas en la pachanga los seis primeros años, hasta que llega un angelito y te dice que te conviene ahorrar.

Mira cómo el ahorro llega al rescate de esta persona en el momento en que sus ingresos caen a cero; es decir, cuando cumple 65 años.

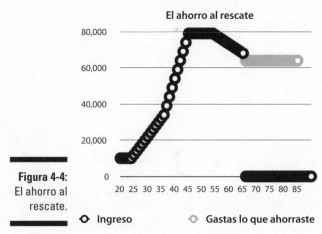

El ahorro al rescate

Figura 4-4: El ahorro al rescate.

○ Ingreso   ○ Gastas lo que ahorraste

Ahorrar hoy y gastar después

Figura 4-5:
Ahorrar hoy
y gastar
después.

⬤ Edad   ◐ Ahorro acumulado

La línea gris que aparece a los 65 años es el ahorro que esta persona podrá gastar durante veinte años más de vida. ¿Cómo llegó a esto?, te preguntarás.

Muy fácil: apartó 10% de su ingreso cada año, a partir del sexto año en que trabajó. Aquí suponemos que sus ahorros alcanzaron un maravilloso 8.5% anual de rendimiento. Es un rendimiento alto, no muy fácil de conseguir. Pero si esta persona quiere ahorrar 10% de su ingreso y gastar en sus veinte años de vida como jubilado más o menos lo que gastaba a los 65 años, ese es el rendimiento que debe conseguir. Si creyera que no consigue ese rendimiento, entonces debe ahorrar un mayor porcentaje de su ingreso.

Solo por morbo, vamos a ver cómo luciría su ahorro acumulado año con año, gracias a su constancia y a que obtiene un buen rendimiento.

La línea gris representa el ahorro. ¿Ves cómo va subiendo muchísimo, gracias a que esta persona se disciplina y además vuelve a depositar los rendimientos que obtiene? Después de los 65 años el ahorro empieza a bajar hasta desaparecer.

No hay una sola forma de ahorrar, como verás en el capítulo 6. Te adelanto que puedes ahorrar con pagarés bancarios, pero que te dan bajos rendimientos, o en un fondo de inversión, siempre y cuando no saques tu dinero ni tiendas a morderte las uñas cuando hay alzas y bajas en tu estado de cuenta mensual.

Aunque no lo creas, comprar una casa es una forma de ahorrar[2] aun cuando lo hagas por medio de una hipoteca. Así ahorras porque apartas algo de tu dinero para que se acumule en un bien que tendrás y que, con suerte, podrás vender después. Pero tienes que analizar bien, cuando compres o construyas la casa, que alguien querrá pagártela más adelante, cuando la pongas en venta. No creas que porque construiste un castillo de cemento que a ti te parece hermoso, alguien más tendrá ese "buen gusto" y querrá pagar tanto como tú crees que vale tu castillito.

• Si compras una casa con una hipoteca, de alguna manera te obligas a ahorrar tu dinero porque lo destinas al pago de las mensualidades en lugar de gastarlo por ahí. La intención es que la casa que compraste aumente de valor, porque habrá mercado para venderla después.

- Si la compras para rentar, asegúrate de recibir de renta cuando menos una cantidad mayor que la que recibirías en una cuenta en un pagaré, en el cual no tienes que andar persiguiendo inquilinos para que paguen ni pintando ventanas.

¿Cómo le haces para ahorrar?

Tienes que organizarte. Y para lograrlo, solo tienes que hacer cuatro cosas más. Son de lo más sencillas, así que no te desesperes. Toma un lápiz porque ahora vas a llenar las tablas que te salvarán la vida.

1. Define en dónde estás parado

Lo que haremos a continuación es calcular cuánto vales. No es que creamos eso de que "tanto tienes, tanto vales". No empieces a preocuparte y a meterte en filosofía y a creer que solo valen los que tienen mucho dinero. Ya sabes que eso no es verdad y que de todos modos te queremos. Lo que vamos a ver es a cuánto asciende tu fortuna y para qué te sirve tenerla.

En español esto se llama calcular a cuánto asciende tu patrimonio. Te sirve para saber en dónde estás parado en este momento. Es importante que pongas por escrito cuánto tienes y cuánto debes. Así sabrás si estás en una buena situación o no.

Primero, encuentra cuánto tienes. Este es un retrato que te haces en una fecha determinada:

Tabla 4-2	
Concepto	*Anota aquí cuánto tienes por cada concepto en pesos y centavos*
Dinero listo para usarse:	
Debajo del colchón	
En la cuenta de nómina	
En una cuenta de ahorro	
En un pagaré del banco (a menos de 28 días)	
Otros	

Tabla 4-2 (*Cont.*)

Concepto	*Anota aquí cuánto tienes por cada concepto en pesos y centavos*
Dinero del que no puedes echar mano de inmediato: Cuenta en un fondo de inversión En un pagaré del banco a más de 28 días En una cuenta de emergencia	
Dinero del que no deberías echar mano así como así: Plan de ahorro para el retiro Plan de ahorro para la universidad Ahorros	
Si la casa es propia, anota cuánto valdría hoy si la vendieras Lo mismo con otras propiedades, como casas, coches, joyas, yates, etcétera	
Ahora escribe aquí la suma:	

Antes de que te pongas a dar de brincos de alegría por todo lo que tienes, ahora haz la lista de lo que debes:

Tabla 4-3

Lo que debes
A pagar este mes: Renta Teléfono Celular Cable Agua Luz Gas Tarjeta de crédito Mensualidad del coche Mensualidad de la hipoteca Otros:

Tabla 4-3 (*Cont.*)

Lo que debes

Deudas que tienes que pagar este año:
Saldo de las tarjetas
Deudas con la vecina o con familiares
Otras deudas

Deudas para las que tienes más tiempo
Hipoteca
Otras deudas

Ahora escribe aquí la suma:

Ahora **fíjate si lo que tienes es más grande de lo que debes.** Toda esta tarea te sirve para saber si con lo que posees puedes hacer frente a tus obligaciones.

Esto te sirve para analizar si el dinero que tienes para este mes será suficiente para cumplir con los pagos del mismo periodo. Por eso están en diferentes cuadritos. Así puedes comparar el primer cuadrito de lo que tienes, es decir, el dinero listo para usarse, con el primer cuadrito de lo que debes, es decir, las deudas que están cerca.

Con todo esto tienes una idea de dónde estás parado en este momento.[3]

2. Encuentra en qué se te va el dinero

Olvídate de echarle la culpa al "viene, viene" por ser quien se gasta todo tu dinero. Es muy frecuente escuchar a alguien decir que su dinero se le va porque siempre está dando propinas y es probable que esa persona esté equivocada. Si das propinas al señor que te dice cómo estacionarte, es porque tienes un auto y de seguro tienes otros gastos más grandes que ese, y también, claro, ya sabes estacionarte y no necesitarías pagarle a alguien que te estorbó mientras maniobrabas, pero ese no es problema tuyo o de ese señor, sino de la falta de oportunidades de empleo, así que en este libro no vamos a resolverlo.

Total que el dinero no se te va en lo que crees. Por eso es importante que hagas un poco de tarea para ver en qué se te está yendo. Será un poco latoso, pero para hacer un buen diagnóstico, tendrás que registrar tus gastos durante un mes, más o menos. Después, toma el estado de cuenta de tu tarjeta de débito o de la cuenta de nómina en la que te depositan tu sueldo. Encuentra en qué estás gastando.

Registra tus gastos solo durante un mes No te obsesiones con ello porque no vas a obtener mucha más información. De lo que se trata es de saber cuáles son los gastos habituales que haces sin darte cuenta.

Sería bueno que hicieras una clasificación de tus gastos:

Tabla 4-4

Tipo de gasto	*Monto al mes*
Gastos de la casa (renta, teléfono, gas, luz)	
Gastos para sobrevivir (comida, ropa)	
Gastos para divertirte	
Ahorro	

Ya que tienes claro en qué se te ha ido el dinero, ahora necesitas saber en qué se te debería ir el dinero cada mes.

Es probable que no estés destinando recursos a esto:

Tabla 4-5

A qué debería destinarle más dinero	*Por qué*
Seguro para el auto	Aplica aquí la regla del Hombre Araña: a todo gran poder corresponde una gran responsabilidad. Si tú manejas, tienes un gran poder sobre los demás, en especial los peatones y tus pasajeros. Si algo les haces, tienes que pagar como si fueran nuevos. Así que necesitas un seguro que incluya responsabilidad civil y daños a terceros.
Ahorro para la salud	En cualquier momento tendrás que ver al médico. Te conviene tener algo de dinero disponible para poder pagar la consulta y las medicinas.
Seguro de gastos médicos mayores	Sobre todo si no estás en el Seguro Social, el Seguro Popular o algo parecido, tendrás que pagar tú los tratamientos por algún padecimiento caro.

Tabla 4-5 (*Cont.*)

A qué debería destinarle más dinero	Por qué
Las vacaciones	A que se te había olvidado ponerlas entre tus gastos. Es que solo las tomas dos veces al año, pero te conviene distribuir el peso de pagarlas durante todos los meses.
Para imprevistos	Separa una parte de tu ingreso para formar un fondo de ahorro para emergencias. Ojo, no es un fondo de ahorro para que cuando juntes dinero lo uses. Es un fondo de ahorro para que esté ahí guardadito y te saque de apuros.
Para invertir	Si logras apartar algo de tu ingreso para que se junte y puedas invertirlo, llegará un momento en que tu dinero trabaje para ti y no al revés.
Para un objetivo en particular	Ya es tiempo de que apartes algo de dinero para alcanzar un objetivo en particular. En el capítulo 8 te explico más cómo definir objetivos que sí puedas alcanzar.

3. Encuentra cuánto gastas al año

Solo tienes que hacer la cuenta de los ingresos que tienes. Para un emplea-do asalariado se supone que es más fácil, porque solo tienes que multipli-car lo que ganas a la quincena por 24. A eso le sumas el aguinaldo y lo que te den de fondo de ahorro.

Si eres un trabajador independiente, te tomará un poco más de tiempo de arrastrar el lápiz, pero ánimo, vas a lograrlo.

Ya que tienes cuánto ganas al año, es momento de repartirlo entre tus gastos. No quiero asustarte, pero eso es hacer un presupuesto. Tienes una cantidad determinada de dinero y la repartes entre todo lo que esperas que vas a gastar en el año.

Para que hacer el presupuesto no sea una lata, considera cinco rubros esenciales:

Tabla 4-6

En qué tendrás que gastar	*Cuánto le dedicas ahora*	*Cuánto tienes que dedicarle*
Casa		
Vestido		
Sustento		
Ahorro		
Inversión		

Esta tabla te servirá para repartir las cantidades. Como ves, tiene dos columnas para las cantidades. Una con cuánto le dedicas ahora y la otra con cuánto deberías dedicarle.

Es probable que lo que gastes sea mayor que lo que ganas. Nunca es al revés, o sea, que lo que ganas sea mayor que lo que gastes, porque todo el dinero que recibes lo debes repartir en lo que gastas más lo que ahorras.

Si gastas más que lo que ganas, es entonces cuando tienes que recurrir a los préstamos o tienes que hacer un plan para ganar más.

Cuándo recurrir a los préstamos

No es tan terrible tener una deudita de vez en cuando. A los financieros les encanta eso, porque en cierta forma al pedir prestado vives del dinero de otros.

Eso sí, ten cuidado con las tasas de interés. Mientras menos necesites el préstamo, más barato va a salirte.

Es una triste realidad, pero así es. Si necesitas con urgencia un refrigerador porque ya se te echa a perder la leche de los niños y no tienes nada ahorrado, conseguirás préstamos carísimos para comprarlo. En cambio, hay gente que puede pedir prestado a su tarjeta de crédito para pagar unos zapatos de súper lujo y, si paga a tiempo el saldo, el préstamo le sale sin intereses.

El secreto, entonces, está en no pedir un préstamo cuando estás desesperado. De esa forma, la deuda te saldrá más barata.

¿Cuál es el límite para endeudarse?

Charles Farrell[4] tiene una clave para tomar una decisión en casi todas las situaciones de dinero. Dice que es importante acumular para tener un capital propio y de esa forma pasar de **empleado a capitalista.** Por eso, habría que preguntarse siempre si la decisión que se tome ayudará a uno a convertirse en capitalista; es decir, en alguien que tiene ahorros que después puede poner a trabajar.

Si uno va a endeudarse para comprar un auto o para pagar la educación, habrá que ver si se trata de una deuda que se traducirá en un mejor nivel de vida en el futuro. Si la respuesta es no, entonces de plano no hay que pedir el préstamo.

Ejemplo: ¿Contratar una hipoteca hará que pase de empleado a capitalista? "Sí, si el endeudamiento se hace en proporción con tu ingreso", dice Farrell. "Necesitas un lugar para vivir".

La deuda de la tarjeta de crédito es una mala idea. La tarjeta solo debería servirte para pagar las compras de inmediato y después liquidar el total. Si pagas solo el mínimo de tu tarjeta de crédito, sin duda te saldrá más caro el caldo que las albóndigas.

Cuando compres a crédito un auto tienes que recordar que debe ser solo para llevarte de tu casa al trabajo. Si compras a crédito un solo caballo de fuerza más del que necesitas para esa función —y tal vez para irte alguna vez a la playa—, entonces estás gastando de más en pagar intereses.

¿Cuánto es bueno endeudarse para comprar un auto? Depende entonces del precio del auto. **Mientras más bajo, mejor.** Si ya quieres endeudarte para comprar un *BMW*, créeme: no te lo mereces.

¿Cuánto endeudarse? No hay cifras iguales para todos. Los mismos banqueros recomiendan que el total de tus deudas no sea mayor a 30% de tus ingresos. Si puedes, baja esa proporción aún más.

Referencias

[1] Revista *Forbes*, "How the $1.2 Trillion College Debt Crisis is Crippling Students, Parents and the Economy", publicado el 7 de agosto de 2013. http://www.forbes.com/sites/specialfeatures/2013/08/07/how-the-college-debt-is-crippling-students-parents-and-the-economy/

[2] En el capítulo 13 abundaremos respecto de la conveniencia de comprar bienes raíces como forma de ahorro.

[3] Si quieres hacer todo el ejercicio para calcular tu patrimonio puedes seguir una explicación página por página en Chelminsky, Adina, *¿Y cómo chingados le hago?*, México, Editorial Diana, 2013, pp. 9-25. Para un diagnóstico de salud financiera consulta: Chelminsky, Adina, "El ABC de Dinero Inteligente: Salud financiera", Revista *Dinero Inteligente*, núm. 36, México, diciembre de 2012, p. 89.

[4] Farrell, Charles, *Your Money Ratios*, Nueva York, Avery, 2010.

Bibliografía:

Bayly, Karla, *Toma el control de tu dinero*, México, Endira, 2010.

Garret, Sheryl, *Personal Finance Workbook for Dummies*, Hoboken, NJ, Wiley Publishing, 2008.

Macías, Sofía, *Pequeño cerdo capitalista. Finanzas personales para hippies, yuppies y bohemios*, México, Aguilar, 2011.

Morán, Roberto, *Lo que debes saber de dinero antes de cumplir cuarenta*, México, Editorial Diana, 2012.

Parte II

En esta parte...

- Analizaremos la escala de necesidades que debes cubrir, desde las básicas hasta las más sofisticadas.

- Te explicaré qué es el ahorro, cómo hacerlo y para qué sirve.

- Abundaremos en la relación entre el dinero y tus emociones.

- Exploraremos la influencia del dinero en ti mismo, con tu pareja, en familia, con tus amigos y con tus socios.

- Responderemos a la pregunta: ¿El dinero genera felicidad?

Capítulo 5

Cómo controlar tus gastos para que el dinero no te vuelva loco

En este capítulo:

▶ Analizaremos desde la pirámide de necesidades básicas hasta la compra de *Ferraris*.

▶ Distinguiremos entre necesidades reales y superfluas.

UN MÚSICO DEBE HACER MÚSICA, UN ARTISTA DEBE PINTAR, UN POETA DEBE ESCRIBIR, PARA SER FELIZ.

-ABRAHAM MASLOW

Es difícil saber qué es esencial para tu vida. Ahora no podrías vivir sin un auto, que te permite llegar temprano a tu trabajo y para el cual debes vestirte con ropita más o menos nueva. Y para que te quede esa ropa, debes cubrir la cuota del gimnasio, una cantidad que en algunas ciudades bastaría para pagar la renta de una modesta casita.

Desde hace tiempo, los filósofos y los economistas han tratado de definir qué es lo básico para la vida, y a partir de ahí, diferenciar entre lo esencial y lo superfluo. Sería bueno tener esa lista a mano a la hora de ir al súper o al centro comercial. Sin embargo, la definición de lo básico y lo frívolo siempre cambia, a medida que pasas por diferentes etapas de tu vida.

Eso sí, pocas cosas hay más fáciles que criticar el consumo superfluo de los demás. Eso ya lo dice Ramit Sethi en su libro *I Will Teach You To Be Rich (Te enseñaré a ser rico)*,[1] que siempre es más fácil ver que los amigos malgastan su dinero que darse cuenta en qué tonterías deja uno el fruto de su esfuerzo. En este capítulo vamos a ver cómo le haces para definir, con sinceridad, qué es lo que sí necesitas y qué es pura neurosis.

¿Neurosis? No te apures, dicen algunos psicólogos que toda persona inteligente tiene algo de neurótica. Los demás no necesitan serlo, porque como no se dan cuenta de los problemas de la vida, no tienen por qué fabricarse ideas y rutinas neuróticas para defenderse de ellos.

En fin, que puede ser que por neurótico estés comprando ese mismo café de cuarenta pesos todos los días, a pesar de que te sería más fácil y cómodo prepararlo y tomarlo en casa.[2] También puede ser que por neurótico te recrimines tomar el café y te sientas culpable por ello, cuando en realidad no es en eso en lo que se te va el dinero, pero te costaría más trabajo reconocer la otra conducta que es la que verdaderamente agujera tu bolsillo.

Tratemos de ver qué es esencial. Carlos Llano, en su libro *Viaje al centro del hombre*,[3] cita a tres filósofos que intentan hacer una lista de bienes rigurosamente necesarios, esos "que todo hombre debería poseer, y ninguna otra cosa más". Cuenta que Platón, Santo Tomás de Aquino y Carlos Marx ensayaron esa lista. Para Platón, la lista constaba de tres bienes: "alimento, habitación y vestido". Marx le agregó a la lista "calefacción y etcétera". Tomás de Aquino, "como clarividente precursor del futuro", comenta Llano, también le puso un "etcétera" a esa enumeración.

Ya te había contado que el padre de la ciencia económica, Adam Smith,[4] decía que las necesidades cambian según las costumbres del país, de manera que por más pobre que sea una persona, en ciertos países y momentos necesita zapatos para aparecer en público. Ya depende de a qué te dediques o quién te creas que eres para que necesites que los zapatos sean unos marca *Christian Louboutin*, que la última vez que vi se vendían en 13,734.98 pesos el par (el ingreso mensual promedio de un médico en México, en ese momento).[5]

Hay un psicólogo que acomodó las necesidades del humano en una pirámide que va de lo más básico a lo más elevado. En su famosa pirámide de necesidades, Abraham M. Maslow[6] pone en la base las necesidades fisiológicas y en la punta las necesidades de autorrealización. Todo puede acomodarse ahí. Por ejemplo, si crees que necesitas esos zapatos *Louboutin*, tal vez sea por tus necesidades de conseguir intimidad sexual o amistad, o por tu necesidad de autoestima o de mostrar tu verdadero tú.

Ahorita te cuento con más detalle la pirámide de Maslow, pero creo que mientras tanto ya te di pretexto para comprarte unos zapatos de seis o siete mil pesos, cuyo precio ya no te parecerá tan descabellado al compararlos con los que he mencionado tantas veces. Cuando platiquemos de la economía del comportamiento vamos a entrar más en este tema, pero te adelanto que cuando nos ponen un punto de referencia, es probable que nos sirva para justificar una compra excéntrica.

En fin, vamos a la pirámide de Maslow. Empezamos por arriba:

Tabla 5-1

Lugar	Necesidad	Descripción
5	Autorrealización	Ya que satisfaces todas tus necesidades, puedes sentirte intranquilo mientras no sigas tu propio llamado. Es lo que los cursis consideran su propósito en la vida. Esta necesidad, explica Maslow, puede mostrarse en diferentes formas: "En un individuo puede tomar la forma del deseo de ser una madre ideal, en otra puede expresarse atléticamente y en otra más en pintar o en inventar".
4	Estima	Fuera de algunas personas con patologías, un individuo que vive en sociedad quiere sentirse estimado y respetado por los demás. Así que tenemos el deseo de ser fuertes, de lograr algo y de ser adecuados. Por eso es que cuando te corren de un empleo y sientes (la mayor de las veces, equivocadamente) que ya nadie te respeta (como a Mandibulín), quieres comprarte todos los zapatos y los helados *Haagen Dasz* de la tienda, como una forma de compensar el hecho de que no puedas satisfacer estas necesidades.
3	Amor, pertenencia	Una persona quiere "un lugar en su grupo", sentirse amada y esas cosas que se leen en las novelas de *Crepúsculo*. Cuando no lo consigue, a la mejor busca el sexo desenfrenado como un sustituto de la intimidad que no encuentra. ¡Sexo desenfrenado y unos martinis! ¡Mmmh!
2	Seguridad	Estaba un día un señor haciendo todo tipo de aspavientos en una calle de la ciudad. Llega alguien y le pregunta: "¿Por qué hace esos movimientos tan frenéticos?". El señor responde: "Para espantar a los elefantes". "Oiga, señor", dice el otro, "pero por aquí no hay elefantes". "¿Ya ve qué efectivo es mi movimiento?"[1] No te rías, bueno sí, ríete, porque si no voy a creer que es

Tabla 5-1 (*Cont.*)

Lugar	Necesidad	Descripción
2	Seguridad	un chiste malo. El caso es que puede sucederte lo mismo; por ejemplo, que como sientes que tu jefe te va a correr mañana, te vas de reventón cada fin de semana porque es una forma de resolver momentáneamente el problema, lo que hace que tu cartera sufra y el problema siga existiendo. Todos necesitamos sentirnos seguros, explica Maslow, y en general, un adulto saludable y "afortunado" tiene satisfechas sus necesidades de seguridad. Una sociedad pacífica hace sentir a sus miembros que están protegidos contra ataques de animales, asaltos (ay, qué envidia de algunas sociedades), tiranías, etcétera. A los niños les encantan los rituales y las rutinas porque les dan una sensación de seguridad, explica el psicólogo Maslow: "Un niño necesita un mundo organizado, más que uno desorganizado o sin estructura". Muchos adultos neuróticos, explica, son como un niño inseguro y están preocupados por catástrofes de todo tipo. Tú cómprate unos cuantos seguros (de vida, de gastos médicos, de auto) y baila como si nadie te viera (como dice Alfred D'Souza).
1	Fisiológicas	Son taaan evidentes que parecería un insulto enumerarlas: comer, beber, ir al baño y todo lo que mantenga el equilibrio en la salud de tu cuerpo. El organismo manda señales para comer cierto tipo de cosas cuando necesita minerales o vitaminas; en pocas palabras, dice cuando tiene hambre, cuando tiene frío, como los pollitos. El problema es que uno puede confundirse y creer que tiene hambre y comer y comer hasta los pies ya no ver, porque el cerebro manda señales confusas y porque los alimentos industrializados están diseñados para que comamos más.[7] De todas las necesidades, puede ser la más tramposa a la hora de manifestarse y llevarte a pronunciar frases como: "Para mantener mi temperatura corporal necesito ese abrigo de chinchilla"; "tengo mucha hambre, así que voy a comer en este restaurante que sale en todas las revistas".

Te pongo la pirámide de Maslow porque es un buen punto de partida para saber si te conviene gastar en lo que estás gastando. Nada de lo humano te es ajeno, así que todas las tentaciones que te ofrece el mundo pueden servirte, en algún momento, para satisfacer alguno de los cinco tipos de necesidades. Y qué bueno que así sea. Puede ser que con esta pirámide encontremos el secreto para liberarte de tus culpas. ¿Tus culpas? Sí, esa sensación de que alguien te regaña cuando te compras otro par de zapatos.

Como dice el psicólogo Watzlawick,[8] uno realiza ciertas rutinas ante ciertos problemas, que sirven para nunca encarar el conflicto. De esa forma, el problema persiste. En este caso, la rutina es sentir culpa cuando vas de compras y das tarjetazos a diestra y siniestra, en lugar de enfrentar un problema que crees que es más complicado.

Utilicemos la pirámide de Maslow para analizar tus compras. Veamos:

Tabla 5-2

Qué compré	¿Satisface necesidades? ¿De qué tipo?	O de plano es pura neurosis. Confiésalo.
Un nuevo traje.	Voy a hacer una presentación con unos clientes y quiero verme bien. Si se firma el contrato, usaría la mitad de ese ingreso para pagarlo. Satisface necesidades fisiológicas, porque debo cubrirme de las inclemencias del tiempo, y de respeto, porque quiero causar una buena impresión. Si me apuro, también servirá para satisfacer mi necesidad de autorrealización.	La verdad es que ya tenía cuatro y algunos de ellos están presentables todavía.
Un cafecito	Alimentado ya estás, pero el cafecito sirve para platicar con los amigos, así que satisface una necesidad de estima.	Es probable que tomes café sólo porque ya tomaste café antes en el mismo lugar y el consumo te brinda una sensación de seguridad. Uno tiende a volver a hacerlo solo por la sensación de familiaridad. Estás buscando una solución neurótica a tu necesidad de seguridad.[2] Lo mismo puede suceder si vuelves a la tienda a comprar un vestido más que ya no querías.

Obviamente que el truco no está solo en dejar de gastar en exceso. No gastar también puede ser un pretexto para no relacionarte con otros, porque temes que no te acepten tanto como a ti te gustaría. Ya quedamos que este no es un libro de psicología, pero me atrevo a decirte que demasiadas veces puedes decir "es que no tengo dinero" para no ir a un viaje, una fiesta o un paseo porque temes salir de tus rutinas.

Como hay estudios para todo, también hay análisis de la relación entre dinero y felicidad, sobre lo cual hablaremos más adelante en el libro. Te adelanto que dicen que gastar en experiencias puede darte más felicidad que comprar un tiliche más.

Te prometí que hablaríamos sobre las necesidades básicas y los *Ferraris*. Vienen los *Ferraris*. Desde los primeros economistas, como David Ricardo, había una cierta condena al consumo de productos suntuosos, supuestamente porque eso no se traduciría en el bienestar de más personas. Cuenta Eric Roll[9] que Ricardo consideraba preferible que los capitalistas emplearan su dinero en contratar trabajo improductivo que en consumir artículos de lujo, porque la primera opción genera un mayor empleo.

La recomendación del economista sería que si tienes mucho dinero contrates a alguien que le haga cosquillas a tu mascota en lugar de gastar en un *Ferrari*, porque así generas empleo pagado que después consumirá algo cosechado en el mismo país.

No te preocupes, es posible encontrar una justificación del consumo de *Ferraris*, más allá de que estarás generando empleos muy bien pagados en un pueblito llamado Maranello. En una sociedad en la que se supone que mientras más méritos tengas, más dinero podrás obtener, hacer ostentación de riqueza te sirve para ganarte el respeto de los demás y... para generar más riqueza, porque con el respeto y el temor que despiertes en otros es probable que consigas más contratos o prebendas o lo que sea que tengas para obtener tanto dinero.

Se trata de que manejes mejor tu dinero, no de que te ganes el cielo, así que descuida, hasta aquí llegan las ironías respecto de la compra de *Ferraris*. Ahora vamos a plantear una nueva pirámide de necesidades que tiene que ver con el tiempo.

Si dejamos de hacerle caso a las teorías de que para que haya ricos debe haber pobres, podrás acallar tus sentimientos de culpa por traer ese *Ferrari*, ese *BMW* o cualquiera que sea el auto que apenas cabe en tu cochera. Ahora haremos que te sientas mal por haber gastado seis meses de tu sueldo en el enganche.

¿Me compro ese auto?

Debe haber alguna fórmula matemática para saber si "te mereces" comprar esos zapatos, ese auto o ese nuevo teléfono inteligente. Pareciera que la primera clave para detectar una compra innecesaria está en la cantidad de veces que te dices "me lo merezco" en el camino de la tienda a tu casa.

Las siguientes claves tienen que ver con los gastos necesarios que podrías estar aplazando con tal de conseguir la satisfacción automática de un automóvil, que después resulta que no es tan satisfactorio como podría parecer. Hay un concepto de la "caminadora hedonista", que se refiere a que por más que busques la felicidad, cuando crees que ya vas a alcanzarla serás más exigente. Este concepto aplica también a la compra de artículos que se supone que te harán feliz. Eres feliz con la *iPad* en su tercera versión por un rato y la felicidad se termina aun antes de que llegue la cuarta versión.

Independientemente de si eres o no feliz con un auto de súper lujo o con ese vestido de brillantes, podrías ser más objetivo para analizar tus compras con este ejercicio:

Tabla 5-3

Último artículo súper poderoso que necesitas para vivir mejor	*De qué te va a servir*	*A qué le vas a recortar para alcanzarlo*
Todo un vestuario nuevo para correr.	Sí, la ropa deportiva de marca te hace correr más, porque cuando vas por el parque sientes que todos notan lo bien que te ves y eso te motiva. Y ahora que ya la compraste, tienes que ganarte tus galones o, como dicen en inglés, "*you have to earn your stripes*"; es decir, en términos militares, merecerte el uniforme que llevas puesto.	Como vas a correr más, tendrás menos tiempo para otras actividades. Puedes recortar tu gasto en películas, por ejemplo. Cuidado: no se trata de castigarte, porque entonces te sentirías regañado.

¿Tengo dinero suficiente para el lujo?

Ponle palomita, en caso de que sí lo tengas, o tache en caso de que no, a estos artículos esenciales para tu vida. Si ya los tienes, derrocha lo que te sobre.

Tabla 5-4	
Lo que deberías tener	*Palomita si lo tienes o tache si no*
Un fondo de emergencia, equivalente a unos tres o seis meses de tu sueldo.	
Ahorro suficiente para pagar, cuando menos, el deducible de tu seguro de gastos médicos en caso de tener una enfermedad.	
Ahorro suficiente, o un seguro de vida, para no dejar desprotegidos y con las manos en la puerta a los seres que quieres.	
Una cantidad de ahorro para el retiro adecuada para tu edad. Esa cantidad depende de tu plan de pensión para el retiro. Por ejemplo, puedes esperar que el Seguro Social o la empresa paraestatal en la que trabajas te den una buena pensión, o tal vez tengas algo de ahorro en tu plan de retiro individual. Se supone que a los 65 años de edad deberías tener dinero suficiente para vivir cuando menos 200 meses sin trabajar. Eso quiere decir que a los veinte años debes tener ahorrado como 1% de esa cantidad, pero a los cuarenta años debes tener cerca de 40% de la cifra. En el capítulo del ahorro para el retiro te platicaré más sobre las cuentas que debes hacer para cuando te jubiles.	

Toma en cuenta que podrías poner tu dinero a trabajar para enfrentar algunos imprevistos. La intención no es convertirte en un tacaño, pero sí que hagas unas cuentas.

Veamos: un *Audi A8* tiene un precio que va "desde" 1.24 millones de pesos, una cantidad que en el momento de escribir esto servía para comprar un departamento de 64 metros cuadrados, con dos recámaras, un baño y medio y un lugar de estacionamiento en una colonia céntrica de la Ciudad de México (la San Rafael). Si lo rentaras (el departamento, no el auto), tal vez podrías obtener unos ocho mil pesos al mes.

Gastar en otros puede darte más alegría que comprarte ese artículo carísimo; cuando menos eso dicen Elizabeth Dunn y Michael Norton,[10] dos
profesores de la Harvard Business School.

Referencias

(1) Sethi, Ramit, *I Will Teach You To Be Rich*, Nueva York, Workman, 2009.

(2) Haces lo mismo que hiciste antes simplemente porque estás acostumbrado a hacerlo. Ariely, Dan, *Predictably Irrational*, Nueva York, Harper
Collins, 2008.

(3) Llano Cifuentes, Carlos, *Viaje al centro del hombre*, México, Editorial
Diana, 1999, pp. 31-54.

(4) Adam Smith, citado por Sen, Amartya, *Poor, Relatively Speaking*, Oxford
Economic Papers. vol. 35,núm. 2, julio 1983.

(5) Sobre el precio de los zapatos *Louboutin*, en www.saksfifthavenue.com y
el ingreso promedio de un médico en México: www.observatoriolaboral.
gob.mx

(6) Maslow, Abraham, *Hierarchy of Needs: A Theory of Human Motivation*,
www.all-about-psychology.com.

(7) Kessler, David, *The End of Overeating. Taking Control of the Insatiable
American Appetite*, Nueva York, Rodale, 2009.

(8) Chistorete contado por Watzlawick, Paul, *El arte de amargarse la vida*,
México, Herder Editorial, 2003.

(9) Roll, Eric, *Historia de las doctrinas económicas*, México, Fondo de Cultura
Económica, 1994.

(10) Dunn, Elizabeth y Norton, Michael, *Happy Money. The Science of Smarter
Spending*, Nueva York, Simon & Schuster, 2013.

Capítulo 6

Cómo ahorrar

En este capítulo:

▶ Comprenderemos para qué sirve ahorrar y cómo hacerlo.

▶ Te explicaré cómo influye la inflación en tus ahorros.

¿A quién no le gustan los micrófonos y las cámaras de televisión? Recuerda aquella frase de Andy Warhol, quien decía que vivimos en una época en la que todos tenemos derecho a nuestros quince minutos de fama. Los minutos de fama de alguien que habla de finanzas personales llegan en el momento más inadecuado: cuando un productor de un programa necesita que alguien diga a las familias qué hacer en caso de crisis. Y aquí van las preguntas más frecuentes de la invitación:

• "Si el país no crece, ¿cómo le harán las familias para ahorrar?"

• "¿Cómo gastar menos, ahora que han subido tanto los precios?"

• "Si ya no hay empleos, ¿cómo pagar los útiles para el regreso a clases?"

Y la verdad es que al opinador de finanzas personales le gustaría más recomendar a la gente que gaste menos que lo que gana y que ahorre para el futuro. Como nadie le llamó en épocas de abundancia, entonces nadie hizo la previsión para cuando sucedieran esas cosas tan urgentes que tan preocupado tienen al productor del programa.

No es que México, u otros países de América Latina, hayan tenido muchas épocas de abundancia para prepararse para el mañana. Así que gran parte de su población no ha tenido oportunidades para ahorrar o ha encontrado pretextos para no hacerlo. Gran parte, pero no toda. Aquí voy a contarte que sí hay quien puede ahorrar, aun en situación de pobreza, y, lo más importante, que puede obtener un premio por hacerlo.

¿Un premio por ahorrar? Definitivamente hay que conseguirlo. No tener a la vista una recompensa desanima a cualquiera que se sacrifica y deja de consumir ahora con la esperanza de consumir algo después. Ya estoy adelantándote un truco que puede ayudarte a ahorrar: ponerte un premio. Sí, sí, porque ya sabes que será beneficioso para ti tener algo de dinero para gastar el día de mañana, tal vez cuando seas viejo, pero no lo sientes ahora. De manera que, además de esperar con emoción ese gasto futuro, tienes que ponerte alguna recompensa en este momento.

Lo difícil que es ahorrar ya lo habrás vivido en carne propia cuando vas con tus hijos a pasear al parque o a un centro comercial. Ellos quieren comprar todas las cochinaditas que ven. Cada una de ellas no es un gasto grande y ellos así lo entienden. Pero tú sí ves que gastar diez pesos en una pelotita aquí, cinco pesos en la máquina de chicles allá, seis pesos en una paletita picosa y 18 en un muñeco de la lucha libre sí se traducen en una cifra importante si sumas cada una de las cantidades. Entonces pides a tu niño que ahorre un poco para el futuro porque, si tiene un cochinito, tal vez en un futuro podrá comprar algo más grande que el chicle o que el luchador de plástico. Por más imaginación que tenga tu niño, será difícil que lo convenzas de que sacrificarse ahora y dejar de comprar la paleta le servirá para comprar un boleto para un viaje espacial en el futuro.

Lo interesante de los niños es que son un reflejo de tu niño interior, que piensa y actúa exactamente igual que ellos. ¿Cómo vas a convencerte a ti mismo de no gastar en esa cerveza extra o de no comprar el último último éxito en la tienda de *iTunes* porque en un futuro deberás pagar la colegiatura de tus hijos? También en ese momento es difícil hacer la suma para comparar los dos objetivos; es decir, el objetivo de la satisfacción inmediata y el objetivo, más nebuloso, de pagar algo que a la mejor necesitarás o a la mejor no necesitarás.

Cuando eres mayor te das cuenta de que eso del ahorro tiene una complicación adicional. Está bien, está bien, ya tienes tu cochinito o tu cuenta bancaria. Y entonces resulta que cuando vas a comprar algo, está más caro que ayer. Bien dicen que un peso ahora vale más que un peso mañana. Cada uno de tus pesos está perdiendo poder adquisitivo; así que, ¿por qué esperar para gastarlo?

Hay algunas razones: porque mañana tendrás necesidades diferentes a las de ahora y no puedes gastar hoy en satisfacerlas. Veamos. Si gastas la mitad de tu quincena en una pantalla plana para la cocina, dejarás de destinar ese dinero a comprar medicinas para cuando cumplas cincuenta años. Entonces, ¿qué hacer? ¿No comprar la pantalla plana y adquirir las medicinas y guardarlas en un cajón hasta que las necesites (si es que llegas a necesitarlas)?

Así que el argumento de que tus pesos valen más hoy que mañana es válido solo a medias. Si se trata de comprar algo concreto que subirá de precio mañana, puede ser una buena idea desembolsar ahora, en lugar de esperar. Ahí tienes un excelente argumento para comprar en las famosas promociones de "meses sin intereses". Pero cuando no tienes algo concreto en qué gastar porque no sabes qué vas a necesitar mañana, el argumento desaparece.

Lo que necesitas hacer es buscar dónde poner tu ahorro para que se proteja de la inflación, o sea, del alza de precios. Ya llegaremos a ese punto.

En las poblaciones y colonias pobres de México hay un ejemplo de estrategias para ahorro. De seguro habrás visto las varillas en los techos de las casas, cubiertas con botellas de *Coca-Cola* para que no las maltrate la lluvia, en espera de que se construya un segundo o tercer piso. Por lo general, en los países "en desarrollo", como México, no hay muchos servicios bancarios para los pobres, de manera que tienen que buscar cómo guardar sus recursos para el futuro. Lo que se hace, cuando se tiene un poco de dinero extra, es comprar un costal de cemento, unas cuantas varillas y algunos ladrillos para ampliar después la casa y darle cabida al hijo, nieto, sobrina o tía que acaban de llegar. De esa forma, el dinero extra no se gasta en compras inmediatas y se tiene algo para el futuro.

Si quieres, es lo mismo que hizo Práctico, uno de los tres cochinitos, que se puso a construir su casa para prepararse para cuando llegara Lobo Feroz a soplar y soplar.

El ahorro, entonces, demuestra ser benéfico, aunque sea el resultado de un sacrificio temporal.

¿Cómo darte un premio por tu sacrificio de ahora?

Obviamente, el premio no puede ser gastarse el dinero que has acumulado hasta cierto momento, ni siquiera una parte, porque eso afectará la posibilidad de alcanzar el objetivo fijado.

Dan Ariely,[1] el experto en economía del comportamiento, cuenta su propia historia como un ejemplo de cómo hacer para ponerse premios y alcanzar objetivos más lejanos. Cuando estudiaba secundaria, un accidente le dejó quemaduras en gran parte del cuerpo y tuvo que ser hospitalizado. Ahí, entre las muchas transfusiones de sangre, se contaminó con hepatitis. Para combatirla tenía que tomar interferón, un medicamento que por aquellas fechas apenas estaba en etapa de experimentación. Cada vez que lo tomaba tenía una tarde de perros, con vómitos y náuseas. Pero si no lo tomaba, la hepatitis podía convertirse en algo peor y amenazar su vida. La recompensa de vivir más dentro de algunos (muchos) años tal vez no alcanzaba a compensar la terrible sensación causada por los efectos secundarios de la medicina. Y eso, cuenta Ariely, les ocurre a muchos pacientes.

La solución que encontró fue prepararse con anticipación para las molestias del interferón. La tarde cuando debía tomarlo pasaba antes por la tienda de videos y rentaba los que más le gustaban. Se colocaba en la cama, con una cubeta para los vómitos a un lado, y tenía una encerrona de grandes películas. Así convertía una tortura en una sesión de buen cine. Sin eliminar la tortura, encontró la manera de premiarse.

Algo similar sucede con los pacientes de diabetes. Deben controlar su alimentación, medirse la insulina, tomar algunos medicamentos... y todo eso implica sacrificios ahora para una posible mejor calidad de vida en el futuro. Como no lo sienten, muchos de los pacientes de diabetes olvidan seguir una buena dieta. No hay un premio inmediato por dejar de comer pastel de chocolate y aumentar el consumo de apio; la ganancia vendrá después con una mejor calidad de vida, pero eso no se siente ahora. Los gobiernos del mundo están preocupados por eso, porque los enfermos de diabetes que no siguen una sencilla dieta tendrán padecimientos más graves el día de mañana y alguien tendrá que pagar por ellos. Y es probable que el pago venga del dinero de los contribuyentes que se usa en el sistema público de salud.

No parece lógico que a alguien no le importe que le corten un pie o que tengan que someterlo a difíciles operaciones, pero uno, como diabético, no piensa en eso cuando tiene enfrente el pastel de tres leches. El gobierno, por eso, lanza campañas de prevención, no siempre muy convincentes, porque en teoría le sale más barato pedirle a la gente que haga las cosas por su propio bien que dedicar camas de hospital a pacientes de diabetes con complicaciones.

Lo que tendrían que hacer esos pacientes es cambiar la forma de premiarse para convencerse a sí mismos de cuidar su salud. Es demasiado abstracto pensar que el día de mañana uno será muy feliz porque podrá correr entre las florecillas del campo en lugar de estar en un hospital. Para empezar, porque a muy pocas personas les interesa correr entre las florecillas del campo, es una idea demasiado débil frente a la tentación de comer grasas y azúcares. No está muy claro lo que se sacrificaría mañana, en caso de que haya que sacrificar algo, y en cambio sí está clara la satisfacción de un sabor conocido que a uno lo hace sentir como que no ha dejado la casita de mamá.

Todavía hay personas que se molestan con los gobiernos y los consideran paternalistas por hacer campañas para convencer a la gente de que coma frutas y verduras, por prohibir a los restaurantes que dejen los saleros en las mesas y por evitar que se fume en lugares públicos. Los gobiernos tienen un interés: gastar menos en atender a personas con enfermedades relacionadas con la obesidad, no tener que cuidar a hipertensos ni destinar camas de hospital a gente con enfisema pulmonar. Todo eso está relacionado con prevenir hoy lo que pasará mañana.

Para evitar las críticas, los gobiernos tendrían que facilitar que la población comiera bien, hiciera ejercicio y fumara menos. Es decir, tendría que encontrar los premios para conseguir la conducta que resulta más benéfica para la sociedad en general.

Hay que buscar un premio, ahora, para lograr la conducta adecuada. El gobierno británico ha probado pagar algo de dinero a los pacientes que siguen una dieta adecuada y logran ciertas mediciones en su nivel de azúcar en la sangre.

Tú podrías encontrar un premio por ahorrar. Tendrías que encontrar la manera de premiarte, con algo que no implique gastarte lo que has acumulado, cada vez que le pongas un poquito más de dinero a tu cochinito para el ahorro. Por ejemplo, puedes premiarte con ver tus películas favoritas en tu casa el día del ahorro o con un poco de tiempo libre para ti y solo para ti.

Para qué ahorrar

Durante gran parte de su historia, la mayoría de los humanos se dedicaron a la agricultura y entonces era fácil entender el concepto de guardar algo para el futuro. Si no guardas semillas para sembrar en la próxima temporada, no tendrás jitomatitos. O tal vez le das a un cochinito las sobras de la comida de hoy y después te comes al cochinito en la fiesta de bautismo de tu hijo.

Como la agricultura se da en ciclos de producción, es más fácil entender que hay que prepararse para la siguiente temporada de siembra. Sin embargo, la mayor parte de la humanidad ya no está tan ligada a la agricultura, así que ya no son tan relevantes esas explicaciones sobre el ahorro para el futuro.

Para que te convenzas de la importancia de ahorrar, aquí tienes un esquema:

Tabla 6-1

Para qué ahorras	¿Cómo está eso?
Para sentirte seguro	No sabes muy bien qué te depara el futuro, pero quieres estar preparado para enfrentarlo. Por ejemplo, puede suceder que pierdas tu empleo o que tengas algún accidente que te impida trabajar y ganar dinero. O que mueras y tu familia quede sin protección. Por eso quieres tener algo de dinero guardado para enfrentar las emergencias.

Tabla 6-1 (*Cont.*)	
Para qué ahorras	*¿Cómo está eso?*
Para consumir algo en el futuro	Esto también tiene que ver con sentirte seguro. Podrías comprar hoy las cosas que usarás en el futuro, pero ni siquiera sabes muy bien qué es lo que necesitarás consumir. Y además, si compras hoy todas las corbatas que necesitarás en un futuro próximo, lo más probable es que pasen de moda o se apolillen. Entonces tienes que guardar el dinero para comprar.
Para pagar algo que cuesta más que lo que ahora tienes	Con los recursos con los que cuentas ahora no te alcanza para comprar algo muy grande. Por ejemplo, un viaje a la Patagonia o el enganche de una casa. Entonces tienes que apretarte el cinturón durante un tiempo para conseguirlo.

En realidad podrías resumir que el ahorro es con un solo propósito: sentirte seguro. El dinero guardado te permitirá enfrentar las eventualidades que quepan en tu imaginación o que ni siquiera te imagines. Y también te da la seguridad de que vas por buen camino para alcanzar algunos de los objetivos. Esa seguridad puede tomar la forma de una bolsa de centenarios escondida al fondo de un clóset de tu casa o un seguro de vida, que tus familiares podrán cobrar en caso de que tú mueras.

Cuando ya analizas para qué quieres ahorrar es más fácil convencerte de que debes hacerlo. Y también encontrar la manera de guardar el dinero. Como el ahorro es un sacrificio, lo menos que deberías esperar es un premio por hacerlo. Esa sería una explicación a por qué las cuentas de los bancos te dan un cierto rendimiento si dejas con ellos el dinero por un rato. Pero la vida no es justa, así que no es verdad que la economía se confabule para darte tu premio por ahorrar. En realidad cuando tú ahorras en un banco, éste te paga un poquito porque le prestas tu dinero.

Te conviene que tus ahorros reciban ese pago porque así se protege el valor de tu dinero de los efectos de la inflación. El banco no te paga mucho por tu cuenta de ahorro, porque para él es fácil conseguir el dinero de mucha gente. No tiene que convencerte de que dejes el dinero allí, porque, a menos que seas un magnate, no le hará mucho daño si te llevas tus recursos a otra parte.

Entonces tendrías que buscar lugares o formas de guardar tu ahorro que lo protejan del aumento de precios. Si eres lo suficientemente ñoño, podrás leer el recuadro donde se explica cómo calcular cuál es el rendimiento real de tu dinero cuando hay inflación o aumento de precios, o sea, la mayor parte del tiempo.

El caso es que tienes que tomar en cuenta que las cosas aumentan de precio. En un sentido estricto, el ahorro no da rendimientos porque solo se trata de guardar tu dinero en un cochinito, debajo del colchón o en una tanda. Ya para obtener rendimientos tendrías que pasar a la siguiente ventanilla y leer el capítulo de las inversiones. Pero si nos ponemos muy exigentes con la definición de ahorro y nos fijamos en que dice "guardar" el dinero para consumir después, entonces sí hay que buscar que, con el tiempo, tu dinero se multiplique, porque "guardar" es sinónimo de preservar.

A todos nos encantaría que el dinero se multiplicara mucho, mucho, mucho. Pero eso no se logra así como así. Te decía antes que el banco te paga por tu dinero, porque te retribuye como si tú le prestaras. Los bancos, como sabes, son gigantescos, así que casi les da igual si les prestas dinero o no. Tu primo podría estar más desesperado por conseguir que le prestes dinero que el First National City Banamex HSBC Bank, o como se llame el banco de tu colonia. Pero como no es tan grande ni tan conocido, y además no le tienes mucha confianza que digamos, puedes pedirle a tu primo que te pague más intereses que el banco a cambio de prestarle.

Ahora, si tu intención es ahorrar para usar el dinero dentro de muchos años, tendrás que pedir más rendimientos para compensar la inflación que se acumulará en todo ese tiempo. Si solo le prestas un ratito tu dinero al banco, tendrá argumentos para pagarte menos. No lo dejaste hacer nada con tus monedas. En cambio, si metes tu dinero en una institución financiera que podrá usar esos recursos para prestárselos a alguien que construirá un puente y cobrará a la gente que pase por encima de él, y que promete pagar dentro de diez años, ya puedes esperar mayores ganancias que si le dejas encargado tu monedero al banco de aquí a mañana, cuando vas a usar la tarjeta de débito para pagar la leche.

¿Dónde ahorro?

La respuesta depende de para cuándo quieres tu dinero y con qué propósito. Mira:

Tabla 6-2		
Propósito	*Qué hacer*	*Qué rendimientos puedes esperar*
Ahorrar por si algo se me atraviesa	Tienes que tener un fondo de emergencia, pero no confiarte demasiado en él. El fondo te sirve en caso de que te quedes sin	Como tienes que usar el fondo de emergencia en cualquier momento, debes dejarlo disponible en una cuenta de banco.

Tabla 6-2 (*Cont.*)

Propósito	*Qué hacer*	*Qué rendimientos puedes esperar*
Ahorrar por si algo se me atraviesa	que te quedes sin empleo o de que tengas que pagar algo imprevisto y que no puede dejarse para después. Pero no sirve para todo. No se vale que creas que este fondo te sirve para pagar enfermedades, porque las hay que pueden costar millones de pesos. En caso de que tuvieras los millones de pesos, tenerlos guardados es muy caro porque sería mejor que esos millones de pesos estuvieran trabajando; es decir, invertidos, en cuyo caso no puedes disponer de ellos.	Eso tiene sus ventajas: en cualquier momento puedes echar mano de él. Y sus desventajas: como está a la vista, no puedes esperar que el banco lo invierta en algo y te dé buenos rendimientos.
Pagar por un gasto fuerte e inesperado	Para eso están los seguros. El seguro de gastos médicos es una forma de ahorro: tú pones una parte y cuando tienes que gastar, la aseguradora pone la mayoría. También te convienen los seguros de autos. No vas a sentirte muy bien si en un accidente uno de tus pasajeros sale lastimado y tú tienes que correr y esconderte para no responder por él. El seguro de auto es un ahorro para enfrentar gastos inesperados, de atención médica, por ejemplo.	No hay rendimientos porque la aseguradora no puede arriesgar tu dinero. O visto de otra manera, sí hay rendimientos pero solo en el caso poco deseable y menos agradable de que necesites usar el seguro. El rendimiento está en que dispondrás tal vez de varios millones de pesos para pagar el tratamiento de una enfermedad grave, en caso de que se presente, a cambio de la prima anual que tú estuviste pagando.

Tabla 6-2 (*Cont.*)

Propósito	Qué hacer	Qué rendimientos puedes esperar
Dejarle un dinero a tu familia en caso de que mueras.	Necesitas un seguro de vida. Es importante que calcules bien qué cantidad quieres dejar a tus familiares en caso de que mueras.	No se trata de enriquecer a tus deudos ni de que la cantidad que reciban cuando mueras sea de muchos millones, porque entonces tendrás que pagar primas muy altas y, ¿qué tal que no mueras pronto? La cifra tiene que estar equilibrada. La calculas considerando el gasto de tu familia (restándole lo que tú consumes) en el tiempo necesario para valerse por sí misma. Por ejemplo, si tu hijo tiene cinco años, quieres que esté protegido hasta que cumpla 21 años, en caso de que mueras mañana.
Irte de vacaciones	En realidad, ese "ahorro" es casi como el gasto diario. Conviene que lo pongas en una cuenta de ahorro en un banco. Hay quien insiste en ponerlo en "tandas" en la oficina. Para la gente de escasos recursos, que no es atendida por un banco, tal vez puede ser una buena idea, con el riesgo de que Pachita no aporte cuando le toca o Juanita se vaya con el monto completo. Si ya eres de clase media, sería bueno que te liberaras de esa idea de seguir en las tandas.	No se puede esperar un gran rendimiento porque el dinero no está tan a largo plazo, dado que cuando mucho quedan seis meses para tu próxima vacación. Así que sería mejor que lo incluyeras en tu presupuesto.

Tabla 6-2 (*Cont.*)

Propósito	*Qué hacer*	*Qué rendimientos puedes esperar*
Para tener un patrimonio.	Un buen truco para obligarte a ahorrar es contratar una hipoteca. Es una deuda, sí, pero con ella te obligas a pagar algo que se convertirá en tu patrimonio después.	Con una hipoteca pagas más por una vivienda que lo que pagarías al contado. Pero, ¿quién tiene todo el dinero junto para hacerlo? Al contratar la hipoteca te obligas a hacerte de algo. Lo ideal es que ese algo suba de precio y puedas venderlo después con una ganancia.
Para que tus hijos vayan a la escuela	Puedes contratar seguros dotales, o bien, tener un plan de inversión por tu cuenta. Un seguro dotal es un plan que al final de cierto tiempo te da una dote acordada y además ofrece una cantidad a tu familia en caso de que mueras en el proceso de ahorrar.	Los seguros dotales tienen rendimientos más bajos que los que pudieras conseguir en un plan de inversión bien asesorado. La ventaja es que tienen seguros de vida asociados. Pueden tener penalizaciones en caso de que dejes de aportar tu cuota mensual o anual.

Los seguros también son ahorro

Ya sabemos que quieres ahorrar para estar más seguro ante los imprevistos de la vida. Los seguros son una especie de ahorro colectivo: te juntas con otras personas para entre todos pagarle al que le ocurra alguna desgracia. Según Emmet y Therese Vaughan,[2] desde alrededor del año 3000 antes de Cristo los comerciantes chinos usaron la técnica de compartir el riesgo. Para navegar en los rápidos, los comerciantes distribuían sus mercancías entre las naves de todos; así, si un bote se destruía, la pérdida era compartida por todos en lugar de ser asumida por uno solo. También cuentan que desde el Gran Código de Hammurabi,[3] del que se calcula fue escrito unos 1,700 años antes de Cristo, ya había previsiones para que, en caso de que los comerciantes perdieran sus mercancías en el mar, los prestamistas no les cobraran. Total, que los seguros sirven para que se comparta el riesgo. No a todos les sucede que se les queme la casa o se les muera ese año el miembro de la familia que genera el ingreso. Pero todos aportan en caso de que a alguno de los asegurados le ocurra algo así.

¿Cuánto ahorro?

Basta de rollos. Tú nada más dime cuánto debo ahorrar y ya. Es una pregunta muy frecuente que suelen hacer los conductores de programas de televisión y de radio porque tienen una audiencia con síndrome de déficit de atención que ya quiere dejar de escuchar al pesado del experto en finanzas para enterarse de quién va a alinear con el León para el juego de la noche frente al Pachuca. Se entiende. Es que hay cosas realmente urgentes.

La respuesta rápida es: **ahorra 10% de tu ingreso** y después averiguas. Eso es lo que recomienda George S. Clason en su clásico libro *El hombre más rico de Babilonia*.[4] Con eso ya te formas una disciplina para juntar recursos que después podrás poner a trabajar para que te generen más recursos. El número no está mal porque es más que lo que se ahorra en promedio en México. Así que si estás por debajo de ese nivel, más vale que empieces y te pongas como propósito alcanzar esa décima parte.

Clason recomienda que apartes ese porcentaje antes de ir a la tienda. Es lo que él llama "pagarse a uno mismo". Sin embargo, como tienes ahorro para diferentes propósitos, el porcentaje puede y debe cambiar, lo cual depende de:

✔   tu edad,

✔   lo que quieras comprar cuando seas grande,

✔   el plan de retiro que tengas en tu empresa o en el que estás inscrito,

✔   el tamaño de tu familia,

✔   tus responsabilidades,

✔   tu salud y

✔   el tipo de vida al cual estás acostumbrado.

La salud es importante porque de ella depende cuánto tiempo puedes esperar vivir. No es lo mismo si caminas ocho mil pasos diarios y comes tus verduritas, que si fumas y te la pasas sentado viendo episodios antiguos de *Friends* desde el sillón de la sala. Para un caso tienes que ahorrar porque esperas vivir más años; para el otro, debes ahorrar porque tendrás que gastar más en medicinas.

No te hagas muchas bolas. Empieza ya a ahorrar cuando menos 1% de tu ingreso. Ya después verás en qué lo usas.

Para calcular tu ahorro

El mayor propósito del ahorro es que, en algún momento, logres que tu dinero trabaje por ti y tú dejes de aguantar a jefes regañones y/o clientes demandantes. Esa es la idea del ahorro para el retiro, porque llegará el momento en que dejes de trabajar. Pero qué mejor que logres juntar algo de dinero para comprar un inmueble y rentarlo. ¿A poco no estaría bien lograr algo así de aquí a que cumplas 45 años de edad?

Un asesor de finanzas de Estados Unidos, Charles Farrell,[5] te sugiere un objetivo de ahorro para diferentes años de tu vida. Dice que:

• Para cuando tengas 25 años sería ideal que tuvieras guardado en el banco el

equivalente a 10% de lo que ganas por año.

• Para cuando llegues a los 50 años, ya deberías tener acumulado el equivalente a cinco años y dos meses de tu ingreso anual.

• La meta es que tengas ahorrado el equivalente a doce años de tu ingreso anual para cuando llegues a los 65 años y así puedas vivir cachetonamente de tus ahorros.

Para lograr esa relación entre ahorro e ingresos anuales, tendrías que guardar cuando menos 12% de tu ingreso anual, empezando desde poco antes de los 25 años.

Para ñoños (o personas con deseos de superarse)

Los efectos de la inflación

Imagina que Juanito quiere irse de vacaciones el próximo año a Orlando. Sabe que por los boletos de avión de él, su esposa y dos hijos, más un paquete en Disneyworld, deberá pagar, dentro de un año, 5,054 dólares. Cada dólar se vende ahora en 12.80 pesos, o sea que para comprarlos necesitará 64,691.20 pesos hoy. Muy contento guarda en el banco 64,691.20 pesos y, hasta eso, obtiene rendimiento por su dinero. En un año, el banco le paga 750.41 pesotes de intereses.

Entonces se entera de que ahora los dólares cuestan 13.40 pesos cada uno y de que, por tanto, el dinero que tiene ahorrado para el viaje ya no le alcanza para completar los 5,054 dólares. Su ahorro en pesos aumentó de valor, pero no creció con la misma velocidad que los dólares.

En este ejemplo, los dólares subieron de valor 4.68% frente al peso y los ahorros de Juanito solo avanzaron 1.16%, que es el rendimiento que le dio el banco.

Algo muy similar sucede con los precios de los alimentos o de las cosas que quieres comprar. Cuando te dicen que la inflación en un año fue de 4%, por ejemplo, eso quiere decir que **tú necesitas que el valor de tu ahorro aumente 4% para poder comprar lo mismo que antes.**

Hay una fórmula para saber cuál es el aumento real del valor de tu ahorro si se descuenta el efecto de la inflación. Si te dan miedo las matemáticas, cierra los ojos un ratito, toma aire y vuelve, que no te va a doler. En el ejemplo de los dólares de Juanito, te decía que el dólar subió 4.68% frente al peso y el ahorro de Juanito solo creció 1.16%. Ahora Juanito tiene 65,441 pesos con sus centavos. Quiere decir que ahora puede comprar solo 4,883 dólares, o 96% de los dólares que podía comprar antes. ¿Quién se llevó el queso y los pesos de diferencia? El aumento en el precio de los dólares.

Vamos a suponer que los 5,054 dólares para viajar y pasear por Disney world representan la canasta básica. O sea que la canasta básica aumentó 4.68% y el valor de lo ahorrado, 1.16%. Esto está expresado en porcentaje. En realidad el aumento de los dólares fue de 0.0468 y el aumento del valor del ahorro fue de 0.0116. Para llegar a esto, dividiste los porcentajes entre 100. Y ahora sí, va la fórmula:

Tasa de interés real: (tasa que obtuviste por tu dinero menos lo que aumentó el precio de lo que quieres comprar), todo esto dividido entre (1 + la tasa de aumento de precios).

En numeritos es así: (0.0116 - 0.0468) / (1.0468). Y el resultado es - 0.03369 y muchos decimales más. O sea que la tasa de interés real por tu dinero fue negativa, de menos 3.36%.

En fórmula es así:

Tasa de interés real = (i - r) / (1+r)

i es la tasa de interés nominal.

r es la tasa de inflación.

¿Y de qué te sirven todas estas operaciones además de para pasar el examen del primer curso de finanzas? Para saber cuánto podrás comprar en el futuro, con tus ahorros puestos a cierta tasa de interés y afectados por cierta tasa de inflación.

En el famoso caso de Juanito y su desmedida ambición de irse todos a Orlando, el resultado es que su dinero habrá perdido algo de valor, aun con la tasa de interés que le paga el banco. ¿Cómo saber en cuánto quedará? Si la tasa de interés real fue de - 0.03369, para saber en cuánto queda una cantidad final solo tienes que multiplicar así:

Valor final = Valor inicial multiplicado por la tasa de interés más uno.

O sea

VF = VI * (1 + i)

En este caso:

VF = 64,691.2 * (1 + - 0.03369).

Nota que aquí estás sumando un número con un signo negativo, así que el siguiente paso queda así:

VF = 64,691.2 * (0.9663).

VF = 62,511.

Si los dólares valieran todavía 12.80, como al principio, esos 62,511 solo alcanzarían para comprar 4,883 dólares. ¿Te das cuenta de que todas estas operaciones sirven para medir los efectos de la pérdida de valor adquisitivo de tus ahorros?

Por eso es importante que cuando te ofrezcan un producto de ahorro, calcules más o menos cuánto será tu rendimiento real. Volvemos a lo mismo. Si te ofrecen una cuenta con el fabuloso rendimiento de 2% y la inflación fue de 4%, ya puedes saber desde ahora que tu rendimiento real será de menos 1.91%, si aplicas las fórmulas que acabas de leer antes. O sea que al final de tu ahorro podrás comprar 1.91% menos cosas que antes.

Qué tanto ahorramos

México tiene una baja tasa de ahorro. ¿Eso es bueno o malo? Los economistas todavía no se ponen de acuerdo por completo. Imagínate, si todo mundo ahorrara y dejara de gastar ahora, no habría nadie que compre en las tiendas y, por tanto, no habría empleos. Hay algo de preocupación en que demasiado ahorro impide crecer y generar empleos. Pero el ahorro también sirve para generar capital que sirva para producir más y generar todavía más empleos. Si todo se gasta en cochinaditas, no habrá ahorro para construir cosas grandes. El ahorro de unos se convierte en la inversión de otros. Los constructores de puentes, presas o plantas generadoras de energía eléctrica necesitan grandes cantidades de dinero junto para realizar su trabajo. Esa cantidad viene de lo que ahorran los individuos.

En fin, que ahorrar sí les ha servido a algunos países. Aunque todavía no hay una teoría que explique con claridad la relación entre ahorro, inversión y crecimiento económico, se ha visto que cuando hay mucho ahorro en un país, hay altas tasas de crecimiento económico y, por tanto, de generación de empleos, como explica Alejandro Villagómez en su libro *Para entender el ahorro en México*.[6] A Corea, Malasia y Singapur les ha servido. Tienen una población muy ahorradora y eso se ha traducido en crecimiento del país. En Corea (del Sur), el ahorro anual equivale a la tercera parte de todo el valor de lo que ese país produce; en Malasia el ahorro es de 26%. Ese ahorro en esos países se ha traducido en tasas de crecimiento interesantes, de más de 6% anual entre 1980 y 1995, de acuerdo con los datos de Villagómez.

Mientras tanto, en la mansión de Bruce Wayne reina la paz y la tranquilidad. **Y en México, la tasa de ahorro es menor a 18%** y la economía va dando tumbos por ahí y no termina de agarrar vuelo.

Para aumentar el ahorro en México, desde 1997 se empezó con un sistema de ahorro forzado. Es decir, que a los empleados se les descuenta de su paga una parte del sueldo para meterlo en fondos individuales de ahorro para el retiro. Éstos los manejan las famosas administradoras de fondos de ahorro para el retiro, o sea las afores. Ni se te ocurra confiarte en que ese ahorro será suficiente para pagar tu jubilación. Ya lo veremos en el capítulo correspondiente, pero por lo pronto te conviene saber que si te jubilas con lo que acumules en la afore, sin ponerle más de tu parte como ahorro voluntario, te alcanzará como para la tercera o la cuarta parte de tus gastos actuales.

Algo hay ya de conciencia de que se necesita ahorrar. Cincuenta y siete por ciento de los mexicanos declaró que sí ahorra, de acuerdo con una encuesta de la Asociación Mexicana de Administradoras de Fondos para el Retiro (Amafore).[7] Bien por eso, pero todavía falta que metan su dinero en lugares con mejores rendimientos. Según la encuesta, 35% tiene su dinero guardadito en casa y 17% en tandas, modalidades ambas que dan 0.0000% de rendimiento anual... y si a eso le quitas la inflación, ya te imaginarás.

Ahorrar es reservar alguna parte del gasto ordinario o guardar dinero como **previsión** para necesidades futuras, según las dos primeras acepciones que consigna el Diccionario de la Real Academia de la Lengua Española.[8] Hay otra acepción que suena más divertida y que se usa en Aragón y Salamanca; significa "aligerarse de ropa" pero nos ahorraremos esa definición por lo pronto. Con una palabra tan sencilla suele haber confusión, porque también significa "evitar un gasto o un consumo mayor". Por eso en las tiendas ponen anuncios que dicen "ahorre tanto dinero al comprar tres artículos en lugar de dos". Quedémonos con que ahorro es guardar dinero para gastarlo después. Para los economistas, **el ahorro es la diferencia entre el consumo y el ingreso en determinado periodo.** Puesto como fórmula, ingreso (I) = Consumo (c) + ahorro (s).

Quiero estar súper protegido

Sí, necesitas seguros. Si manejas un auto, es importante que tengas protección en caso de que ocurra un accidente. ¿Qué tal que chocas y le ocurre algo a un pasajero? Tú, como piloto, eres responsable de quienes vayan en el auto.

La receta: **tener un seguro de auto.** Es difícil que tengas tanto dinero ahorrado como para pagar el tratamiento de una enfermedad grave, que puede llegar a los 26 millones de pesos. Así que te conviene **tener un seguro de gastos médicos mayores.** O quieres que tus hijos vayan a la universidad o que tengan qué comer, aun cuando faltes tú. Necesitas un **seguro dotal o un seguro de vida.**

¿Puedes llegar a tener demasiado de algo tan bueno como los seguros? Es probable que llegues a estar sobreasegurado. Esto significa que pagues más por seguros que lo que necesitas. Un director de banca privada de un gran banco de México explicaba que tenía un cliente, de unos 65 años de edad, con ahorros por cuatro millones de dólares y además pagaba un seguro de vida con una protección por tres millones de dólares. Con tanto ahorro, ya el seguro de vida era innecesario y lo único que sucedía era que el cliente pagaba por algo que no necesitaba. No creas que tú eres el del ejemplo, pero puede llegar a suceder que pagues más que lo que necesitas.

¿Cómo haces para calcular la protección de un seguro de vida que te conviene? Tienes que tomar en cuenta:

✔ La edad de las personas que deben quedar protegidas.

✔ Cuántos años faltan para que puedan valerse por sí mismas.

✔ De cuánto son los gastos corrientes por año.

✔ En qué más gastarán en el futuro. Por ejemplo, si se espera que deberán pagar colegiaturas en los años entre los que se contrató el seguro y los beneficiarios llegan a ser independientes.

✔ Cuánto costarían los servicios funerarios de la persona que tiene el seguro.[9]

Ahorra para la salud

Te conviene tener un guardadito para enfrentar enfermedades. Es muy difícil que tu ahorro alcance para pagar por completo el tratamiento de padecimientos graves; por tanto, tu ahorro debe alcanzar para pagar el deducible de un seguro de gastos médicos mayores. Cada año tienes que pagar una determinada cantidad para tener el seguro. Esa cantidad se llama *prima*. Si tu deducible es muy bajo, la prima será mayor. Mientras más ahorro tengas, puedes bajar el deducible y entonces bajas el pago anual por tu seguro. Recuerda que en el pago anual del seguro debes considerar el nivel de hospitales en los cuales te atenderías y las aseguradoras mexicanas tienen una clasificación por el precio de los hospitales. Puede suceder que mientras más caro sea un hospital ofrezca una mejor atención, aunque el precio no es garantía. Para tener derecho a hospitales costosos, tienes que pagar una mayor prima anual.

Referencias

(1)   Ariely, Dan, *Predictably Irrational*, Nueva York, Harper Collins, 2008.

(2)   Vaughan, MJ y Vaughan, Therese, *Fundamentals of Risk and Insurance*, EU, Wiley, 2008.

[3] Sobre el código de Hammurabi. "Hammurabi", en Wikipedia. Consultado el 20 de septiembre de 2013. En http://es.wikipedia.org/wiki/Hammurabi

[4] Clason, George S., *The Richest Man in Babylon*, EU, BN Publishing, 2007.

[5] Farrell, Charles, *Your Money Ratios. 8 Simple Tools for Financial Security*, Nueva York, Avery, 2010.

[6] Villagómez, F. Alejandro, *Para entender el ahorro en México*, México, Nostra Ediciones, 2008.

[7] Amafore. "Encuesta ahorro y futuro. ¿Cómo piensan los mexicanos?". Consultado en agosto de 2013 en la página www.amafore.org.mx

[8] Real Academia Española: www.rae.es

[9] Solís Soberón, Fernando, *Seguros de vida personales. Guía práctica para una compra informada*, México, Asociación Mexicana de Instituciones de Seguros (AMIS), 2009.

Bibliografía:

- Bodie, Zvi y Merton, Robert C., *Finanzas*, México, Pearson Educación, 2003.

- Morán, Roberto, *Lo que debes saber de dinero antes de cumplir cuarenta*, México, Editorial Diana, 2012.

- Vidaurri Aguirre, Héctor Manuel, *Matemáticas financieras*, México, Cengage Learning Editores, 2012.

- Villalobos, Leonor y Villalobos, Javier, *Finanzas para niños. Cómo asegurar tu futuro económico y el de tu familia*, México, Educación Aplicada, 2007.

Capítulo 7

Maneja tu dinero como un sabio

- -

En este capítulo:

▶ Veremos cómo tus emociones y tus neurosis pueden ayudarte a manejar mejor tu dinero (y no a desaparecerlo).

▶ Descubriremos cuál es nuestro proceso para tomar decisiones.

▶ Conoceremos cómo reaccionamos los seres humanos ante las pérdidas y las ganancias.

- -

La epidemia de sobrepeso y obesidad que padecen México y otros países es otra muestra de que **solemos tomar decisiones no muy racionales,** o que a la vista de los demás no suenan muy racionales. Sí, sí, sí, ahora hay menos tiempo para preparar alimentos sanos, así que en lugar de pelar verduritas solo alcanzamos a comer una sopa *Maruchan*, y esa misma falta de tiempo nos impide caminar más, porque para ir a cualquier lugar hay que usar el auto. Pero también es verdad que pasamos más tiempo frente a la televisión en la noche, lo cual nos impide levantarnos temprano para cuando menos dar una vuelta a la manzana a pie. Además, no vemos que ese helado de yogur es más caro que una manzana.

Cuando Daniel se pelea con su esposa, azota la puerta y va y se compra la camisa más cara que se encuentra en el centro comercial. Después se da cuenta de que tiene un clóset lleno de camisas sin usar y de que le gustaría tener un poco más de dinero para ir de vacaciones con su esposa, lo cual los haría pelear menos. Y están los que saben que no tienen un buen ahorro y consideran que deberían gastar menos, pero no encuentran qué gastos podrían recortar.

Pero si nosotros somos racionales

Todos esos ejemplos dan cuenta de que los seres humanos no somos tan racionales como creen los científicos. Se supone que todos tomamos las decisiones que más nos convienen porque siempre buscamos nuestro máximo beneficio. Esa es la base de gran parte de la teoría económica. Pero a partir del siglo XX, un grupo de economistas y psicólogos ha dicho que esa teoría económica no sirve de gran cosa para explicar nuestros actos y ha propuesto nuevas hipótesis para explicar por qué actuamos como actuamos.

Si acaso, la teoría económica tradicional sirve para hacernos sentir culpables. ¿Cómo es posible que tome decisiones que van en mi contra?

Veamos cómo la teoría económica tradicional explica tu comportamiento. Se supone que todos los seres humanos elegimos entre diversas combinaciones de cosas y experiencias para alcanzar nuestro máximo beneficio. Por ejemplo, tú decides vivir en los suburbios porque quieres habitar una casota grandota con jardín donde correrá el perro, aunque eso tendrá un costo: pasar gran parte de tu tiempo en el auto. Tú prefieres el jardín grande a la cercanía de la casa con tu trabajo, porque cerca de tu trabajo los terrenos son mucho más caros y no alcanzarías a pagar el jardín. La combinación de las dos cosas es lo mejor que puedes obtener en este mundo.

Aun si eres adicto a algo, estás tomando una decisión racional. De acuerdo con economistas que han ganado el premio Nobel de Economía, una adicción es aquella situación en la cual consumir una unidad más de algo te da una mayor satisfacción que la unidad anterior,[1] a diferencia de lo que sucede con el consumo de cualquier otra cosa. Las cosas normales te dan una satisfacción cada vez menor, o sea, decreciente. Por ejemplo, cuando tienes sed, el primer vaso de agua te sabe a gloria; el segundo ya no te sabe tan rico y el tercero empieza a hartarte. Si quisieras seguir tomando agua, a pesar de que ya estás ahíto (o sea lleno, pero en elegante), entonces podría decirse que tienes una adicción a ese líquido.

¿Cómo saber si tus decisiones son buenas? Porque las tomaste. Esa podría ser la conclusión porque se supone que siempre actuarás para maximizar tu beneficio. Entonces, cualquier combinación de elecciones te lleva a un máximo beneficio. Conozco a muchas personas que están de acuerdo con los economistas tradicionales. Por ejemplo, tienen severos casos de sobrepeso, lo que se ha traducido en dolores de rodilla, incapacidad para moverse y probablemente las pone en riesgo de contraer enfermedades tan costosas y molestas como la diabetes. Aun así dicen haber elegido ser obesas porque prefieren comer tacos de "cochinada", como se le llama en el centro de México a los restos de carne y grasa requemada que se rasca de la cazuela, al "sacrificio" de pasar horas aburridísimos en una caminadora y a comer las muy desagradables espinacas.

También podría decirse lo mismo del vecino que tiene un *BMW* y zapatos de media quincena cada uno, con una tarjeta de crédito hasta el tope. Él recibe mayor satisfacción al escuchar el rugido del motor de su auto que al tener algo de dinero ahorrado para cuando sea viejito, y es un costo menor escuchar las amenazas de los cobradores de deudas por teléfono.

Pareciera que esos seres viven como los de la película de *The Matrix*: felices con sus elecciones, porque no saben que podrían vivir de otra manera. ¿Te acuerdas de esa película? Los personajes vivían engañados por unas máquinas que los explotaban y que les hacían creer que estaban en una bella ciudad, cuando en realidad estaban chupándoles la energía.

Pero, ¿qué sucede con el resto de la humanidad? ¿Con los que no vivimos en *The Matrix*? ¿Con los que tenemos la sensación de que deberíamos ahorrar más para el retiro o de que no deberíamos comer ese tercer postre; a quienes nos gustaría hacer más ejercicio o quienes sentimos culpa por gastar en esa compra en lugar de ahorrar un poco más?

Para de sufrir

No tienes por qué sentirte mal por no tomar decisiones racionales todo el tiempo, porque eso no es posible según las nuevas teorías. Es más, tú puedes usar tus miedos, tus neurosis y tus obsesiones a tu favor. O bueno, tu primo puede usar todas esas cosas a su favor, porque tú y yo somos muy sanos mentalmente.

Sabes que te conviene ejercer algo de autocontrol.[2] Sin embargo, también deberías saber que cuando te reprimes, es más probable que te enojes. Lo que tendrías que hacer es que el buen camino parezca más divertido que el camino de la perdición.

"Ciertos pecados", dice Papini, "en pequeñas dosis, contribuyen a la conservación de la raza humana".[3]

Antes de entrar en esas teorías, te aventuro una explicación de lo que nos ocurre a muchos: decimos que vamos a ejercitarnos más y vamos a ahorrar para el retiro, pero todo eso será "mañana". En mi caso, Ryan Gosling tiene la culpa de que yo no vaya al gimnasio. La última vez que fui, hice todo tipo de gestos al levantar pesas y al final de la sesión yo seguía siendo yo y me comparaba con mucha desventaja frente a ese actor, a quien en una película le dicen que tiene el abdomen arreglado con *Photoshop*. Entonces me desanimo y no vuelvo a ir en un mes. Puede suceder que me haya equivocado de meta y en lugar de pensar en tener una vida sana, estoy pensando en alcanzar algo para lo que ya no tengo edad y para lo cual nunca estuve hecho.

Lo mismo puede suceder con personas que se ponen a dieta y que nunca logran bajar más de cien gramos, a pesar de que ayer solo comieron la mitad del pastel y endulzaron todo con aspartame. La solución podría estar en cambiar de objetivo o, mejor, en distraerse para alcanzarlo. ¿Cómo está eso? Si te distraes, es posible que logres lo que quieres. Antes de decirte eso, te voy a platicar de dónde vienen esas ideas.

Para tomar mejores decisiones, entiende que no estás hecho para tomar buenas decisiones

¿Te acuerdas de esas caricaturas en las que un diablito y un angelito, uno en cada hombro, se pelean para que tomes una decisión, mala o buena? Esas imágenes podrían ser una buena metáfora de lo que ocurre en tu cerebro.

Cuentan que Darwin explicaba que teníamos una base del cerebro muy similar al de los reptiles, que actúa por instinto, y agregaba que la evolución ha llevado al hombre a desarrollar otra parte del cerebro que es más racional. Esas partes del cerebro conforman los dos sistemas de pensamiento, que después algunos psicólogos confirmarían que existen, o por lo menos que permiten explicar nuestro comportamiento.

✔ Uno de los dos sistemas es instintivo, toma decisiones de inmediato y te ayuda a mantenerte vivo en situaciones de emergencia. No necesitas analizar mucho cuando un camión viene hacia ti, solo brincas a la banqueta. Ahí se activa el sistema de pensamiento instintivo.

✔ El segundo sistema es más racional, es el que analiza las situaciones con detenimiento.

Que a veces se active un sistema de pensamiento y no otro es lo que hace que tomemos decisiones que no son precisamente racionales y que no siempre están encaminadas a lograr nuestro máximo beneficio. ¿Cómo? Según te decía antes, los economistas tradicionales consideran que siempre analizamos nuestras posibilidades de acción y elegimos las que más nos convienen, siempre y cuando tengamos información suficiente. Pero por alguna razón, no lo hacemos.

En el capítulo 4, tú ya tuviste la información de qué es lo que deberías hacer para organizarte. Ya muy convencido de poner en orden tus finanzas, te propones empezar algún día. Lo mismo sucede cuando sabes que deberías hacer más ejercicio y comer tus verduritas. Te propones levantarte temprano mañana para correr, pero hoy en la noche te desvelas con una película aburrida. Sabes que te conviene más levantarte temprano, pero es más fácil desvelarse ahora. Estás convencido de que serás mejor persona mañana, pero cuando llega el mañana apagas el despertador y te vuelves a dormir. Hay una solución para eso, de manera que te pongas en orden.

Pero antes... un cuento. Había una vez un grupo de economistas, todos ellos muy racionales, que se reunieron para cenar en casa de un colega, Richard Thaler, de la Universidad de Chicago. Como botana tenían un plato con castañas. Los economistas las comían con singular alegría hasta que Thaler vio que, si seguían en ese plan, ya no iban a cenar, de manera que tomó el plato, comió unas cuantas castañas más y lo escondió en la cocina. Cuando regresó a la sala, sus colegas lo felicitaron por tan buena decisión: les había alejado la tentación.

Se supone que los economistas son todos muy racionales, pero aquí agradecieron a Thaler por quitarles la libertad de elegir entre seguir comiendo castañas o dejar de hacerlo. Todos hemos estado en reuniones en las cuales agradecemos al que nos aleja las botanas, pero en el caso de los economistas, el incidente fue motivo para discutir y descubrir que hay dos elementos que se cruzan en nuestro camino y pueden evitar que tomemos decisiones racionales en nuestro propio beneficio: la tentación y el piloto automático.[3]

La **tentación** ya ha sido descrita desde hace mucho. El camino más fácil es el del infierno y el Diablo puede adoptar muchas imágenes con tal de hacernos caer en la tentación y después arrastrarnos al averno. Si quieres leer más de eso, te recomiendo *El diablo*, de Giovanni Papini,[4] que señala que el Demonio podría estar disfrazado de algo muy bello y con las mejores intenciones. El piloto automático es otra forma de llamarle a ese sistema 1 del pensamiento, el que actúa por instinto. Ambos elementos conspiran para que prefiramos seguir haciendo lo que hacemos, ya sea comer cuando hay o permanecer tirados en la cama.

A partir de estas y otras observaciones, Thaler empezó a sospechar que ni siquiera los economistas eran tan racionales como ellos mismos decían. Después se enteró de que había dos psicólogos, Daniel Kahneman y Amos Tversky, que estaban haciendo investigaciones sobre lo irracionales que solemos ser los humanos. Kahneman y Tversky ya habían publicado algunos de sus descubrimientos en 1979, en una revista de econometría, pero no habían sido tomados muy en serio por los economistas. Después de colaborar con Thaler, encontraron que su teoría se enfrentaba a la idea de los economistas de que todos somos seres racionales y por ahí siguieron trabajando. Sus investigaciones le valieron a Kahneman el premio Nobel de Economía en 2002 (Tversky ya había muerto) y fueron esenciales para fundar una nueva derivación de la economía: la economía del comportamiento.

¿Cómo contrarrestar este tipo de conductas irracionales que van contra nosotros mismos? Aquí te van los antídotos a partir de lo que han propuesto diversos economistas del comportamiento, entre ellos Richard Thaler, Daniel Kahneman, Dan Ariely y Shlomo Benartzi.

Parece que a estos economistas del comportamiento les gusta reírse de lo tontas que pueden llegar a ser algunas decisiones. Pero de lo que se trata es de dar soluciones, diría Benartzi.[5]

Sabes que tienes que ahorrar pero gastas en exceso en el centro comercial. Antídoto: Amárrate a un poste

Cuando terminó la guerra de Troya, Ulises, uno de los generales del ejército invasor, emprendió el regreso a Ítaca para volver a los brazos de su esposa Penélope y ver en qué andaba su hijo Telémaco. Él dice que tenía prisa por regresar a casa, pero parece que los dioses no lo iban a ponérselo tan fácil. Encontró tantos obstáculos que le tomó diez años llegar de nuevo a Ítaca: vientos desatados, cíclopes hambrientos y hechiceras que convertían a los hombres en cerdos.

Entre los muchos peligros y aventuras estaba el canto de las sirenas. Si él y sus hombres lo escuchaban, perderían el rumbo, su nave se estrellaría contra las rocas y todos morirían. Gracias a que Ulises supo con anticipación que el canto de las sirenas sería irresistible pudo tomar algunas precauciones. Él quería escucharlo, a final de cuentas él era el jefe, así que pidió a sus compañeros que se taparan los oídos con cera y que a él lo amarraran a un poste con el fin de deleitarse con los cánticos sin arrojarse al mar.

Tú puedes hacer una especie de "contrato de Ulises", como le llaman los economistas del comportamiento: pides a otra persona que te evite caer en la tentación o te comprometes frente a un amigo o tu pareja a lograr un objetivo.

Cuando llega la tentación es demasiado tarde para evitarla, pero sí puedes hacer algo antes de que se presente para prepararte. Sabes, por ejemplo, que en la cantina, en la primera ronda de cervezas, querrás tomar una segunda; para la tercera ronda, tú vas a querer pagar y para la cuarta estarás dispuesto a contratar al mariachi. Ya ni hablemos de las siguientes, porque los mariachis terminarán bebiendo a tus costillas. Puedes hacer algo antes de que eso suceda, como llevar solo una cantidad de dinero determinada en un sobre y no atenerte a lo ilimitado que parece tu crédito en la tarjeta.

Con el ahorro puedes hacer algo similar. Tú sabes que deberías guardar algo para mañana, para unas vacaciones o para el retiro (que viene a ser lo mismo, solo que con las rodillas más débiles). Pero no lo haces porque no se te presenta la ocasión. Suele suceder que pienses en el ahorro cuando compras un café capuchino con doble crema y chispas de chocolate o al pagar unos zapatos carísimos. Y de todos modos pagas esas compras, no ahorras y te sientes mal. El problema es que no hiciste nada para prepararte al momento de la tentación. Si dejaras de pagar esos zapatos solo te sentirías mal y además el dinero no lo depositarías en ninguna cuenta, porque en la zapatería no hay dónde meter el ahorro para el retiro.

Además, **sacrificarte puede tener consecuencias negativas.** Han hecho experimentos entre personas a quienes les piden escoger entre una manzana y una barra de chocolate. Quienes, a pesar de que les gusta la golosina, optaron por la manzana, eligieron con más frecuencia que los otros una película relacionada con el enojo; es decir, había algo en ellos que los hacía sentirse enojados.[6]

Mejores opciones

Por ejemplo, corre hoy a Recursos Humanos y diles que cuando llegue la quincena depositen una parte en tu ahorro voluntario en tu afore, que es tu cuenta para el retiro. Es posible hacerlo. Cuando te paguen ya ni siquiera tendrás esa cantidad y no podrás gastarla. Es una manera de forzarte a ti mismo a ahorrar.

Ese ahorro forzado algunos lo hacen con una hipoteca. Es decir, se comprometen a pagar un crédito para comprar un bien raíz, en lugar de que en cada quincena se desaparezca el dinero sin saber a dónde se fue.

Consideras que tu trabajo es horrible, que podrías ganar mejor en otra parte, pero sigues donde mismo

Es probable que ya hayas vivido una situación similar. Quieres que tu jefe reconozca, ya no digamos con un bono sino con una palmadita en la espalda, el trabajo que haces todos los días para que salga el producto, a pesar de que no te dan los recursos suficientes (a veces tienes que pagar de tu bolsillo los tornillos o comprar una engrapadora). Cualquiera que vea esa situación desde fuera, sabrá que no te darán ni la palmadita ni el bono. Es tan fácil como pronosticar qué sucederá con una mujer golpeada que se queja, por cuarta vez, de que su marido le pega. El pronóstico: seguirá ahí para que le peguen.

También hay una explicación y una solución para esto. Los economistas del comportamiento han descubierto que tenemos algo que ellos llaman "preferencia por el *status quo*", o que nos da por **hacer las cosas por inercia.** Podemos estar en una mala situación, pero seguimos en ella porque es lo que conocemos.

Es hora de que conozcas a un psicólogo que se llama Robert Zajonc. ¿Leíste bien el nombre? Es Robert Zajonc. Bueno, no sé si te he hablado de Robert Zajonc, pero es probable que ahora que ya has leído tantas veces su nombre, el de Robert Zajonc, ya lo sientas familiar y hasta estés dispuesto a que te caiga bien. Este psicólogo descubrió que por la mera exposición a algo estamos dispuestos a considerarlo más agradable.[7]

Tal vez estés harto de tu jefe y atosigas a tu esposa todas las noches con anécdotas sobre lo inepto que es y lo mencionas cuando ves un capítulo de la serie *The Office*, en la que un hábil vendedor es ascendido a torpe jefe. No obstante, cada mañana, cuando llegas al trabajo y vuelves a oler el café recién hecho por Verónica y vuelves a saludar al simpático de Luis, entonces te sientes en un ambiente previsible y confortable y tu jefe y tu esfuerzo no reconocido pasan a segundo plano.

No estoy diciendo que seas como perrito de Pavlov, pero es probable que ya no estés muy consciente de tus decisiones porque solo reaccionas a lo que conoces. La solución: descubrir qué tanto es costumbre lo que haces y qué tanto es para tu beneficio. Tendrías que analizar cuánto estás dejando de ganar por permanecer en una situación que no te conviene o que no te conviene tanto como alguna otra alternativa.

No se vale echarle la culpa al autor de este libro de que por eso dejaste tu trabajo y a tu esposa y te pintaste el pelo de anaranjado, porque creías que eso iba a darte mayor felicidad.

El antídoto: que analices bien en qué estás usando tus recursos y en qué podrías usarlos. Si no le crees a Zajonc, cantemos junto con el poeta-psicólogo Juan Gabriel: "no cabe duda que es verdad que la costumbre es más fuerte que el amorrrrr".

Cómo salir de una situación que no te conviene

Puede suceder que no quieres dejar algo en lo que ya invertiste. Mira este otro caso: Roberto (el nombre no ha sido cambiado) aceptó dar un curso para un banco. Estaban por implantar un cambio en la manera como procesaban cierta información y pidieron instructores a una consultora que contrató a Roberto. Él, muy contento, se imaginó que dedicaría diez horas a preparar el curso y que después impartiría unos seis cursos de seis horas cada uno. Las diez horas no iban a estar pagadas, pero cada uno de los cursos sí, así que las consideró como una inversión y que estarían incluidas en el pago de las 36 horas de trabajo efectivo.

El banco empezó a pedir más y más requisitos: que había que ir a la sucursal a ver cómo funcionaban las cosas (cuatro horas), que había que pasar un día laboral revisando los simuladores de computadora que usaban los empleados (ocho horas), que había que tomar un taller (ocho horas), que había que hacer una presentación (tres horas), que había que ir a una sesión de repaso (seis horas). Todo ese tiempo sin paga. Roberto empezó a sospechar que le estaba saliendo más caro el caldo que las albóndigas y consideró que debía decir que no, porque la verdad era que el cliente ni siquiera sabía lo que quería, así que las cosas no podían terminar bien. Pero Roberto quería recuperar su inversión en tiempo.

En las investigaciones del psicólogo Robert Zajonc se demuestra que uno tiende a preferir lo conocido, pero hay situaciones en las cuales lo conocido hace daño. Para explicar por qué seguimos apegados a una situación que nos hace ganar menos dinero que otra que podríamos explorar, hay que considerar un término que usan los economistas, el de los **costos hundidos**.[8]

Estos costos son todos en los que ya se incurrió y que pueden recuperarse o no. En el caso de Roberto, sigue aguantando las exigencias del banco porque espera que en algún momento empiecen a pagarle. En el caso de la esposa golpeada, se queda ahí porque ya le invirtió tiempo y "los mejores años de su vida", como ella podría decir si le diera por hablar al estilo de telenovela mexicana.

También sucede con las inversiones. Una ejecutiva de un banco me contó que tiene un cliente en un fondo de inversión que no ha dejado de perder en los últimos cinco años. El cliente le metió 800 mil pesos y ahora le quedan como 460 mil. La ejecutiva se quejaba de que en el área de inversiones de su banco no le daban más argumentos que pedirle paciencia al cliente. El cliente está dispuesto a esperar en ese fondo de inversión porque ya le invirtió tiempo y dinero. En un capítulo más adelante veremos cómo es que a veces sí conviene esperar pero a veces no. Este es un caso de malos asesores en el banco, más que de esperar a que un fondo se recupere.

La esperanza de recuperar los costos hundidos puede hundirte en una situación de la que no te atrevas a salir. Como no sales, cada vez le metes más recursos a esa situación y entonces te quedas amarrado, como en las tiendas de raya de las que te hablaban en tus clases de historia de México: los patrones pagaban a sus empleados con dinero que solo se podían gastar en la tienda de la empresa. Los empleados se endeudaban y no podían ni pagar ni irse del lugar.

El antídoto: olvidar lo que ya invertiste en una situación que te hace perder y buscar ganancias en otra parte.

Cómo ganar más por tus inversiones. Suéltate un poquito

Esas situaciones de las que no quieres salir aunque te hagan daño también pueden explicarse como el miedo a la pérdida.

La molestia que nos causa perder es mayor que el placer que obtenemos al ganar.

Este sencillo descubrimiento le valió el premio Nobel de Economía a Daniel Kahneman, quien junto con Amos Tversky desarrolló la **teoría de las perspec-**

tivas. Esta teoría explica que no nos gusta perder y, por tanto, muchas veces preferimos seguir como estamos a arriesgar lo que tenemos hasta el momento.

Esta frase podría resumir esa teoría: "sufre de extrema aversión a la pérdida, lo cual lo hace dejar pasar buenas oportunidades".[9]

Kahneman y Tversky hicieron muy sesudos experimentos y llegaron a muchas fórmulas matemáticas para demostrar que somos unos miedosos a la hora de tomar una decisión que pudiera hacernos perder algo.

Aquí te presento unos ejemplos de sus experimentos.

Problema 1. Alguien te dio mil dólares y ahora te pide que escojas una de estas dos opciones:
a) echarte un volado y tener una probabilidad de 50% de ganar mil dólares adicionales, o
b) que te den quinientos dólares extra y ya no hay problema.
Escoge a) o b) y escríbelo aquí: _____

Problema 2. Alguien te dio dos mil dólares y ahora te pide que escojas entre una de estas dos opciones:
a) echarte un volado y tener una probabilidad de perder mil dólares, o
b) perder 500 dólares de seguro.
Escoge a) o b) y escríbelo aquí: _____

Si eres súper listo y además estudiaste Economía en el ITAM, sabes que si eliges el volado, en cualquiera de los dos problemas, existe la misma probabilidad de que te quedes con mil o dos mil dólares más que los que tenías antes. O sea que en ambas escoges el volado. O en ambas escoges lo seguro y entonces eres 1,500 dólares más rico que antes.

Pero como eres un ser humano, lo más probable es que en la primera escojas lo seguro porque así ganas quinientos dólares y terminas con 1,500 más que lo que tenías originalmente, tal como lo decidió la mayoría de los participantes en el experimento de Kahneman. En cambio, en la segunda opción la mayoría escogió el volado para no arriesgarse a perder algo que ya tenía. ¿Te das cuenta de que aquí también terminas con 1,500 dólares más que antes? Como explica Kahneman, en el primer caso tener 1,500 dólares más que antes se percibe como una ganancia y en el segundo se percibe como una pérdida.

Bien, bien, señores de la academia de Estocolmo, te preguntarás, ¿y por qué le dieron el premio Nobel de Economía a este bonito jueguito de ingenio? Se vale. También podrías preguntarte por qué Kissinger y Arafat recibieron el Nobel de la Paz, pero eso ve a verlo a la ventanilla de la Academia de Oslo.

El caso es que la teoría de las perspectivas te permite predecir cómo actuará la gente, incluido tú, cuando tiene que escoger entre diferentes alternativas que pueden hacerla ganar o perder.

Uno de los ejemplos más frecuentes es el de los que se apegan a tener sus ahorros en una cuenta muy segurita en el banco, en lugar de meterlo en un fondo de inversión o en su afore. Es en serio: hay gente que tiene un pagaré bancario porque le han dicho que llueva, truene o relampaguee siempre tendrán ahí su dinero y que además tendrá un rendimiento. La alternativa sería meterlo como ahorro voluntario en la afore.

Planteémoslo de la siguiente manera: supón que tienes mil pesos y que no vas a necesitarlos hasta dentro de tres años.

Opción a. Depositar los mil pesos en un pagaré bancario, donde ganarán 1.17% al año, durante tres años. Si escoges esta opción, al final de los tres años tendrás, de seguro, 35 pesos con 51 centavos más que te servirán para comprarte muchas bolsitas de chamoy.

Opción b. Depositar los mil pesos en un fondo, donde tienes 20% de probabilidad de perder 3% en tres años y 80% de ganar 6% anual durante tres años. Si escoges esta opción, al cabo de los tres años puedes quedarte con 970 pesos o ganar 191 pesos extra.

Como ya pensaste en la probabilidad de perder, quieres apegarte a tu cuentita bancaria. Pero entonces nunca tendrás oportunidad de ganar un poco más. Tendrías que quitarte un poco ese miedo porque, además, si perdiste 3% en esos tres años, podrías recuperarte un poco después porque aún puedes esperar más rendimientos más adelante.

El antídoto: puedes reconocer que estás apegado a algo solo por el miedo a perderlo. O porque cuando eras niño te contaron la historia del perro de las dos tortas que soltó una para cambiársela al perrito que veía en el reflejo del río. ¡Oh, no! ¡Qué historia más triste y poderosa! Si sigues por ese camino, pierdes la posibilidad de ganar.

Por qué termino por comprar más cosas cuando voy a la tienda

La tienda de *Hugo Boss*, uno de las marcas de ropa más cotizadas a fines del siglo pasado, fue una gran ayuda para las ventas de la tienda de *Massimo Dutti*, la marca refinada de la cadena española Zara. Una tienda estaba frente a la otra, en la calle que es la versión mexicana de Rodeo Drive (o sea, donde se ponen las tiendas de marcas apantallantes). En la tienda de *Hugo Boss*, unos zapatos costaban unos 5,658 pesos. Con esa información, que me puso el ojo cuadrado, crucé la calle y entré a *Massimo Dutti*, donde encontré un traje al mismo precio, o menos, y lo compré aunque yo no tenía intenciones de adquirir ningún traje.

Al contrario también puede suceder. Si tú ves que un café en la cadena de tiendas Oxxo de la esquina cuesta trece pesos, eso puede animarte para ir a pagar 19 pesos por un café del día en el Starbucks y, ya que estás adentro, lanzarte por el de 43.

Hay un efecto de **"anclaje"** en los números que se ha demostrado en toneladas de experimentos. Dan Ariely pidió a un grupo de personas que escribieran los últimos dígitos de su número de seguridad social y luego dijeran cuánto dinero estarían dispuestas a pagar por una botella de vino. Aquellas personas que tenían los números de seguridad social más altos estuvieron dispuestas a pagar más que aquellas con los números de seguridad social más bajos, aunque sabían que el número de seguridad social no tenía ninguna relación con el precio de la botella.[10]

Algo similar puede sucederte cuando vas al supermercado o a la tienda de departamentos. Encuentras cifras y números que te sirven como referencia y después como justificación para hacer un desembolso en algo que tal vez ni pensabas comprar.

El antídoto: antes de salir, tú mismo piensa en un precio de referencia. Ten lista una cifra en la cabeza para defenderte de las influencias que puedas recibir. Es decir, haz un presupuesto y define ya no tanto lo que estás dispuesto a pagar, sino lo que puedes desembolsar por algo. El número puede estar relacionado con las placas de tu auto, si quieres, pero es mejor si está relacionado con tu ingreso y con lo que deberás gastar en el mes.

"Ya sé qué quiero y cómo alcanzarlo, pero no me convenzo de hacerlo". Cómo ponerte en movimiento

Los economistas del comportamiento deben tener unos cuerpazos porque siempre sus ejemplos son de cómo se convencen a sí mismos de ir al gimnasio para hacer ejercicio. Dicen que el truco para levantarte mañana a jalar pesos, es preparar desde la noche anterior la maletita con los tenis y la ropa, porque así, al día siguiente ese pequeño obstáculo no te impedirá cumplir tu propósito.

Son pequeños empujoncitos que necesitas para convencerte de empezar a hacer lo que te conviene, porque sabemos que todos nos proponemos ser mejores personas mañana, pero cuando llega el mañana seguimos en la misma, por aquello de que preferimos la inercia.

Hace rato te ponía el ejemplo de que me desanimo para ir a hacer ejercicio porque pienso en la ventaja que tiene Ryan Gosling sobre mí (y eso que no estamos considerando a su novia Eva Mendes en la ecuación).

Pensar en eso jamás será un incentivo. Podría ponerme un premio, como tomar un cafecito en Paseo de la Reforma, algo que me queda de pasada. La cuestión es **distraerse un poco del objetivo final** (que tampoco debe ser algo tan irreal como parecerse a Gosling) para conseguirlo.

Richard Thaler tiene un ejemplo un poco más escatológico y mucho más preciso. Cuenta que en el aeropuerto de Schipol en Ámsterdam empezó esa idea de dibujar una mosca o una abeja en los mingitorios de los baños. Parece, dice, que los hombres no solemos poner mucha atención de hacia dónde apuntamos, lo cual se traduce en un cochinero. Los administradores del Schipol probaron con los mingitorios con abejita para inspirar a los hombres a apuntarle y encontraron que los dibujitos redujeron 80% la suciedad.[11]

El problema: ya sabes lo que quieres, pero no te pones en el camino para conseguirlo. Puede suceder que sepas que deberías ahorrar 10% de tu ingreso para el retiro, pero siempre se te atraviesa la cantina o el centro comercial.

El antídoto: tan sencillo como encontrar otro camino, olvidarte del objetivo y encontrar alguna actividad que se asocie con el nuevo camino que te llevará a tu meta.

Cómo dejar de gastar en las mismas tonterías

Ya te sabes aquello de que los gansitos cuando nacen se apegan al primer objeto móvil que ven, por lo general su mamá. A eso se le llama *impronta*. Y los humanos también solemos quedarnos improntados por la primera impresión de algo. Eso explica que tú escojas algo porque lo escogiste antes. ¿Recuerdas la primera vez que entraste a un Starbucks? ¿O a un McDonald's? La sensación no es muy diferente a la que percibes en la última, dado que este tipo de negocios hacen grandes esfuerzos por mantener una cierta uniformidad en sus tiendas y en el ambiente.

Hay otro fenómeno: cuando una persona con hambre quiere escoger entre dos puestos de tacos, elige el que tiene más gente. La idea es que si hay más gente es porque es más bueno. A eso se le llama *seguir a la manada*. Cuando tú regresas a un lugar solo porque antes estuviste ahí, estás siguiéndote a ti mismo.

Puede ser muy útil seguir a la manada o seguir tomando las mismas decisiones que antes porque ya hay un resultado probado de eso. Pero también puede ser que solo estés repitiendo una conducta por neurótico.

El antídoto: cambia un poco tu rutina. No es necesario que cada vez que vayas al centro comercial te compres un helado de yogur. O haz rutinarias las conductas que te convienen. Puedes asociar entrar a *Facebook* con revisar tu estado de cuenta de la tarjeta. Aunque el castigo por enterarte de en qué gastaste, cuánto debes y cuándo hay que pagar tal vez sea demasiado grande, con lo aburrido que se ha puesto el *Face*.

Saca una parte de tu dinero del cajero automático y destínalo a tus gastos pequeños. Anota la cantidad que sacaste y, ahora sí, a gastar hasta que se acabe. Cuando se acabe, ya no hay más hasta el siguiente mes. Algunos dicen que usan la tarjeta porque les permite llevar un control de sus gastos, pero la verdad es que luego ni se fijan en el estado de cuenta. Mejor así, ya supiste cuánto se te fue en gastos pequeños. (Además, dicen que duele más pagar en efectivo que con tarjeta.)

Referencias:

(1)   Ubel, Peter, *Free Market Madness, Why Human Nature is at Odds with Economics and Why it Matters*, Boston, Harvard Business School Publishing, 2009.

(2)   Para comprobar si el autocontrol sirve de algo, unos investigadores estudiaron durante décadas a un grupo de individuos desde que eran niños hasta que llegaron a adultos treintones. Encontraron que los niños que más autocontrol ejercían se convertían después en adultos más sanos, adinerados y con mejores parejas que los que sucumbían a las tentaciones. Moffitt, Terrie E., *et al.*, *A gradient of childhood self-control predicts health, wealth, and public safety*, Chicago, Universidad de Chicago, 2010.

(3)   Morán, Roberto, "Mente de rico. Los científicos se reúnen para ver cómo puedes mejorar tus decisiones financieras. El descubrimiento: lo más sencillo es lo mejor", *Revista Dinero Inteligente*, núm. 32, agosto de 2012.

(4)   Papini, Giovanni, *El diablo*, México, Editorial Porrúa, Colección Sepan Cuantos, núm. 737, 2011, p. 155.

(5)   Benartzi, Shlomo, *Save more Tomorrow*, Nueva York, Portfolio / Penguin, 2012.

(6)   Gal, David y Lui, Wendy, "Grapes of wrath. The angry effects of self control", *Journal of Consumer Research*, 2011.

(7)   Los estudios de Robert Zajonc son mencionados por Daniel Kahneman en su libro *Thinking, Fast and Slow*, Nueva York, Penguin, 2011. Kahneman cuenta el experimento del psicólogo quien durante varios días publicó en los periódicos estudiantiles de la Universidad de Michigan y de la Mi-

chigan State University diversas palabras sin significado, que parecían en turco. Algunas palabras se repitieron más veces que otras. Después de varios días de repetir las palabras, preguntó a los estudiantes que habían leído el periódico cuáles de esas palabras significaban algo bueno y cuáles algo malo. Los estudiantes consideraron que significaban algo bueno las palabras que más se habían repetido. Kahneman también se refiere a otro trabajo sobre el tema. Para demostrar que esto no se da solo en humanos, un ayudante de Zajonc hizo un experimento divertido: expuso dos grupos de huevos fertilizados a diferentes tonos de sonido. Cuando nacieron los pollitos sus graznidos de estrés se calmaban cuando eran expuestos a los tonos que habían escuchado mientras estaban en el huevito.

(8) Olvídate de los libros de texto para entender eso de los costos hundidos. Hay un libro muy divertido que explica cómo el concepto puede aplicar para que tu matrimonio sea más feliz. En lugar de que te mantengas en tus cuatro en una situación que te molesta, por ejemplo, trabajar veinte horas diarias en un trabajo porque te da una gran posición y para eso estudiaste una carrera, podrías olvidarte de lo que le has invertido a eso y explorar un trabajo que te permita pasar más tiempo con la familia. El libro es el de Paula Szuchman y Jenny Anderson, *Spousonomics*, Nueva York, Random House, 2011.

(9) Kahneman, Daniel, *Thinking, Fast and Slow*, Nueva York, Penguin, 2011.

(10) Ariely, Dan, *Predictably Irrational*, Nueva York, Harper Collins, 2008.

(11) La idea de poner la mosquita o la abeja en los urinales viene de un economista, Aad Kieboom, quien coordinó los trabajos de expansión del aeropuerto de Shipol en Ámsterdam a finales del siglo pasado. La abeja ya está en casi todos lados; también en México. La anécdota es narrada por Richard Thaler y Cass Sunstein en su libro *Nudge, Improving Decisions about Health, Wealth and Happiness*, Nueva York, Yale University Press, 2008.

Capítulo 8

Dinero y familia

· ·

En este capítulo:

▶ Te sugiero cómo hablar de dinero con tu pareja.

▶ Descubrirás cómo enseñar a tus hijos a cuidar el dinero.

▶ Aprenderás cómo distribuir el dinero dentro de la familia.

· ·

¿Te has fijado que ya no hay comedias románticas en el cine? Esas viejas películas en las que el galán y la chica se conocían, se peleaban por todo y al final se casaban para vivir felices para siempre, suponían que al llegar el matrimonio se acababan los conflictos. El chiste de las comedias era que cada uno de los miembros de la pareja venía de una historia diferente, lo cual hacía que discutieran a pesar de que se querían. *When Harry met Sally* fue la última gran comedia romántica, un género que alcanzó su cúspide con Rock Hudson y Doris Day, allá en la prehistoria. Alguien dijo que ya no hay comedias románticas, porque ya se filmaron todas las historias de personas completamente diferentes que se juntan: de diferentes barrios, colores, religiones, nacionalidades, culturas, lo que quieras. Pero no vinimos aquí a hablar de cine.

En realidad las diferencias empiezan a surgir apenas cuando te juntas a vivir con alguien. Cada familia tiene su propia cultura, así que cuando tú fundas una nueva familia tienes que crear tu propia cultura, que no es más que la forma de resolver los conflictos y de alcanzar juntos los objetivos.

¿Objetivos? Cuando vives con alguien tienes que compartir los objetivos. Cualquiera que sea la razón por la que te juntaste, ya sea para pagar la renta entre los dos (o los tres o los que sean) o para hacerse piojito cuando sean viejecitos, siempre habrá metas en común. Así que lo mejor es empezar a hablar de ellas desde el principio. Y si tienen metas en conjunto, también deberían saber cómo van a conseguirlas.

La vida en familia no se queda solo entre tú y tu pareja. También tienes otros intereses y hay otros participantes en la empresa familiar. Además de hablar y ponerte de acuerdo con tu pareja acerca de dinero, necesitarás analizar cómo te llevas con tus hijos, qué tienes que hacer por ellos y qué pueden hacer ellos por ti. Y luego tendrás que ver la relación con tus papás o con otros miembros de la familia que tal vez necesitan tu apoyo.

Para hablar de dinero con tu pareja

Vamos a ver qué pasaría en un mundo ideal, de comunicación transparente y metas comunes. Ya después entraremos en los conflictos.

Una lista de la información que necesitas compartir con tu pareja es la siguiente:

Tabla 8-1

Para qué ahorras	*¿Cómo está eso?*
Cuánto gana cada uno	Porque así pueden saber cuánto pueden aportar.
Cuánto gasta cada uno	No es muy lógico juntar todo el dinero de los dos y después repartirlo a partes iguales, porque no tienen las mismas necesidades ni los mismos gustos. A ti te gusta la ropa deportiva carita y ella no puede entender que cada par de tenis cueste lo mismo que una comida en el Pujol o al revés. Pero primero hay que tener la información de en qué necesita y quiere gastar cada uno.
Cuánto hay que desembolsar entre los dos para gastos normales.	Aquí tienes que hacer el recuento de los gastos que haces cada mes (para la casa, el vestido y el sustento) y de los que deberías hacer (para que el techo de la casa no se caiga y para que no vayas tan mal vestido al trabajo, por ejemplo).
Cuánto debes reservar para tus planes.	Y ahora, los planes. Tienes que dejar muy claro cuáles son tus objetivos y en qué quieres emplear tus recursos.

No harás las cuentas de una vez y para siempre. Habrá que negociar cada uno de los renglones y tendrás que entender cada uno de ellos.

1. **Cuánto gana cada uno de los dos.** Olvídate de los orgullos. No es una competencia para ver quién gana más. Recuerda que tú elegiste cierta pasión y que la misma te ayuda a ganar algo de dinero. Si tu pasión fue el periodismo, está claro que no aspiras a vivir en una casota en Las Lomas de Chapultepec en la ciudad de México, pero tampoco se trata de que te escudes en que estás siguiendo tu pasión para no pagar las chuletas en la casa.

2. **Lo más probable es que uno gane más que el otro.** Por eso también
necesitas platicar sobre este tema y definir para qué es bueno cada uno.
Es probable que por más horas que le dediques a tu trabajo, no llegues
a ganar más que ella. Y nótese que digo "ella", porque suele suceder que
cuando la mujer gana más que el hombre en la pareja, empieza una extraña pelea por el poder. Según un estudio de la Universidad de Chicago,
las mujeres que ganan más que sus parejas se reportan más infelices en
su matrimonio, entre otras cosas porque el hombre se queda de baquetón y no ayuda con las tareas en la casa.[1]

Cuando defines para qué es bueno cada uno, puede que llegues a un
acuerdo para que uno de los dos lleve más dinero a la casa y el otro rea-
lice tareas que también aportan valor. Y hay que subrayar esto último.
Las tareas no remuneradas también aportan valor a la familia y eso suele
olvidarse. Hay historias de terror de hombres "bien machines" que, según
ellos, le hacen un favor a su mujer al "sacarlas" de trabajar y en realidad lo
que hacen es contratar trabajo del hogar a bajo costo o gratuito. Después
de años de que la mujer se dedique a la casa, que le tenga sus camisas
planchadas, la comida caliente y los hijos peinados, el hombre cambia de
opinión y siente que ya basta de hacerle ese "gran favor" a la mujer.

Graciela vivió una historia así. Dejó su trabajo para casarse a los veinte años de edad. Se
dedicó a tener la casa bien arreglada y cuando sintió que le faltaba independencia y dinero,
buscó trabajo remunerado fuera del hogar. Al marido no le hacía gracia que se arreglara para
ir al empleo y que no estuviera en la casa en las tardes. A cambio de "poder" salir a trabajar,
Graciela tenía que regresar a limpiar, lavar ropa y hacer la comida y sin ayuda del hijo varón,
porque al marido no le parecía que los hombres estuvieran hechos para agarrar una escoba.[2]

De manera que hacer una transferencia del dinero de uno para los gastos
de otro no es ninguna gracia ni ningún favor, siempre y cuando la pareja
haya llegado a un acuerdo sobre lo que cada quien aporta. Dice Graciela
que cuando empezó a deteriorarse la relación con su esposo, empezó a
sentirse "chiquita, chiquita, chiquita", porque el marido primero le quitó
la fuente de la independencia —el dinero propio— y después la hizo sentir
mal por no aportar, cuando en realidad sí estaba aportando.

 No se vale que porque llevas más dinero a la casa empieces a considerar-
te superior o al revés, que te sientas inferior porque tu trabajo es menos
pagado que el trabajo de tu pareja en el mercado. Que nadie se sienta
engañado: tu pareja ya sabía que no ganabas mucho y tal vez le gustaste
por lo que hacías. Si ya cambió de opinión, más vale que sea transparente.
Ahora, que si te ayuda a ganar más y te recomienda con su papá para que
te dé un puestazo con oficinota que te gusta, que puedes desempeñar y te
hará ganar mejor, bienvenida, ¿no?

3. **Dentro de esa plática también debe considerarse cuánto cuesta ganar cada peso.** Es probable que sí, que uno de los dos gane mucho dinero, pero también es probable que deba invertir mucho tiempo para ganarlo. Si debe trabajar doce horas diarias y llegar a la casa a checar su correo mientras come y a mandar órdenes para el día siguiente a la hora en que debería estar leyéndoles un cuento de buenas noches a los niños, entonces ese dinero cuesta mucho, más que lo que la familia debería pagar.

El tiempo de cada uno de los miembros de la pareja es un recurso propiedad de la familia.

Por lo pronto vamos a anotar cuánto ganas en el primer rectángulo. Ya después tendrán que analizar si dentro de los objetivos de la familia está que alguien se deslome como loco para ganar mucho dinero y que cuando lo veamos solo hable de los problemas que hubo hoy en sistemas de la empresa.

Para dejar más claro este punto de la plática, conviene que llenen este cuadrito:

Tabla 8-2

Miembro de la familia	Cuánto aporta en dinero	Cuánto aporta en trabajo de la casa
A		
B		

Te conviene analizar bien en qué se te van tus recursos. Y por recursos nos referimos a tiempo y dinero. Si la mayor parte de tu tiempo lo dedicas a ganar dinero, es probable que estés descuidando a tu familia y a tus amigos. Tienes que actuar como una empresa, que no solo destina recursos para lo que tiene enfrente, sino que prevé lo que va a necesitar después. Si tú crees que ahorita debes dedicarte en cuerpo y alma a ganar mucho dinero y consideras que ya tendrás tiempo para convivir con tus hijos cuando cumplan quince años y, mientras tanto, que tu pareja se haga cargo de los bebés balbuceantes, vuelve a pensarlo. Cuando lleguen a los quince años, los niños te verán como alguien desconocido y preferirán pasar el tiempo con sus pantallitas, a las que por cierto ya se acostumbraron.[3]

4. **Cuánto gasta cada uno.** Ya que tienes idea de cuánto dinero hay entre los dos para la casa, ahora hay que repartirlo. Primero hay que hacer un ejercicio individual. Necesitas definir cuánto quieres que se te vaya en **gastos personales.** No te sientas frustrado y empieces a pensar que podías gastar más en ti mismo antes de juntarte a vivir con alguien, por-

que eso no es necesariamente cierto. Cuando te juntas con alguien hay gastos compartidos, como la renta, la comida o el transporte, que antes tenías que aventarte tú solo. Cada uno de los miembros de la pareja tiene que llenar este cuadrito:

Tabla 8-3

En qué quieres gastar	Monto
Ropa, zapatos	
Salidas con los amigos	
Gimnasio	
Arreglo personal	
Hobby	
Estudios	
Libros	
Clases (de ping pong, de cocina, de baile de salón, imagina de qué, no puede ser que ya lo sepas todo)	

Y ya que tienes la información de en qué quiere gastar cada uno, hay que llenar un cuadrito en conjunto. Este cuadro tienes que llenarlo varias veces, con la información más objetiva que puedas, porque es probable que, al principio, la suma de gastos sea mayor que la de ingresos. Es probable pero no conveniente. Tendrás que ajustar aquí, allá y acullá para que al final **los gastos den una suma igual que la de los ingresos**. Es, como dicen los científicos, **un trabajo de aproximaciones sucesivas. Y de negociación.** Tal vez tengas que cambiar de marca de jabón de platos para poder tener dinero disponible para comprar los palos de golf del baquetón, o a la mejor hay que cancelar alguna suscripción o cambiar de peluquero. Por eso hay tres columnas. En la primera pones el nombre de cada uno y en la segunda el monto que te haya salido de tus gastos personales. En la tercera (verás que es más angosta) ya pones el monto que obtendrás después de la negociación.

Tabla 8-4

Miembro de la familia	Monto. Cuánto quiere cada uno	Cuánto obtendrá después de la negociación
A		
B		

No repartas el dinero a partes iguales entre los dos miembros de la pareja. Tampoco se vale que tenga más dinero para gastar el que más gana. Hay que negociar cuánto le toca a cada uno según lo que necesite o quiera gastar. Los cortes de pelo son más caros (y menos frecuentes) para las mujeres que para los hombres y, en general, los zapatos de vestir son más caros (y duran más) para los hombres que para las mujeres. Si a uno le gusta el golf, no se trata de que el otro lo adopte también o se aficione a la equitación para gastar igual en deportes.

Hay quien tiene motivos válidos para ocultarle a su pareja en qué se le va el dinero. En un *focus group* para lanzar una revista de finanzas personales vi que la mayoría de las mujeres casadas tenían una cuenta secreta en la que ahorraban sin decirle al marido. Me recuerda una película que me contaba mi madre, creo que era de Pedro Infante, en la que la mujer recogía a escondidas una parte de las desproporcionadas propinas que dejaba su marido gastalón para meterlas en una cuenta de ahorro. Ese dinero sirvió después para evitarles la ruina. Y sucede en la vida real. Generalmente es al marido al que le parecen exageradas las preocupaciones de la mujer por el futuro, de manera que en algunas familias funciona que ella ahorre un poco más, aun sin consultarlo con él.

También por eso conviene que cada quien tenga una cantidad asignada y ya verá si eso lo convierte en ahorro propio, además del ahorro que se aporta para la casa.

5. **Cuánto deben gastar entre los dos.** Aquí tienes que hacer la cuenta de cuánto se te va en casa, vestido y sustento y lo que necesitarás más adelante para mantener ese estilo de vida. Este cuadrito puede ser útil para que lo recuerdes. Verás que también tiene tres columnas. Es probable que descubras que gastas de más o de menos en algo que necesitas:

Tabla 8-5

Tipo de gasto	Monto actual	Monto revisado
Casa:		
Renta o mantenimiento		
Mejoras		
Limpieza		
Otros		
Casa:		
Renta o mantenimiento		
Mejoras		
Limpieza		
Otros		
Casa:		
Renta o mantenimiento		
Mejoras		
Limpieza		
Otros		
Transporte		
Servicios:		
(teléfono, gas, electricidad, etcétera)		
Colegiaturas		

Tabla 8-5 (*Cont.*)		
Tipo de gasto	*Monto actual*	*Monto revisado*
Vacaciones		
Colegiaturas		
Gastos médicos		
Seguros		
Imprevistos		

Llenen este cuadro con lápiz porque hay que corregirlo varias veces hasta llegar a la cifra más precisa, por medio de las aproximaciones sucesivas. Porque, ¿qué crees? En lo que sigue, deberás destinar recursos a lo más importante: tus sueños. Cuando llenes el siguiente cuadro, tendrás que volver a este para escribir el monto revisado.

6. **Cuánto debes destinar para tus planes.** Por favor, dime que sí tienes un gran sueño que quieres alcanzar... algún día. Abrir un negocio, viajar a Florencia, bailar salsa, comprar una casa, verte como Beckham y jugar como Messi. Tú puedes tener uno y tu pareja otro. Estaría ideal que tuvieran uno en conjunto. Y si los demás miembros de la familia también entran en ese sueño, mejor, porque así además disfrutarán del tiempo que inviertan en planearlo.

Las empresas que consiguen sus objetivos tienen un sistema muy bueno para definir las metas. Le llaman metas SMART, que son las letras que te ayudarán a memorizar cómo debe ser cada objetivo. Es un sistemita que te ayuda a traducir lo que quieres a algo alcanzable.

No es mucha ciencia, no te asustes. Solo necesitas sentarte un ratito a pensar qué es lo que quieres en realidad y qué tendrías que hacer para alcanzarlo. Es probable que tengas por ahí un sueño súper loco y que todo el tiempo te digas que no puedes conseguirlo. Por ese camino, el sueño puede traducirse en frustración. Si quieres seguir en eso, allá tú, pero a la hora de fijar objetivos que quieres alcanzar junto con tu pareja, más vale que regreses a la Tierra.

Aquí te van algunos ejemplos de objetivos:

a) Abrir un negocio

b) Viajar a Florencia

c) Bailar salsa

d) Comprar una casa

e) Verme como Beckham y jugar como Messi.

Lo único que tienes que hacer es someterlos al sistema SMART, que en inglés significa algo así como "listo o avispado", y que es un acrónimo de las palabras en inglés para específico (*specific*), medible (*measurable*), relevante (*relevant*), alcanzable u orientado a acciones (*achievable*, o *action oriented*) y con un tiempo para conseguirse (*timely*). Algunos autores le ponen a la R, realista, pero prefiero relevante y ahorita te digo por qué.

Vamos con calma. Entonces tienes que poner tus objetivos de manera que sean:

e**Specíficos.** Que sean claros. Si lo que quieres es abrir un negocio, especifica de qué.

Medibles. Que puedas medir cuando lo estás logrando. Por ejemplo, si tu meta es bailar salsa, que tengas una idea de cuándo vas a alcanzarlo: cuando sepas alternar los pies, cuando sepas cuatro pasos diferentes, cuando ya no pises a tu pareja o cuando bailes como Óscar D'León.

Alcanzables. Que dejes claro que es algo a tu alcance. Si escoges el objetivo de verte como Beckham, tendrías que ir con un entrenador y preguntarle cuánto te falta y qué tendrías que hacer.

Relevantes. Que tenga sentido para ti. Es probable que el objetivo de comprar casa sea bueno, pero a la mejor lo tienes solo porque todos tus amigos se endeudaron para comprar una. Qué chistoso que elija este objetivo para preguntarte si en verdad es relevante para ti comprar casa o no, pero suele suceder que uno lo tome como una meta que no se cuestiona, cuando sí tendrías alternativas. Por ejemplo, si vives en una ciudad en la que no piensas quedarte mucho tiempo, tal vez te convenga más rentar que comprar.

Con Tiempo para alcanzarse. Definir para cuándo. Si quieres ir a Florencia, define cuándo, para ver cuánto dinero tendrías que juntar y entonces cuánto tendrías que ahorrar al mes.[4]

Aquí te va la tablita para que pongas a prueba las metas que definirás con tu pareja:

Tabla 8-6

La prueba	*Objetivo 1. Abrir un negocio*	*Objetivo 2. Viajar a Florencia*
¿Es específico?	¿De qué será el negocio?	Sí
¿Es medible?	Sabrás que lo conseguiste cuando levantes la cortina por primera vez.	Sabrás que lo conseguiste cuando veas la Galería de los Oficios.
¿Es alcanzable?	Tienes alguna idea de administración, confías en tus instintos, le sabes algo.	Podrás viajar, puedes ahorrar lo suficiente.
¿Es relevante?	Te gusta la idea o es solo porque ya no soportas a tu jefe y tienes la fantasía de que abrir un negocio te permitirá levantarte tarde.	Te gusta la escultura y la pintura o te vas a aburrir como ostra entre tanto museo y templo.
¿Tiene un tiempo para conseguirse?	Para cuándo lo abrirás. Define, por ejemplo, un plazo de un año, y divide las múltiples actividades que deberás hacer para alcanzarlo.	Ponle fecha, si no, la andadera te estorbará para entrar al Palazzo Vecchio.

Ya que definas bien tus metas, podrás tener un plan de acción. En ese plan de acción tendrás que desglosar cuánto dinero habrá que gastar al mes para cada una de ellas. Por ejemplo, para las clases de salsa habrá que dedicar unos quinientos pesos mensuales; para el viaje a Florencia, unos dos mil, y para verte como Beckham como medio millón al mes durante algunos años.

Tabla 8-7

Objetivo	Para cuándo	Cuánto dinero hay que destinarle al mes

Y una vez que tengas las cantidades, vuelves a revisar cuánto anotaste en los demás rubros. Cuando entre los dos miembros de la pareja hayan definido con claridad las metas y lo que tendrán que hacer para conseguirlas, les será más fácil convencerse de recortar en algunas cosas para dedicarle más a los sueños. O a aterrizar mejor los sueños. Por ejemplo, sentirás más razonable recortar en los nuevos palos de golf si eso los acerca a poner un negocio. De otra manera nunca, pero nunca, sentirás razonable recortar gastos para adquirir algo que quieres si no ves que ese recorte te acerca a algo que quieres más. Cuando tus metas hayan pasado por el filtro de los objetivos SMART, tal vez entiendas que no se trata de verte como Beckham, sino de mejorar tu condición física. Es decir, se vale replantear tus metas. Es probable que incluso llegues a disfrutarlas más cuando sepas que son realistas.

Ahora a meter a los hijos en la ecuación

Los hijos también tendrían que ayudar a que el dinero y otros recursos se empleen bien, así que dejarles claro que el dinero no es eterno no te convertirá a ti en un sucio capitalista ni a ellos en unos interesados o resentidos.

Ya quedamos en que el dinero no es tan malo y que para obtenerlo hay que trabajar o tener el monopolio de algo. Como tú no tienes el monopolio de los ferrocarriles o de la cerveza, no importa si tus hijos se dan cuenta de que tienes que trabajar para conseguir las cosas.

¿Cuál debería ser el **lenguaje** para comunicar esto? Nada de caer en que eres uno de los sufridos padres o madres de las viejas películas o telenovelas mexicanas que se sacrifican por sus hijos. No es ese el mensaje que tienes que enviarles. Trabajas como los demás y haces lo que se puede. Ahora, todos muy contentos vamos a administrar los recursos que tenemos y ver cómo le hacemos para conseguir más, en caso de que queramos comprar más cosas o mejorar nuestro nivel de vida.

En pocas palabras, que el lenguaje no sea de angustia ni de despreocupación.

La angustia no ayuda porque parecería que sufres porque no te alcanza para todo lo que quisieras. Te tengo una noticia: **a nadie le alcanza para todo lo que quisiera**. Esa es una realidad que puedes comunicar a tus hijos como algo con lo que hay que vivir. Eso no tiene por qué hacer que tus hijos olviden que hay injusticia sobre la Tierra, pero no tendría por qué traducirse en una angustia permanente.

Tampoco la despreocupación ayuda. Recuerdo que mi papá solía decir que era "inmensamente rico" para que no nos preocupáramos por dinero cuando salíamos de paseo. Mis hermanos y yo siempre entendimos que era una broma. Llegó un momento en que la broma no nos servía mucho para tener claridad sobre cuánto sí podíamos pedir o gastar.

Lo que puede servir es la **información**. A los niños les gustan las monedas cuando son chicos y, muy pronto, antes de que entren a la primaria y poco después de aprender a contar, ya saben que pueden acumularlas para comprar algo. Y también aprenden pronto a obtener más monedas, ya sea negociando con los padres, los tíos o los abuelos o haciendo algún trabajo.

Hay una eterna discusión sobre qué es mejor: ¿dar dinero a los niños solo porque llega el domingo o darlo a cambio de algo de esfuerzo? La respuesta no es fácil: no tendría por qué haber pago a cambio de que los hijos limpien su cuarto o tiendan su cama, porque ellos serán los beneficiarios. Pero si no das el dinero a cambio de algo, los niños no terminan de asociarlo con un esfuerzo.[5] En todo caso, los menores tendrían que aprender que son parte de una familia y que algo de esfuerzo de su lado se traducirá en que todos estarán mejor. Lo entienden, lo entienden, a menos que sean la protagonista de *La mala semilla*, una película de 1956 sobre una niña de ocho años que es la mala de "Malolandia".

No es necesario que hayas usado flores en la cabeza en tu juventud para que llegues a creer que tú debes dar a tus hijos todo el dinero que necesiten, porque de otra manera los enfrentarías demasiado pronto a la realidad del mundo interesado y tú no quieres que se ahoguen "en las aguas heladas del cálculo egoísta".[6] A menos que vayas a estar ahí hasta que cumplan ochenta años, tu manera de pensar no es muy lógica porque no los ayudas a entender el mundo tal como es.

Cuando tus papás envejecen

Grandes noticias: gracias a los avances de la medicina, de la salud pública y a que ya no hay tigres atacando gente en los parques, tenemos una esperanza de vida mucho mayor que la de nuestros abuelos. Y a los que nacimos después de 1960, nuestros papás nos durarán muchos, pero muchos años.

Esto se traducirá en que tal vez necesitemos ayudar a nuestros padres. Y ese es un tema que hay que platicar en serio con ellos: ¿En qué necesitarán ayuda? ¿Cómo podremos ayudarlos?

No hay que ponerse trágicos, pero voy a contarte una leyenda muy antigua que William Shakespeare rescató en una de sus obras. Había una vez un rey que decidió retirarse en vida y repartir su riqueza entre sus tres hijas. A la tercera hija le interesaba más el amor al padre que las posesiones materiales y el rey se enojó con ella por malagradecida, así que heredó todo a sus dos hijas mayores. Lo único que quiso conservar fue el título de rey y su guardia personal. Como les había dejado tanta fortuna, anunció a las hijas que viviría una temporada con cada otra.

A las hijas, que tanto les gustó que les heredaran en vida, el viejito de repente les pareció estorboso. Total que le cerraron en las narices las puertas de sus respectivos castillos y lo mandaron al bosque, a merced de los vientos, las tempestades y los osos. Si hubieran podido lo habrían declarado loco frente a alguna corte. Y tenían razones para hacerlo: ¿a quién, en su sano juicio, se le ocurre dejar sus bienes y su bienestar personal en manos de unas arpías como esas?

Por supuesto que ya reconociste a *El rey Lear*. El protagonista se refugia en una cabaña, junto con algunos de sus fieles cortesanos. En la obra, los traidores ambicionan la riqueza de los padres y se lamentan de que la juventud tenga que esperar a que los viejos desaparezcan para disfrutar de la fortuna. Pero también hay jóvenes que se desviven por proteger a sus padres viejos o caídos en desgracia.

Uno de los personajes pronuncia esta triste sentencia: "La prosperidad nos ciega y engaña inspirándonos falsas seguridades".[7]

Prepárate para los tiempos difíciles cuando todavía reina la armonía entre los distintos miembros de la familia.

Por cierto, la tercera hija, que es como el cochinito bueno de la canción de Cri-Crí, acude a la defensa de su padre y no tiene muy buena suerte en su empeño. Al final todos terminan mal, porque las hermanas intrigosas se enamoran del mismo señor.

En pocas palabras, no esperes a que lleguen los problemas; mejor habla claramente con tus parientes sobre cómo debe repartirse el patrimonio familiar y qué protección debe haber para los más débiles; es decir, los padres viejos o los hermanos desorientados.

Aquí hay una lista de aspectos sobre los cuales tienes que cerciorarte, para que tus papás estén protegidos.

a) ¿Tienen una pensión por jubilación? Necesitas saber de dónde vendrán sus ingresos cuando dejen de trabajar.

b) Si la pensión no es suficiente, ¿de dónde vendrá el dinero? Es probable que tus padres tengan el ahorro estacionado y crean que guardadito se ve más bonito, mientras tú estás ahí deslomándote y dividiendo el fruto de tu trabajo entre tus hijos y tus papás. Pueden tener buenas intenciones, como dejarte su fortuna a ti, pero a lo mejor te convendría más que ellos se la gastaran en pagar sus medicinas.

c) ¿Cómo pagarán sus gastos médicos? Los seguros de gastos médicos van subiendo de precio con la edad del asegurado. Pueden llegar a ser prohibitivos después de los sesenta años de edad y después de los 65 ya no se pueden contratar. De manera que necesitas asegurarte de que tus padres tengan algún servicio médico disponible. No estaría mal que buscaras algún servicio médico de la seguridad social del estado, como el IMSS o el ISSSTE, antes de que sea demasiado tarde.

d) ¿Dónde tienen su dinero? No quiero recomendarte que te conviertas en una de las hijas malas del rey Lear y quieras manejar las cuentas de tus papás indefensos, pero sí es importante que sepas cómo acceder a sus cuentas bancarias en caso de que algo les suceda.

e) ¿Tienen deudas? ¿Quién se hará cargo de ellas en caso de que no puedan pagarlas?

Cuidado con los préstamos en la familia. Siempre habrá algún primo que se acerque a pedirte dinero prestado. Solo pueden suceder dos cosas:

✔ Que sepas desde un primer momento que no va a pagarte y aun así quieras prestárselo. En ese caso es importante que les quede claro a ambos que no esperas que te lo regrese, así te evitas que deje de hablarte.

✔ Que pienses que tu primo es como todos los demás, en el sentido de que no hay una razón especial para prestarle a él ese dinero y tú podrías usar esos recursos para gastarlos en ti o para aliviar el hambre en la Sierra Tarahumara. En ese caso, tendrías que firmar un contrato para dejar claro cuánto vas a prestarle, cuándo debe pagarte y qué consecuencias habría en caso de que no te pague.

Los pleitos por el dinero

El divorcio es muy costoso y es muy triste. No lo hagas. Punto. Obviamente no es esa la solución. Sin embargo, es probable que llegue un momento cuando los miembros de una pareja ya no se entienden, que uno quiera ir para un lado y otro para el otro. Algunos fundamentalistas te dirán que lo que Dios unió el hombre no lo separe, pero todo tiene un límite.

En algunos lugares más o menos civilizados ya se entiende que a la hora del divorcio hay dos partes: una sentimental y otra que se refiere al reparto de los bienes logrados durante el matrimonio. En el Código Civil del Distrito Federal, en México, existe lo que se llama "divorcio exprés". Te separas y ya después averiguas quién se queda con qué. Es una solución más cómoda que la que pudiste ver en aquella antigua comedia de humor negro *La guerra de los Roses*, con Michael Douglas, Kathleen Turner y Danny de Vito, en la que los querellantes (por usar términos legales) no se separan físicamente porque no están conformes con el reparto de los bienes.

Hay una frase que le gusta mucho a Adina Chelminsky, una autora de finanzas personales: "el amor es el amor y el dinero es el dinero". Lo que ella recomienda es que no utilices el dinero como un arma para vengarte por las emociones lastimadas.[8] Si lo haces, además, puedes perjudicar a los que están en medio.

Mira el caso de Marianita

A Marianita le vendría bien recibir el dinero de su padre. Cuando era chica, sus padres se divorciaron. La madre ganó una demanda en contra del padre para que él pagara la manutención de la pequeña Mariana. Y más: un juez ordenó que la empresa le descontara al padre una parte de su sueldo que se depositaría en una cuenta para entregarlo a la niña. El dinero se acumuló en esa cuenta, que la madre no tomó por puro orgullo.

Y entonces murió la madre. Cuando había que recibir el dinero, una tía de Mariana, que se hizo cargo de la pequeña, no quiso estar en contacto con su cuñado y ni siquiera se preocupó por conocer el procedimiento para recibir los recursos, que a la fecha están a nombre de Mariana. Ahora ella es mayor de edad y tendrá que empezar un engorroso proceso judicial para recibir ese dinero, que habría podido tener con mucha mayor facilidad si su tía hubiera querido hablar con su padre. Con voluntad o sin ella, él ya había acatado la orden. De todos modos la empresa le descontaba los recursos, pero por mezclar las emociones y las extrañas ideas de venganza, el dinero simplemente se desperdició.

¿Por qué tendrías que vengarte? Cuando abandonas la idea de venganza es más fácil que negocies lo que en realidad te pertenece. Recuerda lo que decíamos al principio del capítulo: que el trabajo no remunerado también agrega valor en el matrimonio. Un director o directora de empresa puede concentrarse mejor en ganar dinero si tiene el traje libre de manchas y si no tiene que recordar cuándo pagar el servicio de televisión por cable.

Otra idea que tendrías que abandonar: la de que eres una víctima de un monstruo insensible y le dejas todo por la paz. No te hagas la mosquita muerta. Esos aires de superioridad ni te ganarán un lugar en el cielo ni te pondrán en bien con tu ex pareja, además de que puedes poner en peligro el patrimonio que corresponde a tus hijos. Así que bájale unas rayitas a tu papel y regresa a la Tierra para negociar.

Las herencias

Había una vez una bonita princesa que se llamaba Jane Grey. Era bisnieta de Enrique VII, así que cuando murió su tío, el rey Eduardo VI, a su suegro se le ocurrió la graciosa idea de reclamar para ella la corona de Inglaterra. A Jane, que solo tenía quince años de edad, pocas cosas le interesaban menos que el trono inglés, pero a su suegro sí. Total, que le probaron la corona y ella dijo que la hacía sentir que desfallecía. Estuvo nueve días como reina. Su cariñosa tía María, hermana de Eduardo, mandó un mensaje diciendo que qué se pensaba la chiquilla, que trajera para acá la corona, el cetro y el trono y que se quitara del camino. El consejo real le dio la razón a María, y Jane, aliviada, preguntó: "¿ya puedo irme a casa?". La encerraron en la Torre de Londres y un año después la decapitaron, junto a su marido. La gentil María se coronó reina y encarceló a su media hermana Isabel, con la que se reconcilió después, oficialmente. Cuando María murió, Isabel I se coronó y mandó ejecutar a otra pariente, María Estuardo, para que no reclamara el derecho al trono inglés. Qué bonita familia. Pero qué podías esperar de María y de Isabel, con el ejemplo que les dio su padre, Enrique VIII, quien se divorció de Catalina de Aragón, mamá de la primera, para casarse con Ana Bolena, mamá de la segunda. Como sabes, a Bolena, el amoroso Enrique la mandó decapitar.[9]

No tener claro quién se quedará con qué puede desatar dolorosos conflictos familiares que se salen de control. No es que tus hijos vayan a heredar el trono de Inglaterra, pero es probable que tú ya tengas un patrimonio considerable para cuando tus hijos cumplan treinta años de edad.

También puede suceder que ahora tengas treinta años y tus papás cuenten con un patrimonio que sea necesario repartir. En abstracto, parecería un botín digno de pelearse entre todos. Si ya lo pones sobre un papel, puedes hacer cuentas más claras y correctas.

Antes de que tú creas que tu familia es única, considera a los siguientes personajes en la familia:

a) El hermano o hermana que necesita mayor ayuda de la familia. Hay que preguntarse: ¿Por qué creen que necesita esa ayuda? ¿Estaría, ahora mismo, en condiciones de cambiar sus capacidades? Por ejemplo, si necesita ayuda con dinero, ¿podría conseguir un mejor trabajo? ¿Podría cambiar su forma de gastar?

b)   El hermano o hermana que cree que los demás dependen de él o ella. Él mismo se pone en una situación difícil, pero podría suceder que también por eso crea que tiene derecho a una mayor parte de la herencia.

c)   Los papás que creen que estarán ahí para siempre y que son responsables de lo que les ocurra a sus hijos todo el tiempo.

Una vez que identificas a esos personajes, más vale que definas si su papel en este momento que vive la familia es real o imaginario. Es imaginario si es dañino para sí mismo y para los demás y puede modificarse.

Después de pasar por esa montaña rusa emocional, ya solo necesitas hacer las cosas más fáciles, que son las de contar y restar. Es necesario que la familia defina con claridad:

1. De qué patrimonio se dispone en este momento.

2. Quién necesita apoyo. Dejar claro que el apoyo no es para siempre y que se da por ciertas condiciones. Puede suceder que haya un familiar incapacitado. Para ellos, los padres pueden tener un plan de contingencia y pueden, también, pedir ayuda a algunos otros familiares. En ese caso, tendrán que designar a un albacea, que será quien administre los bienes, y un tutor para que cuide a los familiares que requieran ayuda.

3. Después de garantizar el mínimo apoyo para los familiares en necesidad, definir cómo podría repartirse el patrimonio.

4. Encontrar, de una manera objetiva, quién será la persona más capaz y confiable para cuidar y repartir el patrimonio familiar en caso de que falte quien ha sido la autoridad hasta ahora (o sea, los papás).

Referencias:

[1]   Bertrand, Marianne, Kamenica, Emir y Pan, Jessica, "Gender identity and relative income within households", Booth School of Business de la Universidad de Chicago. En http://faculty.chicagobooth.edu/emir.kamenica/documents/identity.pdf

[2]   Morán, Roberto y García de León, Verónica, "Ahí muere. Cómo divorciarte con elegancia y sobrevivir cuando ya estás por tu cuenta", *Revista Dinero Inteligente*, núm. 25, diciembre de 2011.

[3]   Te conviene analizar bien a qué dedicas tus recursos; es decir, tu tiempo y tu dinero. Ese tipo de lecciones vienen casi siempre escondidas en las películas para niños, cuando menos desde la segunda mitad del siglo XX para acá, cuando se vio que los padres ya no tenían que dedicarse todo el tiempo a trabajar sino que también podían convivir con los niños. Ahí tienes el ejemplo de *Mary Poppins*, película en la cual el señor Banks descubre que puede ser más feliz volando un cometa con sus niños que

contando monedas en el banco, o la de *Mi villano favorito*, quien se pone contento porque robarse la luna le tomó menos tiempo que el que pensaba y entonces todavía es probable que llegue a ver a las niñas en su festival de ballet. Ya puestos más serios, lee a Christensen, Clayton M, *How Will You Measure Your Life?*, Londres, Harper Collins, 2012.

(4) Wade, John, *S.M.A.R.T Goals. The Secret of Achieving Anything You Want in Life*, EU, J.W. Publication, 2013.

(5) "No soy fan de darle un pago a los hijos sin asociarlo a alguna responsabilidad", dice una autora estadounidense de finanzas personales. Garrett, Sheryl, *Personal Finance Workbook for Dummies*, Hoboken, NJ, Wiley Publishing, 2008, p. 101.

(6) Ah, cómo me gusta esa cita de *El Manifiesto del Partido Comunista*. Marx, Carlos y Engels, Federico, *El Manifiesto del Partido Comunista*, Barcelona, Folio, 2007.

(7) Shakespeare, William, *El rey Lear*, Colección Sepan Cuántos, núm. 94, México, Editorial Porrúa, 2009.

(8) Chelminsky, Adina, "Divorcio, cuando el amor sale por la ventana, ¿cómo manejar el dinero?", periódico *Excélsior*, 2 de marzo de 2012. En http://www.excelsior.com.mx/2012/03/02/adina-chelminsky/815096

(9) Cavendish, Richard y Leahy, Pip, *Kings & Queens. The story of British monarchs, from pre-Roman times to today*, Nueva York, Metro Books, 2006.

Capítulo 9

Dinero y amigos

· ·

En este capítulo:

▶ ¿Quiénes son los amigos que te ayudan y los amigos que te hunden?

▶ ¿Cómo puedes llegar a acuerdos con tus amigos respecto del dinero?

▶ ¿Cómo establecer sociedades con tus amigos?

· ·

Parece que los amigos pueden ser tóxicos. Pueden llevarte a engordar; a gastar de más o a dejar de ahorrar; te piden dinero prestado y no te lo pagan; te invitan a abrir un negocio, no reconocen tu trabajo y luego se quedan con el dinero que ganaron entre los dos. Los hay peores aún: en el restaurante piden cuatro tequilas, dos cervezas, seis empanadas y dos platillos, mientras tú solo ordenas una ensalada y un vaso de agua y después quieren que la cuenta se reparta a partes iguales. Momento, momento. ¿A eso le llamas "amigos"? ¿Entonces qué dejas para cuando vengan los malos de la película a hacer travesuras?

¿De qué se trata? ¿Acaso el dinero le arrancará todo lo sagrado a las amistades? La situación no es tan grave. No es el dinero el que se interpone entre los amigos, sino la ambición, la desconfianza, la envidia... Con unas cuantas precauciones, puedes lograr que tus relaciones con tus amigos, cuando llega el dinero (o cuando se va) dejen de ser tóxicas y se vuelvan positivas para todos.

1. **Que te ayuden a gastar mejor.** Por definición, tú podrías lograr muchas cosas con tus amigos. Para eso son amigos, ¿no? Pero resulta que, aunque no lo quieran, pueden llegar a hacerte daño. Por ejemplo, se dice que los grupos de amigos pueden inducirte a comer mal o a tener malos hábitos de ejercicio y, por tanto, "contagiarte" sobrepeso u obesidad, que además de que no está en los ideales estéticos de las esculturas griegas, no es muy conveniente para tu salud. Hay estudios muy sesudos al respecto, aunque las abuelas ya decían desde hace mucho que "el que entre lobos anda, a aullar se enseña".[1]

Se supone que te contagias también de los buenos hábitos, pero lo más cómodo es lo más contagioso. Es más fácil que tus amigos te convenzan de comerte otra rebanada de pastel que tú los convenzas a ellos de ir a correr al parque (o al revés). También eso puede suceder con las compras. Los amigos pueden llevarte a gastar más que lo que tenías presupuestado.

En Estados Unidos se cree que ir de compras es una buena oportunidad para pasar un rato con los amigos y esta actividad podría llevarte a gastar en algo que no necesitabas. Tal vez en México no está tan desarrollada esa idea, pero con lo difícil que es ir a parques o a plazas públicas y lo cada vez más cercanos que están los centros comerciales, no dudes que pronto se convertirá en costumbre.[2]

No tienes que darle muchas vueltas para solucionar el problema de que tus amigos te hacen gastar. Hay que enfrentar el caso y buscar algunas actividades que no impliquen ir al centro comercial. Con esa sencilla fórmula le das la vuelta a las amistades que te hacen gastar de más. También podrías quedar de verte con tus amigos en el gimnasio o en un parque, en lugar de en un restaurante carísimo. La idea es que busques más actividades que no impliquen gastos importantes.[3]

2. **Que se repartan en forma justa la cuenta en el restaurante.** Hace poco, una amiga mía decía que había hecho cuentas y había llegado a la conclusión de que no pertenecía al mismo círculo social que sus amigos más cercanos. Hizo números después de la enésima visita a uno de esos restaurantes de lujo de la ciudad de México. Por fortuna, estos amigos ya habían llegado al acuerdo de que cada quien pagaba lo suyo, aunque ella se sentía incómoda cuando llegaba la cuenta. Por más que mi amiga se moderaba, se encontraba con que era demasiado pagar por una lechuga y una botella de agua mineral. Es muy frecuente el caso de que las reuniones entre amigos, sobre todo pasados los cuarenta años de edad, se hacen casi siempre en restaurantes o alrededor del comedor de uno de ellos. Como no todos tienen el mismo nivel de ingresos, a veces se escoge un restaurante que está fuera de las ligas de uno de ellos. Ni siquiera con el acuerdo de pagar cada quien lo suyo se llega a una cuenta justa. ¿Qué hacer entonces?

Lo cierto es que el problema podría ser peor. Hay grupos de amigos que se reparten la cuenta a partes iguales y entonces surge el eterno problema de que a uno de ellos le gusta el whisky (150 pesos la copa) y el otro se da por satisfecho con una cerveza (35 pesos). Luego llega la cuenta y al pagar a partes iguales hay algo de injusticia para el cervecero.

¿Cómo resolver esto?

No existe una regla de urbanidad para resolverlo, pero aquí hay algunas posibilidades:

a) **La táctica de dejarlo todo claro.** Como sí les tienes suficiente confianza a tus amigos —y si no la tienes, es hora de que empiezas a tenerla— puedes dejar claro que tienes un presupuesto limitado para las salidas a comer. Es importante que tú estés convencido también. Desde el principio del mes decides cuánto podrás gastar en las salidas con los amigos sin afectar el ahorro para el colegio de Malena o el dinero que tenías guardado para abrir una pizzería. Diles a tus amigos hasta dónde llega esa cantidad. Y veamos si te comprenden.

b) **La táctica de definir cuál es el consumo promedio adecuado.** Como ya decíamos hace poquito, con el tiempo los amigos van pareciéndose en sus costumbres. Terminan por pedir el mismo tipo de cosas, por comer las mismas cantidades. Entonces te acercas a un promedio. Sería bueno que al llegar la cuenta, cada quien pagara una cifra similar, y que los que se salen del promedio lo reconozcan y actúen en consecuencia. Por ejemplo, el que prefiere los whiskies a las cervezas, podría reconocerlo y poner su pago extra. Qué mejor que esa plática la tuvieran antes siquiera de salir al restaurante, para no empezar a discutir cosas incómodas con unas copitas encima.

c) **La táctica de repartirse el dolor del pago de la cuenta.** Dice el economista Dan Ariely que a todos nos duele pagar, pero que el dolor no se incrementa en la misma proporción en que crece el tamaño de la cuenta en el restaurante. Lo que podría hacerse es evitarle un pequeño dolor a todos los comensales y que solo uno de ellos lo asumiera por todos en cada una de las salidas. Cuando tú pagas la cuenta, los demás se quedan muy tranquilos. Como son amigos consuetudinarios, ya vendrá otra oportunidad en que otro pague. Recuerda que aquí no se trata de abusar.[4]

Hay algunos problemas que pueden impedir que pongas en práctica esas tácticas. Tienes, por ejemplo, amigos que vienen con los gastos pagados por su empresa a visitarte a tu ciudad. Entonces se dan vuelo y empiezan a pedir cocteles margarita, tacos de langosta y ostiones rasurados. Los muy gorrones proponen después que la cuenta se divida a partes iguales, cuando tú sólo consumiste la consabida lechuga y el pastel de elote.

¿Te fijaste que dije "los muy gorrones"? Porque no solo hacen que gastes en exceso, sino que le cargan a su empresa lo que ellos devoran. Las comidas con amigos no son comidas de negocios, pero ya sabes lo relajada que puede ser la moral de algunos. Que su empresa pague la cuenta de los dos tampoco es la solución correcta, porque entonces tu amigo te hace partícipe de su trampa. A lo mejor él está enojado con su jefe porque no lo ascendió e inconscientemente quiere saturar la tarjeta corporativa como venganza, pero tú no tienes por qué ser cómplice de esa transa.

3. **Que puedas tener un negocio con tus amigos.** Y aquí está el coco de todos. Hay quien prefiere no mezclar la amistad con los negocios porque cree que están destinados al fracaso. ¿Qué pasa entonces si te asocias con alguien y al pasar el tiempo te haces su amigo? ¿Deberían cerrar el negocio?

Hacer negocios con amigos no es tan poco frecuente como te imaginarías ni es tan descabellado como podría parecer si te pusieras a ver algunos casos de supuestos amigos que se dan hasta con la cubeta porque no se ponen de acuerdo en cómo repartirse las ganancias o en definir cuánto se le paga a cada quien por su trabajo o quién puso qué a la hora de cerrar el negocio y repartirse las mesas y las sillas.

Hablé con algunos emprendedores y empresarios exitosos que han puesto negocios con amigos y que conservan el negocio y la amistad. Aquí te paso algunos de sus consejos:

a) Que se te quite el enojo en una hora. Poner un negocio con un amigo es como entrar a un matrimonio, dice Víctor Calderón, quien junto con un cuate abrió una consultora financiera llamada ArcCanto. Solo que hay una diferencia muy grande: cuando te peleas con el amigo, tienes que contentarte en máximo una hora. "Si te peleas, tienes que estar de buenas en una hora; no es lo mismo que con tu esposa, que a la mejor se quedan sin hablarse cinco días". Tienen que contentarse rápido porque el negocio debe seguir operando y hay que tomar decisiones.

b) Reconocer el trabajo del otro. ¡Festéjalo! Marisol Gasé es una de las Reinas Chulas, un grupo de amigas que también funciona como compañía de teatro y de cabaret. De pronto a las Reinas Chulas les llegó la oportunidad de convertirse en empresarias cuando Jesusa Rodríguez, una artista y empresaria teatral, les dejó su teatro-bar. Primero fue como una prueba. Las Reinas trabajaban en el lugar, llamado entonces "El Hábito". Jesusa fue a una gira a Argentina y les pidió que se encargaran del "antro" durante un mes. Eso sí, fue mucho trabajo. Además de dar el *show*, tenían que asegurarse de que las mesas estuvieran atendidas, de que hubiera suficiente licor, de que se cobraran bien las cuentas y se hiciera el corte de caja. "Salió todo muy bien", cuenta Gasé, pero ella y sus amigas sí se cuestionaron si estaban dispuestas a llevarse esa "madriza" que se llevaron ese mes, para siempre. Al final aceptaron quedarse con el teatro y todas empezaron a trabajar muy contentas. Tenían años de conocerse y muchas aventuras jocosas vividas juntas.

Llegó un momento en que todas se la pasaban trabajando todo el tiempo y que cada una sentía que era la que más aportaba. Fueron con un consultor y terapeuta para salvar la amistad y el negocio. El terapeuta les pidió que cada una escribiera en una carta qué hacía durante el día, desde que se levantaba hasta que volvía a dormirse. Lo que encontraron es que todas estaban trabajando con cargas "inhumanas" y que lo que podían hacer, para empezar, sería contratar a una administradora. Pero lo más importante sería que cada quien reconociera el trabajo de las demás.

Gasé estudió teatro en una universidad pública mexicana y dice que ahí no enseñan a los alumnos a trabajar en equipo, sino a competir todos por el papel protagónico. Eso evita que se construya algo entre varias personas y a que se reconozca lo que los demás aportan en una empresa.

Poner una empresa puede profundizar la amistad que tienes con otra persona porque terminas por admirar y respetar lo que hace.

"La palabra clave es **respeto**", dice Moisés Guindi, quien junto con su amigo y compañero de la universidad Daniel Schneeweiss fundó una empresa tequilera en 1997, justo en la época del auge del tequila, cuando ambos andaban por los 22 años de edad. Es importante que tengas respeto por lo que el otro hace. De esa manera se sentirá más libre de aportar a la empresa en conjunto. Para respetar lo que hace tu amigo, debes entenderlo.

c) **Que todos trabajen.** De lo que se trata es de que los amigos que están en una empresa hagan lo que mejor saben hacer o lo que más les guste y aporte valor al negocio, explica Moisés Guindi, socio de la Tequilera Milagro.

Los socios-amigos tienen que aportar según sus habilidades, como señala Víctor Calderón. El negocio de Calderón es de asesoría financiera y se nota, porque dice que si un amigo solo entra a tu negocio como socio capitalista es más fácil que se presenten problemas.

Te saldría mucho más barato pedir dinero prestado y pagarlo con intereses que tener a un socio que solo aporta capital y no conocimiento o trabajo. Cuando tienes a un amigo que entra a la sociedad solo con dinero y no con trabajo, se convierte en tu jefe. Sería como si en un matrimonio solo vieras a la esposa para que te regañara en las mañanas y no compartieran los momentos de cariño e intimidad el resto del día, dice Víctor Calderón.

Eso de que un socio pone el capital y los demás ponen trabajo no funciona, sentencia Santiago Lebrija, quien junto con amigos suyos opera el restaurante Beck en la ciudad de México. "Siempre tiene que haber aportaciones de capital por ambas partes".

Es importante que a la hora de trabajar quede claro que todos comparten la **misma pasión**. Guindi y Schneeweiss querían producir un tequila blanco de alta calidad, un producto que no abundaba entonces en México. Lo que había era tequilas reposados, como *El Jimador* de Herradura, el *Tradicional* de Casa Cuervo o añejos, pero no tequilas blancos hechos en alambique, un procedimiento que es más costoso que el industrializado que usan muchas de las grandes marcas, pero que permite sacarle más sabor al agave, según Guindi. Los dos estaban de acuerdo en que eso era lo que querían, más que entrar a producir tequila de forma masiva.

Si el motor de tu socio es solo recuperar el dinero, puede salirte muy caro, advierte Calderón. Mejor que también aporte de sus conocimientos. "Si buscas un socio solo por la lana, ya empezaste mal", sentencia.

Marisol Gasé también encontró que las diferentes habilidades de sus amigas ayudaron al negocio a salir adelante. Una de las Reinas Chulas viene de una familia de restauranteros, de manera que tenía experiencia en el manejo de proveedores y de personal; otra más era muy organizada y podía hacerse cargo de los cobros y de repartir los ingresos entre las socias, y así cada una encontró su aportación.

Guindi es financiero y su socio es experto en mercadotecnia. Cada quien, entonces, tiene un trabajo claro que aportar.

Es un peligro que uno de los socios solo aporte capital y los demás pongan trabajo. El socio que solo pone dinero quiere **recuperar** sus recursos y los que trabajan pueden sentirse **explotados** y no reconocidos.

d) Dejar claro cuánto va a ganar cada quien. Guindi y su socio empezaron la tequilera Milagro con cien mil dólares. Para producir su primer tequila pidieron a un tequilero de Jalisco que los dejara usar su fábrica cuando no estuviera produciendo su propia marca. Le pagaban un porcentaje por cada botella producida. No tenían entonces mucho capital para pagar sueldos.

"Como buenos emprendedores mexicanos le entramos al ruedo sin compensación", recuerda Guindi. Poco después se asignaron un sueldo de subsistencia. "Ponerse un sueldo de mercado no tenía sentido", dice Guindi. Para ellos fue importante que los sueldos fueran muy similares. Cuando Daniel se casó, sus necesidades de gasto aumentaron. Eso llevó a que ambos aumentaran su sueldo por igual. "Aunque yo requiriera menos sueldo, ganaba un poco más que lo que requería", recuerda Moisés. "No había una cuenta en la que fuera acumulándose una compensación por los desvelos de cada quien", aclara el emprendedor.

Lebrija, el restaurantero, parece estar de acuerdo. Las compensaciones que recibe cada amigo tienen que estar claras desde el principio. No se vale inventar un bono a mitad del camino. "Si habrá bonos por trabajo extra, tienen que dejarse claros antes de que se presente el caso", recomienda.

e) Complementarse. Además de que cada quien aporta sus conocimientos, los emprendedores destacan que deben complementarse también en el aspecto emocional. Víctor Calderón confiesa ser muy necio y querer que se tomen sus decisiones. Además es muy perfeccionista y se niega a permitir que otros hagan un trabajo porque podrían no hacerlo tan bien como él quisiera. Dice que su socio lo complementa porque no es necio, sabe escuchar y eso permite que lleguen a acuerdos. Además, es mejor para delegar, de manera que puede convencer a Víctor de que deje que otros terminen las tareas para dedicarse a cosas más importantes o urgentes en ese momento.

Víctor Calderón cuenta que tiene un letrero en su escritorio donde se enlistan sus diez principales debilidades, para que tanto su socio como sus empleados estén conscientes de sus fallas y puedan ayudarlo a superarlas o lo complementen.

f) Platicar. Divertirse. Te reto a que platiques con Marisol Gasé y no te rías cuando menos tres veces en una conversación de unos diez minutos. Dice que así es con sus amigas y socias. Cuando empezaron su empresa dijeron que le dedicarían quince minutos al inicio del día a platicar y todavía hay días en que se les va hora y media. **Divertirse al trabajar ha sido una buena táctica para mantener su negocio.** "Nos divertimos mucho; algo que nos mantiene juntas es que cada una admira muchísimo a la otra", dice Gasé. Como montan espectáculos cómicos, dice Gasé que se ha descubierto a sí misma riéndose de nuevo con la misma escena de sus compañeras, la misma escena que ha visto durante un año.

g) **Evitar el fenómeno muégano.** Tú conoces los muéganos, esos dulces formados por bolitas muy pegaditas unas con otras. Andar como muégano es andar pegado todo el día y eso puede ser **peligroso para la salud** de tu negocio. Está bien que sean amigos y que se la pasen bien a la hora de trabajar. Se vale que salgan, incluso que vayan el mismo fin de semana a algún lado, pero no que estén siempre juntos los días de descanso y que se hagan amistades de parejas y de familias. Además de que limita tus posibilidades en la vida, también puede afectar el funcionamiento de la empresa.

Hay que darse un espacio, un tiempo fuera, para conocer a más gente y para no llevar los asuntos del negocio a la mesa familiar. Moisés Guindi lo dice con más claridad: "Afuera de la oficina cada quien hace su vida. Cuando además de ser socios salen juntos el fin de semana y las esposas se hacen amigas es buscarse un problema: alguna cosita va a suceder y no será objetivo el tema de la sociedad". Eso no quiere decir que se volteen la cara cuando coincidan en una fiesta o en un fin de semana, pero que moderen la relación más allá del trabajo.

h) **Poner las cosas por escrito.** Cuando Vicente Fenoll iba a abrir su empresa expuso el plan a sus amigos como si fueran inversionistas desconocidos. Nada de dar por sentados los detalles. Había que desmenuzar los elementos del negocio para que los amigos lo entendieran, explica Fenoll. Lo entendieron tanto que Fenoll consiguió que algunos de sus amigos se convirtieran en sus socios en una empresa de préstamos por Internet llamada Kubo Financiero.

Tiene que darse en algún momento de la empresa. Moisés y Daniel, los socios fundadores de la Tequilera Milagro y ahora de la mezcalera Montelobos, no lo pusieron por escrito cuando empezaron, a los 22 años, pero con el tiempo aclararon cuáles son las condiciones que acepta cada quien para seguir en el negocio.

i) **Dejar claro cómo se saldrán los socios cuando cierre la empresa o cuando quieran separarse.** Para la mayoría de los emprendedores que consulté es importante aclarar desde el principio qué sucedería con cada uno de los socios en caso de que quisiera salirse. Por eso conviene saber cuánto vale la participación de cada quien, para lo cual tienen que hacerse evaluaciones periódicas, tal vez cada seis meses o cada año.

Gasé y sus amigas también aclararon qué sucedería en caso de que una de las socias se saliera de la empresa de forma temporal, por tener que cumplir con algún compromiso de trabajo por fuera.

j) Aceptar la ayuda de los amigos. Las relaciones te abren más negocios. Nunca sabes por dónde vendrá el negocio, así que te conviene tener amigos y más amigos. Cuando las Reinas Chulas empezaban, el monero Trino ya era famoso por sus caricaturas en periódicos como el *Reforma*. Una de ellas se atrevió a pedirle que les hiciera (gratis) el logotipo de su compañía teatral. Para su sorpresa, Trino aceptó, casi sin conocerlas, y después se convirtió en un buen amigo de la compañía.

Las posibilidades de fabricar tequila de los socios de Milagro vienen de que la familia de Daniel conoce a fabricantes de botellas, lo cual les dio un conocimiento de lo que ocurría en la industria de vinos y licores. Santiago Lebrija conoció a su socio del restaurante porque los papás de ambos son amigos.

Las amistades pueden servir para multiplicar los negocios.

4. Que sí puedan pedirte prestado (y paguen). Dicen los carteles que cuelgan en algunas tiendas de abarrotes que cuando prestas a los amigos, pierdes el dinero y pierdes el amigo. No tendría por qué ser una sentencia. Los préstamos entre amigos son posibles, siempre que ambos reconozcan que quien presta merece un premio por hacerlo.

Si todavía uno de los dos tiene el pensamiento medieval de que está mal pedir intereses por un préstamo, más vale que no le entren. A ti te costó trabajo ganar tu dinero y cuando te lo regresen valdrá menos que cuando lo prestaste, por el efecto de la inflación, de manera que tienes que pedir un premio por despegarte de tus recursos. Y eso no es todo: además le facilitas a la otra persona conseguir el dinero cuando más lo necesita, lo cual también merecería un premio.

Por supuesto que no se trata de abusar de la necesidad de uno ni de la gentileza del otro.

Es probable que tu amigo no pueda pedir prestado en un banco porque no tiene un historial de crédito. Eso significa que ni siquiera él, ya no digamos tú, que eres el que va a prestar, sabe cómo se comporta con el dinero prestado. Uno mismo es capaz de darse grandes sorpresas sobre su comportamiento. Tendrías que ponerle una primera prueba.

También es probable que a tu amigo no le presten los bancos porque tiene una historia de crédito, pero que resulta ser negativa. A lo mejor no pudo pagar por sus circunstancias de vida. Si esas circunstancias no han cambiado, es decir, si todavía crees que no está en condiciones de pagar e insistes en prestarle, déjale claro que te gustaría que te regresara el dinero pero que, si no puede, prefieres conservar la amistad para que no deje de saludarte cuando descubra, ¡oh sorpresa!, lo que tú ya sabías: que no puede pagar.

O tal vez no pagó porque no quiso. Pregunta: ¿quieres prestarle a ese sinvergüenza?

Referencias:

(1) Junge, Christine, "How your friends make you fat - the social network of weight", 24 de mayo de 2011. En http://www.health.harvard.edu/blog/how-your-friends-make-you-fat—the-social-network-of-weight-201105242666. Consultado el 23 de septiembre de 2013.

(2) MSU News, "There's more to shopping than just buying stuff". Michigan State University Research, 2 de junio de 2011. En http://research.msu.edu/stories/there's-more-shopping-just-buying-stuff. Consultado el 23 de septiembre de 2013.

(3) Bucklann, Erinn, "Are your friends keeping you from getting rich?", Daily Worth, 11 de agosto de 2013. En http://www.dailyworth.com/posts/2094-are-your-friends-making-you-poor/. Consultado el 23 de septiembre de 2013.

(4) Ariely, Dan, *Predictably Irrational*, Nueva York, Harper Collins, 2008.

Capítulo 10

Dinero y felicidad

· ·

En este capítulo:

▶ Analizaremos si existe una relación entre el dinero y la felicidad.

▶ Descubriremos cómo el dinero te ayuda a enfrentar las dificultades y a mejorar tu bienestar.

· ·

DE QUÉ ME SIRVE EL DINERO SI SUFRO UNA PENA,
SI ESTOY TAN SOLO.

-JOSÉ ALFREDO JIMÉNEZ, CANTAUTOR.

"No llores, José Alfredo", le gritaban los mariachis al compositor mexicano cuando se embarcaba en sus canciones llenas de pena y tristeza. Hay una canción en la que pide a una mujer que no lo abandone y le dice "no dejes que me pierda en mi tristeza". Algunos creen que, en sus canciones, José Alfredo Jiménez desprecia el dinero y considera que no sirve. Yo creo que es justo lo contrario: es tan grande el dolor de haber perdido el amor de una mujer que ni siquiera las riquezas son suficientes para calmarlo.

Antes de que tú, querido lector, saques la botella de tequila porque crees que ya vamos a arrancarnos con el cancionero mexicano, te recuerdo que vamos a hablar de la relación entre dinero y felicidad.

En la canción *La que se fue*, José Alfredo se lamenta:

… yo pa'qué quiero riqueza

si voy con el alma perdida y sin fe;

yo lo que quiero es que vuelva,

que vuelva conmigo la que se fue.

El filósofo José Alfredo resume así lo que ahora muchos filósofos y econo-mistas quieren recuperar: la idea de que el dinero es uno de los elementos de la felicidad.

Y digo "recuperar" porque la idea de que el dinero tendría que servir para comprar felicidad viene desde los primeros años de la economía clásica.

Esta parece una historia un poco morbosa. En Londres puedes visitar el esqueleto de uno de los filósofos más importantes para la economía. Resulta que si vas al University College de Londres encontrarás una campana de cristal dentro de la cual se exhibe el esqueleto (cubierto con heno y ropa) de Jeremy Bentham,[1] coronado con una cabeza de cera. Si ya te agarró el morbo puedes entrar a Internet y darle vueltas a la figura para verla desde todos los ángulos.

Lo verdaderamente interesante de Bentham es que propuso una teoría se-gún la cual la humanidad busca maximizar su utilidad o bienestar. La teoría económica tendría que encontrar cómo se logra que los individuos obtengan la máxima utilidad con su esfuerzo y con sus decisiones sobre adónde deben destinar su dinero.

Entonces, el esfuerzo por conseguir dinero tendría que traducirse en felici-dad. Pero no siempre es así. Una mayor prosperidad no siempre lleva a que todos tengan más bienestar y felicidad. No creas mucho a los políticos, pero hay uno que lo puso muy bien en un discurso. Decía Robert Kennedy que la medición de la riqueza no siempre revela lo que le da calidad y bienestar a nuestra vida. Decía que dentro de la medición del Producto Interno Bruto de un país se incluía la contaminación del aire, los anuncios de cigarros, las cárceles y la pérdida de las maravillas naturales, y en cambio no tenía medi-ciones sobre "la salud de los niños, la calidad de su educación o la alegría de sus juegos".[2]

Ahora ya hay muchos esfuerzos para saber cuánto influye la cantidad de dinero que ganas con la felicidad que tienes. La intención es encontrar los factores que influyen en tu satisfacción con la vida y tu bienestar en el mo-mento.

Y la cifra que debes ganar para ser feliz es... Redoble de tambores...

Antes de hablarte de esa cifra, te cuento que lancé un sondeo en *Twitter* para averiguar qué opinaba la gente como yo (porque un seguidor tuyo es alguien que tiene mucho en común contigo, ¿no?) sobre el efecto del dinero sobre la felicidad. Pregunté: "¿Cuánto dinero necesitarías para ser feliz?". Y las res-puestas de los filosóficos seguidores fueron:

- "Es un maldito vicio: entre más tienes, más quieres. Como dijera mi abueli-ta: 'no tienen llenadera'", contestó @nan_chio.

- @JJavierolivar decía que "entre más tienes, más gastas, más lo cuidas o lo trabajas y conviertes eso en un círculo vicioso que no te hace feliz".

- Algunos aventuraron cifras: un millón, cinco millones (de dólares) y alguien más dijo que 600 millones de dólares le parecerían buenos y que, ante la protesta de otro tuitero, eso le alcanzaría para pagar un psicólogo para adaptarse a su nueva condición de rico.

- Como conclusión podría usar otro *tuit*, ahora de @gus29k: "de nada sirve si no lo sabes gastar".

- Alguien más, @lorenzo_gc, dijo que "el dinero no tiene relación con la felicidad, pero definitivamente sí da tranquilidad".

Después de esas buenas reflexiones, ahora sí te digo la cifra que debes ganar para ser feliz: 75 mil dólares al año, si eres estadounidense. Según un sesudo estudio, en el que participó el premio Nobel de Economía, Daniel Kahneman, más allá de esa cifra, cuando crece el ingreso ya no crece tanto el bienestar inmediato de la persona.[3] Esta cantidad es más o menos lo que gana una persona de clase media en Estados Unidos. En México, para tener un nivel similar, se requerirían unos 575 mil pesos al año, o un sueldo mensual de alrededor de cuarenta mil pesos.[4]

El estudio de Kahneman y Angus Deaton se hizo entre una gran cantidad de personas en Estados Unidos y se buscaron respuestas para dos temas básicos:

(1) **Bienestar emocional,** para lo cual se hicieron preguntas sobre experiencias emocionales el día anterior. A este tema también se le llama "felicidad experimentada" y se refiere a la calidad de las emociones sentidas ayer; por ejemplo, si sintieron ansiedad, tristeza, alegría o si sonrieron.

(2) **Satisfacción con la vida como un todo.** Se les hicieron preguntas sobre cómo se sentían con sus logros a lo largo de la vida.

Las respuestas se relacionaron con el nivel de ingresos de los encuestados. Encontraron que entre las personas con menores recursos había un menor bienestar emocional y una menor satisfacción con la vida que entre los participantes que tenían ingresos mayores. Hasta cierto punto, a medida que crecían los ingresos de los encuestados, crecía su sensación de bienestar emocional. Y subrayo hasta cierto punto. Pasados los 75 mil dólares anuales, los incrementos en el nivel de ingresos ya no tenían tanto impacto en la felicidad experimentada.

El ingreso sí tenía un impacto más importante en la satisfacción con la vida. Los que tienen más dinero tienden a sentirse más satisfechos, pero eso no significa que sean más felices cuando tienen más riquezas (tampoco que rechacen los aumentos salariales).

Kahneman y Deaton aclaran que "más dinero no necesariamente compra más felicidad", pero lo que sí puede asegurarse es que al tener menos dinero tienes dolor emocional.

¿Por qué la barrera de los 75 mil dólares anuales? Es probable que después de ese umbral, el aumento del ingreso no esté acompañado por un incremento en la capacidad de la gente para hacer lo que más importa para su bienestar emocional, como pasar tiempo con los seres queridos, evitar el dolor y la enfermedad y disfrutar el tiempo libre, dicen estos investigadores.

No creas que cuando pasas cierto umbral ya no te importa ganar o perder dinero. Sí, lo sientes, pero para aumentar tu bienestar emocional necesitarías cambiar otros factores, como tu temperamento o las circunstancias de tu vida. Para volver a José Alfredo, si tienes el dinero y no tienes amor, no puedes disfrutar mucho, porque como dice la canción, "el cariño comprado ni sabe querernos ni puede ser fiel".

Y aquí aparecen las recochinas envidias. Como cuenta un artículo de la revista *Forbes*,[5] se ha demostrado que la gente con más dinero tiene una mayor felicidad que la de menos recursos. Desde 1974, Richard Easterlin propuso la teoría de que, dentro de cada país, la gente más rica es más feliz que la más pobre. Sin embargo, esa teoría llevaba una paradoja: después de cierto nivel de ingresos ya no hay más felicidad para los más ricos. Es decir, el nivel de ingresos sí podía explicar la felicidad relativa, pero un aumento en ese ingreso no te produce más felicidad. Lo anterior podría explicarse porque hay un **punto de saciedad**.

Hay otro teórico, Richard Layard, que dice que una vez que la gente llega a satisfacer sus necesidades básicas, la felicidad se **empareja**[6] y ya no tiende a crecer en los países ricos. Layard cuenta que, desde 1950, Estados Unidos reporta los mismos niveles de felicidad, a pesar de altos incrementos en el ingreso a todos los niveles sociales. A nivel individual sí hay un aumento en la felicidad por un incremento en la riqueza, pero puede entrar el ruido cuando un individuo se compara con su vecino. Si el individuo no se considera tan rico en comparación con otro, entonces no aumenta su felicidad.

Ahí ya entra la comparación con otros. Pero compararte con alguien mejor que tú puede hacerte infeliz, ya sea que hables de dinero, de aspecto físico o de capacidad para jugar futbol. Es muy chistoso, porque a ti te puede amargar que tu vecino, tu amigo o tu compañero de oficina, en especial este último, gane más que tú, pero es muy difícil que el que gana más obtenga una felicidad comparable a la amargura que te causa a ti la diferencia de ingresos a su favor.

Esto tiene que ver con algo que te comenté en un capítulo anterior, cuando mencioné que los humanos tenemos una gran aversión a la pérdida. Si sientes que alguien logró una oportunidad que tú sientes que debería haber sido para ti, entonces sientes un dolor mayor que si tú le ganas a alguien esa oportunidad.

Para que no te vayas sin una conclusión, te platico de otro estudio realizado por Betsey Stevenson y Justin Wolfers que confirmó que sí, más dinero sí da más felicidad. Según el estudio, 35% de la gente que gana menos de 35 mil dólares en Estados Unidos se reporta "muy feliz", una situación que reportan 100% de los que ganan más de 500 mil.[7]

Felicidad ilimitada

Entonces ganar más sí contribuye a tu bienestar emocional, o a tu felicidad percibida. Todavía está más claro que puede aumentar tu satisfacción con la vida, pero todo tiene un límite. Si ganas más y más dinero y empiezas a desear más y más cosas, entonces tampoco vas a conseguir la felicidad.

Para que el aumento en tus ingresos tenga efectos en tu felicidad, tendrías que tranquilizar tus deseos. "El dinero puede aumentar la felicidad si permite a la gente obtener más de las cosas que necesita y desea", dice el psicólogo Edward Diener.[8] Esto suena obvio pero no lo es tanto. Ya lo lograste, ya ganas más que tu vecino, ya vives en una mejor colonia y tienes un automóvil con tantas funciones en el tablero que no sabes ni para qué sirven. Ya no tienes que sufrir por las carencias... a menos que con el mayor dinero te hayan llegado mayores deseos. Quiere decir que ya te habituaste a ser un ricachón y ahora quisieras más cosas, lo cual te vuelve infeliz.

Para eso no hay mucha salvación, salvo decirte que **ya le pares a tus ambiciones**. Que está bien que busques el siguiente yate, pero que está muy ridículo que no tenerlo te reste felicidad.

Ese tipo de consejos ya los sabían los filósofos antiguos. Epicuro fue un filósofo nacido en el 341 a.C. y la historia lo ha identificado como un amante de los placeres. Sí, le gustaban, pero lo que también predicaba Epicuro es que los placeres no tendrían por qué esclavizarte. El filósofo dividía en tres grandes grupos las necesidades del humano:

✔ las naturales,

✔ las naturales y no necesarias, y

✔ las no naturales

Entre las naturales estaban aquellas cosas capaces de garantizarte la felicidad: los bienes básicos, la posibilidad de tener libertad, la amistad y la reflexión (es que en aquel tiempo no había televisión ni *Facebook* ni *YouTube* y no tenían más remedio que entretenerse con su pensamiento). Las naturales y no necesarias son aquellas que sentimos pero que no son esenciales para la vida. O sea que se vale sentir la necesidad de una gran casa bien decorada, de baños privados, sirvientes y la última versión del *iPhone*, pero no tenerlos no tendría por qué aumentar tus penas. Y por último están las no naturales, que son el deseo de tener fama y poder.[9]

Cuando te habitúas a lo que tienes, puedes sufrir menos y hasta sentir más felicidad. Así no tienes que obsesionarte por conseguir el dinero. Ya veremos en el capítulo sobre la relación entre dinero y trabajo que no hay que confundir uno con otro.

Es verdad: para tener dinero hay que trabajarle, pero no necesariamente por matarte haciendo lo mismo vas a ganar más. Llega un momento en el que ya no te pagarán más por tus canastas o por tus cuentas de contador, así que tienes que buscar la manera de que tu tiempo se traduzca en más dinero... o en mejores experiencias.

Puede haber demasiada felicidad

Hay cosas de las que no puede haber demasiado. Voy a ponerme purista del lenguaje, pero ahora los jóvenes en México dicen "te amo demasiado" cuando quieren decir "te amo". Amar a alguien demasiado significaría que el amor es malo después de cierto límite. No puede haber demasiado amor; tampoco demasiada felicidad. ¿O sí?

Hay quien dice que no deberíamos ser tan materialistas y no fincar la felicidad en posesiones tangibles. Quien lo dice suele poner como ejemplo que hay pobres que son felices y contar, una vez más, aquel cuento de la camisa del hombre feliz que dice, en pocas palabras, que para ser feliz no se requiere siquiera tener una camisa.

Esto suele ser peligroso. Hay cierto placer folclórico, es decir, que los muy pobres se adaptan a condiciones lamentables y que aun así son felices, así que ya podemos olvidarnos de ellos.

> Nuestra disposición mental y nuestros deseos tienden a ajustarse a las circunstancias, en especial para hacer la vida tolerable en situaciones adversas.
>
> -AMARTYA SEN, premio Nobel de Economía.[10]

Así que decir que el dinero no compra la felicidad puede estar bien para calmar tus ímpetus consumistas, pero no es una buena idea para olvidar a las clases más desfavorecidas.

> La gente desesperadamente pobre puede carecer del coraje para desear cualquier cambio radical y típicamente tiende a ajustar sus deseos y expectativas a lo poco que ve como factible. Se entrena para disfrutar de las pequeñas misericordias.
>
> -AMARTYA SEN[11]

En realidad no se trata de ser felices todo el tiempo. Algo de descontento creativo es bueno para demandar cambios sociales.

¿Por qué importa la felicidad?

Richard Layard, de quien ya te había platicado más arriba, ha logrado que se hagan mediciones de la felicidad entre diferentes países. En la más reciente encontró que los diez países que se reportaron más felices están entre los de mejor nivel de vida y más igualdad en el reparto de la riqueza. Los diez países más felices fueron Dinamarca, Noruega, Suiza, los Países Bajos, Suecia, Finlandia, Austria, Islandia y Australia. La riqueza, una mayor igualdad entre los ingresos de los habitantes y el frío son los elementos comunes en los nueve primeros.[12]

Justo después del país número 10 empiezan a colarse naciones que no tienen tan altos niveles de bienestar económico. Una cosa sí está clara: entre los diez países más infelices no hay ninguno que sea rico.

Las personas reportan un menor nivel de bienestar emocional en países que han vivido situaciones de crisis, que las llevaron a disminuir su nivel de vida y a sufrir un mayor estrés por estar desempleadas, tener un vecino desempleado o sentir que pueden perder el empleo. Este descenso en el bienestar emocional se encontró en los países europeos más afectados por la crisis económica de 2008 y 2009.

Aun así, también en este estudio se encontró que las circunstancias económicas influyen más en cómo evalúa cada quien su vida que en cómo se sintió ayer a nivel emocional. Esta conclusión es más o menos obvia: si tienes un buen nivel de ingresos y ganas más que el vecino, te sientes satisfecho con tus logros pero eso no implica que tendrás más momentos de sonrisas en el día anterior. En cambio, tener alguien con quién contar en tiempos difíciles y tener una sensación de libertad al tomar decisiones importantes en la vida son determinantes fuertes tanto de la evaluación de la vida como de las emociones sentidas un día antes.

Es probable que por eso México se cuele tan arriba en la tabla. Está en el lugar 16 en felicidad que, creo, es más alto que el nivel que le corresponde a su selección de futbol. Y en este lugar está un escalón por arriba de Estados Unidos y le gana al Reino Unido, Francia, Alemania y a todos los países latinoamericanos, excepto Costa Rica y Panamá. Imagínate que nos pregunten cómo nos sentimos ayer o cómo evaluamos nuestra vida un día después de que la selección de futbol ganara un partido importante. Supongo que desplazaríamos a Dinamarca en la lista de los felices (no te apures, eso no va a pasar).

Porque **para nosotros el dinero no es tan importante** para la felicidad. Ahí estamos, muy contentos por arriba de tantos países con un ingreso mucho mayor que el nuestro. Parece que los mexicanos encuestados reportaron haber tenido emociones positivas el día anterior a la encuesta y, en cambio, no se reportaron muy satisfechos con su vida. Porque en eso no andamos tan bien.

Hay otra encuesta de la Organización Económica para la Cooperación y el Desarrollo, un club de 34 países más o menos ricachones, al cual pertenece México, que encontró que los mexicanos no se reportan tan satisfechos con su vida. Está entre los 10 con los ciudadanos menos satisfechos con su vida, por debajo de Brasil, la república Eslovaca y Japón. Eso sí, por arriba de Turquía.

Turquía y México son los países que reportan un peor balance entre vida y trabajo y la calidad de la redes de apoyo; es decir, las relaciones con amigos y familia que podrían apoyar a un individuo en momentos difíciles.[13] A pesar de que los mexicanos se reportan más o menos contentos, por lo pronto tiran por tierra esa idea de la gran familia mexicana que está ahí para apoyar a todos sus miembros, de la que tanto hablaban los comerciales de televisión.

La felicidad puede dar dinero

Si el dinero contribuye a la felicidad, la felicidad también puede contribuir a que tengas más dinero. Un estudio incluido en el reporte sobre felicidad mundial encuentra que ser feliz es benéfico para el éxito en el trabajo porque las personas felices son más productivas, creativas y dispuestas a trabajar en equipo. Según el estudio, los más felices tienen más salud, son más curiosos y creativos. Y el mayor bienestar está asociado con mayor ingreso y con condiciones para mejorar el mismo a lo largo de la vida. Así que a buscar maneras de quitarte lo enojoncito y a tener más amigos.

O sea que lo que deberías buscar es una manera de ser más feliz para que eso se traduzca en una cuenta de ahorros más llena. Hay algunos secretos rápidos de la felicidad. Puede haber condiciones físicas y en el carácter de cada quien que le impidan ser feliz, pero pasadas esas limitaciones, la receta es muy similar a la de la buena salud: comer bien, hacer ejercicio, tener un trabajo satisfactorio y buenas relaciones con familia y amigos.

Lo que sí tenemos claro todos es que no es feliz el tipo de vida que retrata la novela *Un mundo feliz*, en el que el Estado busca que todos estén felices arrebatándoles el esfuerzo para conseguir y pensar las cosas y manteniéndolos medicados.[14]

¿Dónde compro la felicidad?

Lo que compras también puede hacerte feliz, pero depende de qué compres y cuáles sean tus motivos para comprar. Si adquieres cosas por la presión social para tenerlas, no obtendrás tanta satisfacción como si las compras porque estás convencido, según el investigador Ryan Howel, de la San Francisco State University.[15] O sea que si quieres gastar en una camionetota, no te dará tanta felicidad por el solo hecho de que tu vecino la vea en tu cochera como si la compras para irte con tu familión de vacaciones a las montañas.

A fin de cuentas, más allá de los gastos básicos en comida, las compras que más felicidad te reportan son las que haces en **experiencias**, porque son únicas. Como dice Jeffrey Kluger en un artículo de la revista *Time*,

> tus zapatos no son únicos; tu pantalla de televisión no es única. Tus vacaciones a Roma o tu viaje de campamento con tu familia son más particularmente tuyas porque nadie más en el mundo ha hecho exactamente eso o lo ha compartido con las mismas personas.[16]

Hay algo malo en comprar cosas para ser feliz. "Estamos felices con las cosas, hasta que encontramos que hay otras cosas mejores disponibles", sentencian Elizabeth Dunn y Michael Norton, dos investigadores que se han dedicado a descubrir cómo es que el dinero puede comprar la felicidad.[17]

En su libro *Happy Money (o Dinero feliz)*, Dunn y Norton enumeran en qué hay que gastar para que el dinero te haga feliz:

h) En comprar experiencias.

i) En convertir tu compra en un premio.

j) En comprarte tiempo. Sirve pagarle a otros para que hagan tus tareas tediosas y tú tengas tiempo para disfrutar con tu familia. O sea que tal vez no sea tan mala idea contratar a un cocinero o una cocinera para que tú no pierdas tiempo y desperdicies tu buen humor en preparar la comida de todos los días y puedas dedicar un rato más a convivir con los hijos.

k) Paga ahora y consume después; es decir, retrasar el consumo de algo puede incrementar el goce de algún objeto o experiencia, porque también disfrutarás el proceso de planear y de imaginar lo que vas a comprar.

l) Invertir en otros. Gastar dinero para comprarle algo a otra persona puede incrementar más tu felicidad que comprarte algo a ti mismo.

Veamos cada una de esas fórmulas.

1. Comprar experiencias o experiencia mata objeto. Dunn y Norton citan estudios de ellos y de otros investigadores en los cuales se demuestra que es mucho más fructífero gastar en experiencias que en comprar algo concreto. Suena muy obvio que ir, solo y triste, a comprar otro par de zapatos que nunca vas a usar te producirá menos felicidad que pagar una escapada de fin de semana a un bonito pueblito junto con tu pareja. Pero la idea de que experiencia mata cosita es tan fuerte que Dunn y Norton dicen que ni siquiera la compra de una casa le gana a una experiencia muy divertida. "Casi no hay evidencias de que comprar una casa —o una casa mejor y más nueva— incremente la felicidad".[18]

¿Se podrán comparar peras con manzanas? Ya sé, hagamos un experimento. Hoy le avisas a tu pareja que ya compraste los boletos de avión y pagaste el hotel para viajar a Zanzíbar y pasar dos semanas en el Serengeti, lo que de seguro será una experiencia inolvidable y que solo costará los 300 mil pesos (más el viaje a Nueva York) que ya estaban apartados para el enganche de una casa de tres recámaras y dos lugares de estacionamiento en el barrio más elegante de tu ciudad. Cuando veas la cara que pone, le dices que tomaste esa brillante decisión porque leíste en un libro que ni siquiera comprar una casa mataba la felicidad que una experiencia inolvidable podría proporcionarte.

Tendría que haber un límite para comparar experiencias con la adquisición de cosas, y eso depende de tu presupuesto y tu razonamiento. Sí, claro que es mejor ir con amigos a un concierto que comprarte otro par de zapatos que guardarás en tu clóset.

El mensaje tendría que ser que no te concentres solo en acumular las cosas materiales. Podrías reducir tu aspiración de comprar la vivienda que apantalle a todos tus conocidos y quedarte con una casa cómoda, segura y sin goteras, y con el dinero que dejas de gastar en un castillo, pagarte un viaje para visitar los palacios de Francia. Hay argumentos a favor de las experiencias: te ayudan a conectar con otras personas, y uno siempre es más feliz en compañía.

Además, conviene que tengas una reserva de recuerdos. Es como un archivo del que puedes sacar historias para contar en las comidas o a partir de las cuales puedes volver a vivir emociones agradables. Los dolores tras correr un maratón, caerte de la bicicleta frente a tus amigos cuando ya eres un adulto o las dificultades para encontrar un baño en una montaña de Ecuador o de Nepal pueden ser un tanto desagradables en el momento de vivirlas, pero se convierten después en muchas carcajadas y sonrisas cuando las recuerdas o las compartes con alguien más. "Las cosas que son difíciles de enfrentar pueden ser dulces para recordar", diría Séneca,[19] un filósofo que empezó con eso del estoicismo, que consiste en reconocer que la vida es así, de manera que más vale no amargarse mucho con lo que te pasa.

2. **Convertir tu compra en un premio.** Es probable que te encante la bebida de cajeta *latte* de Starbucks, con "nuestro intenso *espresso* decorado con crema batida, espiral de caramelo"[20] y que estés dispuesto a pagar la cuarta parte de lo que ganas en un día con tal de tomarlo. Qué bueno que ya hayas encontrado lo que te gusta. El peligro es que ese gusto se convierta en una rutina. Que lo compres porque pasaste por ahí, porque estabas aburrido en tu casa, porque se te ocurrió. La recomendación sería convertir ese consumo en una ocasión especial.

La teoría económica lo ha dicho desde hace mucho tiempo: hay una utilidad decreciente en el consumo. Quiere decir que si comes una galleta *Mamut* vas a disfrutarla, pero si te comes una más justo después ya no te gustará tanto. Ya no digamos de la tercera al hilo. Tienes que reconocer que te acostumbras a las cosas. Convertir la compra de tus cosas favoritas en una ceremonia puede hacer que las disfrutes más.

Que conste que esto no significa que te conviertas en un aventurero y empieces a consumir siempre algo nuevo. No, no. Porque entonces te volverás adicto a gastar en probar cosas para ver si algo te vuelve a provocar la felicidad que te causó tu primer cajeta *latte*. La búsqueda de nuevos placeres también puede volverse tediosa.

3. **Comprarte tiempo.** Tan sencillo como pagarle a alguien para que haga las tareas que a ti no te parecen tan interesantes, con la condición de dedicar tu tiempo a las cosas que en verdad te gustan. Tendrías que analizar bien para qué te compras el tiempo. Tal vez consideres comprar la comida hecha para ahorrarte el tedio de prepararla tú todos los días. Y tal vez con eso te pierdas la oportunidad de pasar una tarde lluviosa, con amigos, preparando una rica pizza.

Hay otras formas de comprar tiempo que sugieren Dunn y Norton. Por ejemplo, si adquieres un perro. ¿Cómo está eso? El perro te cambiará la forma como usas tu tiempo libre. En lugar de quedarte en la casa a ver un capítulo más de la serie a la cual te volviste adicto, tendrás que llevar el perro a pasear, lo que te permitirá tomar algo de aire fresco y entablar conversación con esa nueva vecina.

Para disfrutar el tiempo por el que estás pagando, conviene que dejes de calcular cuánto estarías ganando al disfrutar algo, como jugar con tus hijos o ir a un concierto.

4. **Paga ahora y consume después.** Cuando apartas el dinero para pagar algo que disfrutarás después, empiezas a disfrutarlo desde ahora. Es el placer de la anticipación de un placer.

5. **Invertir en otros.** Según las investigaciones de estos dos autores, gastar en otros, como por ejemplo comprarle algo a tu mamá o hacer un donativo a una escuela para niños de bajos recursos económicos, puede hacerte sentir más felicidad que gastar esa misma cantidad en ti. No se trata de dar regalos a alguien que ya está aburrido de recibir regalos, porque entonces a ti te duele gastar y esa persona ni siquiera encontrará lugar en el ropero para guardar la corbatota con colores de payaso que le diste.

Si quieres gastar en algo que te haga feliz, en lugar de comprar cosas, adquiere experiencias.

Referencias:

[1] Sobre Bentham: Ubel, Peter, *Free Market Madness, Why Human Nature is at Odds with Economics and Why it Matters*, Boston, Harvard Business School Publishings, 2009. La reliquia de Bentham es conocida como el *Auto-Icon*, su esqueleto y una cabeza de cera arriba, y se puede ver en los South Cloisters de la University College London o en Internet: http://www.ucl.ac.uk/Bentham-Project/who/autoicon/Virtual_Auto_Icon

Dicen que en los consejos de la escuela se pasa lista y que, cuando se llega a Jeremy Bentham, la respuesta es "presente pero no vota". Bonita historia, pero un mito según el mismo sitio de la institución.

(2) Ubel, Peter, *ob. cit.*, p. 200.

(3) Kahneman, Daniel y Deaton, Angus, "High income improves evaluation of life but not emotional well-being". Center for Health and Well-Being. Princeton University, Princeton, 4 de agosto de 2010. En http://www.pnas.org/content/107/38/16489.full.pdf+html. Consultado el 11 de septiembre de 2013.

Ver también "Happiness is Love - and $75,000", en *Gallup Business Journal*, 17 de noviembre de 2011. En http://businessjournal.gallup.com/content/150671/happiness-is-love-and-75k.aspx#1. Consultado el 11 de septiembre de 2013.

(4) No te imagines que se convierten los 75 mil dólares anuales nada más a pesos para calcular lo que significarían en México. Ya habrás notado que las cosas no valen igual en Estados Unidos que en México. Es probable que tú tengas tu propia forma de convertir tu poder de compra. Por ejemplo, habrás visto que allá son mucho más baratas algunas cosas que te interesaría comprar. Unos bóxer de *Calvin Klein* cuestan en México 457 pesos y en Estados Unidos diez dólares, o sea que serían unos 130 pesos. Pero un kilo de limones en México cuesta 14.90 pesos en un supermercado caro y un limón cuesta un dólar en Estados Unidos (o sea que el kilo andaría como en cien pesos). Un departamento de lujo en la ciudad de México tiene un precio que podría matar de risa por lo bajo si se compara con uno de un barrio de clase media en Los Ángeles. Ese tipo de comparaciones ya se les ocurrió a los economistas. Hay un programa para definir las paridades del poder de compra, de Eurostat-OCDE, en el que México participa desde 1996. En julio de 2013, con este programa se podía saber que se requerían 7.67 pesos mexicanos para comprar en México lo que en Estados Unidos se compraría con un dólar. Tú no empieces a protestar, que si allá el nivel de vida es mayor (sí) y que si allá ganan más (precisamente) que aquí. El caso es que los 75 mil dólares mínimos para la felicidad equivaldrían en México a 575,250 pesos al año; es decir, un ingreso mensual de 47,937 pesos. "Informa INEGI sobre paridades de poder de compra (PPC)". Boletín de prensa núm. 281/13, 23 de julio de 2013. Consultado en Internet el 12 de septiembre de 2013:

http://www.inegi.org.mx/inegi/contenidos/espanol/prensa/boletines/boletin/Comunicados/Especiales/2013/Julio/comunica6.pdf

(5) Adam, Susan, "Money does Buy Happiness Says New Study", *Forbes*, 10 de mayo de 2013. Consultado el 11 de septiembre de 2013.

http://www.forbes.com/sites/susanadams/2013/05/10/money-does-buy-happiness-says-new-study/

(6) Layard, Richard, Mayraz, Guy y Nickell, Stephen, "Does Relative Income Matter?", documento de trabajo núm. 918 del CEP, marzo de 2009. Con-

sultado el 12 de septiembre de 2013. En http://cep.lse.ac.uk/pubs/download/dp0918.pdf

[7] Adam, Susan, *ob. cit.*, y Stevenson, Betsey y Wolfers, Justin, "Subjective Well-Being and Income. Is There Any Evidence of Satiation?", publicado en www.brookings.edu

http://www.brookings.edu/~/media/research/files/papers/2013/04/subjective%20well%20being%20income/subjective%20well%20being%20income.pdf

[8] Kluger, Jeffrey, "The Happiness of Pursuit. Americans are free to pursue happiness, but there's no guarantee we'll achieve it. The secret is knowing how -and where- to look", Revista *Time*, 8 al 15 de julio de 2013, pp. 71-72.

[9] De Botton, Alain, *Las consolaciones de la filosofía*, Madrid, Santillana, 2006, pp. 85-87.

[10] Sen, Amartya, *La idea de la justicia*, México, Taurus, 2010, p. 305.

[11] Sen, Amartya, *ob. cit.*, pp. 312-313.

[12] Helliwell, John, Layard, Richard y Sachs, Jeffrey (eds.), World Happiness Report 2013. Sustainable Development Solutions Network, a Global Initiative for the United Nations, 9 de septiembre de 2013. En http://unsdsn.org/files/2013/09/WorldHappinessReport2013_online.pdf

[13] OECD Better Life Index. Publicado en el sitio de la OCDE. Consultado el 10 de septiembre de 2013. En www.oecdbetterlifeindex.org

[14] Kluger, Jeffrey, *ob. cit.*, pp. 70-72.

[15] Kluger, Jeffrey, *ibídem*.

[16] De Neve, Jan Emmanuel, Diener, Ed, Tay, Louis y Xuereb, Cody, "The objective benefits of subjective well-being", capítulo 4 del World Happiness Report 2013, pp. 61-64.

[17] Dunn, Elizabeth y Norton, Michael, *Happy Money. The Science of Smarter Spending*, Nueva York, Simon & Schuster, 2013, p. 17.

[18] Dunn y Norton, *ob. cit.*, p. 1.

[12] Séneca, citado por Dunn y Norton, *ob. cit.*, p. 15.

[20] Descripción de una bebida cajeta *latte* en el sitio de Starbucks. Consultado el 13 de septiembre de 2013. En http://www.starbucks.com.mx/productos/bebidas/bebidas-a-base-de-espresso

Lectura recomendada:

• Marinoff, Lou, *Más Platón y menos Prozac*, Barcelona, Ediciones B, 2004.

Parte III

Cómo sacarle más partido a tu dinero

En esta parte...

- Comprenderemos qué es un patrimonio, cómo calcularlo y para qué sirve.

- Analizaremos para qué sirven los bancos y cuándo recurrir a otras instituciones.

- Te sugeriré algunos instrumentos de inversión para que tu dinero sea productivo.

- Te ayudaré a decidir qué te conviene más: ¿rentar o comprar casa con hipoteca?

- ¡Veremos crecer tu dinero!

- Aprenderás sobre planes de retiro y decidirás qué es lo que más te conviene para el futuro.

Capítulo 11

Cómo crear tu patrimonio

· ·

En este capítulo:

▶ Identificaremos qué te conviene acumular para que vivas más seguro, tranquilo y productivo.

▶ Descubriremos para qué trabajas tanto.

· ·

Se descuelga desde la media cancha, con el balón pegado a los pies. Se topa con una fortaleza formada por los jugadores del equipo contrario. Patea el balón y los defensivos de pronto se convierten en meros troncos; parece que el resto del mundo se detuvo y solo se mueve él, con su balón en los pies. Lo centra y, ¡golaaazo de George Best! Un joven de unos veinte años, con peinado de Beatle y una cara que le valió el nombre del "niño bonito del futbol bonito".

Best fue uno de los primeros futbolistas convertidos en celebridad de la historia. Mucho antes de que Beckham o Cristiano Ronaldo usaran sus ratos libres para modelar (o para jugar futbol, como lo quieras ver), en los años sesenta y setenta, George Best ya anotaba unos goles de antología como jugador del Manchester United y llevaba una vida de estrella. Su buena fortuna en esas décadas es tan famosa como su mala pata, al final de su carrera. Dale una búsqueda en Google y aparecen decenas de videos en YouTube y Vimeo con sus espectaculares goles. Le faltó disciplina, dicen ahora. Nunca fue a la final de la Eurocopa ni a un Mundial de Futbol. De las glorias del Manchester United pasó a equipos célebremente desconocidos como los Terremotos de San José o los Strickers de Fort Lauderdale.

Todavía en esos equipos hizo algunos goles notables, como puede verse en un video de YouTube. Jugaba con los Terremotos, aparece como torbellino en terreno enemigo y se enfrenta a lo que parecen 35 asustados defensas del Strickers. Los burla a todos y cada uno y termina por anotar otro golazo más en su carrera. No les digas a los Strickers, pero la escena es como si Carlos Vela, uno de los jugadores más destacados de México, se enfrentara, solo, contra el equipo en el que yo jugaba en mi empresa (nos habría puesto una goliza, por si querías que lo dijera en voz alta). O sea que los pobres Strickers no tenían nada que hacer contra George Best, quien ya había dejado atrás sus mejores años.[1]

En fin, que Best tenía una vida de excesos. Tanto que en una película de finales del siglo pasado, *Trainspotting*, dos tipos que se cuestionan la vida dicen que después de la gloria siempre viene una triste decadencia, y ponen como primer ejemplo a George Best. "Lo tienes y entonces lo pierdes y se va para siempre. En todas las áreas de la vida: George Best, por ejemplo. Lo tenía y lo perdió", dice uno de los personajes.[2] No te asustes, no vamos a meternos en la filosofía de que "nada te llevarás cuando te marches", como cantaba Napoleón. Pero sí hay que plantearse esta pregunta: ¿Para qué te esfuerzas tanto?

Va de nuevo: ¿para qué te esfuerzas tanto?

Ah, es una pregunta que ya te habías hecho antes. Por eso, cuando te compras algo caro y gastas mucho en una comida con amigos, sale la frase de "para eso trabajo". Como decía Best: "Gasté mucho dinero en alcohol, chicas y autos deportivos. El resto lo desperdicié". Es difícil pelear contra esa frase. Por eso nadie le hace caso a los especialistas en finanzas personales cuando dan la lata de que hay que ahorrar: porque no dejan claro para qué.

Imagina que el dinero es como un río. Baja de la montaña, va nutriendo las plantitas en sus orillas y se va. Qué bueno que lo disfrutas. Lo ganas trabajando duro y luego lo gastas. A un río se le puede poner un dique, para que no todo se vaya y pueda usarse después. Lo mismo puede hacerse con el dinero: puedes acumularlo en algo para que puedas disfrutarlo. Eso es crear un **patrimonio**.

El otro día, en una conferencia de prensa, Gianco Abundiz, un especialista en finanzas personales, preguntaba a los periodistas presentes que si sabían cuánto dinero había pasado por sus manos a lo largo de sus vidas (te puedo decir que no mucho, porque los sueldos de los reporteros no son como para soltar las campanas). Y después hizo la pregunta incómoda de dónde se había quedado ese dinero. Mi vida pasó frente a mis ojos. ¿En qué convertí mi dinero? Después de gastar en casa, comida y sustento, algo extra me debió quedar. Seguro se convirtió en experiencias agradables. Abundiz complicó más la pregunta: ¿Qué tengo ahora que podría convertirse de nuevo en dinero? Alguien levantó la mano y dijo que "su título profesional". Pues no, el título profesional te da la capacidad de trabajar para ganar dinero, pero por sí mismo no se convierte en dinero.

Nada de trampas: de lo que tienes hoy, ¿qué podrías convertir en dinero para pagar tu casa, vestido y sustento y uno que otro vodka?

Tu patrimonio es lo que tienes ahora que puedes convertir en dinero. No es que lo vayas a convertir, pero es la manera de dejar claro que es algo tangible.

Tú quieres tener un patrimonio porque te sirve para:

✔ **Vivir seguro y tranquilo.** Por ejemplo, tener una casa en la cual vivir.

✔ **Disfrutar.** También es parte de tu patrimonio esa mesa del comedor en la que pasas tantas tardes tan agradables.

✔ **Para generar más dinero.** Aquí es cuando el patrimonio se convierte en capital. Por ejemplo, tienes un departamentito que alquilas o tienes una cuenta de inversión que te genera ganancias.

Por dónde empezar

Ya te sabes la cantaleta de que mientras más joven empieces, mejor. Me recuerda la historia de mi amiga Brígida, que desde que tenía cerca de veinte años de edad empezó a guardar una partecita de sus primeros sueldos en monos de peluche. Supongo que los novios le regalaban monos de peluche, así que no me preguntes por qué se le ocurrió guardar ahí el dinero. ¡Ay, qué bonito puerquito! Tiene cinco mil pesos, o que el osito, con otros diez mil pesos. En cuanto pudo, cambió ese dinero por algo tangible, un automóvil, que le servía para llegar más pronto a su empleo. Conservó la costumbre de ahorrar y en cuanto juntó suficiente, dio el enganche de un pequeño departamento y como ya sabía vivir con solo una parte de su sueldo, le fue fácil pagar las mensualidades de la hipoteca.

Después vendió el departamento y compró una casa pequeñita. Se fue a estudiar al extranjero y no murió de hambre y frío en Seattle gracias a que completó su beca con lo que ganaba por alquilar la casa.

Lo importante con Brígida es que siempre quiso convertir su dinero en algo tangible, que le diera seguridad.

Tú también podrías copiarle. Son tres pasos:

1. **Empezar desde joven.** Si empiezas a ahorrar diez pesos a la quincena y a meterlos a ositos de peluche, cuando tienes cuarenta años de edad, vas a verte un poco ridículo. Mejor empieza desde joven. Los ositos de peluche son una historia muy mona, pero tú puedes obtener mejores condiciones. Podrías abrir una cuenta de ahorro en un banco o, mejor aún, en el sitio de Internet cetesdirecto.com. Allí hay un servicio de "ahorro recurrente". Tú les dices cada cuánto tiempo te descuentan de

tu cuenta de banco o de tu cuenta de nómina y ya ni sientes el dolor cada vez que te desprendes de tu dinero. La siguiente vez que te asomes verás que ya se hizo un montoncito. Si tu objetivo es para dentro de seis meses, incluso podrías poner una parte de tu ahorro en tu afore (si la tienes; si no la tienes, sería bueno que la contrataras).

2. **Brincar de un objetivo a otro.** Nótese que los objetivos de ahorro de Brígida eran para tener algo tangible, que después podría convertir en dinero de nuevo. O sea que el objetivo de ahorro de ir de vacaciones a Puerto Vallarta o de comprarte la última última *tablet* no cuenta. Esos objetivos no sirven para ponerle un dique a tu dinero. Fuera de la meta de comprar el coche, que le servía para trabajar, cada uno de sus objetivos de ahorro era para comprar un bien que después podría alquilar o convertir en dinero.

El auto puede convertirse en dinero pero tú sabes que pierde valor con más rapidez que un bien raíz. Ya no se diga lo que le pasa a una computadora o una *tablet*, que ya nadie quiere comprarte a los cuatro minutos de que la adquiriste. Que quede claro entonces: que los objetivos de tu ahorro sean por algo **tangible**.

3. **Convertir el ahorro en una costumbre.** Ya que te metes en la inercia de juntar dinero para conseguir un objetivo, empiezan a gustarte los resultados. Por ejemplo, está bonito eso de que tu departamentito, por más pequeño que sea, te sirva para pagar una parte de tus estudios en Seattle o en Boston. Es como ponerle una escala a tu dinero. En lugar de gastarlo directamente, lo gastas en algo que te dará seguridad para poder gastar después.

¿Qué cuenta como patrimonio? **Todo lo que puedas convertir en dinero.** Entonces es patrimonio tu casa, tu coche, algunos abrigos de pieles o chamarras de cuero, las joyas, el perchero de las toallas, ¡ah, no, es una caminadora!, la mesa del comedor, la vajilla de tu abuela y el asador.

Cuánto es conveniente acumular

Muy bien, ya sabes que debes tener patrimonio y leíste los tres sencillos pasos para empezar a construirlo. Pero, ¿cuánto deberías tener? Pareciera que nunca es suficiente. Sí, sí, acumular casas, joyas y yates a todos se nos antoja, pero mantener el patrimonio requiere también dinero y esfuerzo. Si tienes casas, debes pagar predial; si joyas, necesitas dónde guardarlas. Comprar algo y tenerlo guardado también representa un costo para ti, porque tal vez el dinero que gastaste en comprar ese objeto podrías emplearlo mejor en otra cosa que no perdiera tanto valor con los años.

Puedes llegar a tener una gran herencia, pero mantenerla implica una responsabilidad para ti.

Había una vez en la lejana Rusia una familia que heredó una bella mansión con un jardín de cerezos en el fondo. Imagínate la belleza de los cerezos en flor o las varas de los árboles con el cielo blanco de un frío invierno como fondo. Pero la familia, demasiado buena para disfrutar de los placeres de una vida privilegiada, se olvidó de mantener su propiedad. "No hacemos más que filosofar, nos lamentamos de nuestro tedio o bebemos vodka", dice uno de los personajes de esta historia. En cambio, lo que deberían hacer es rescatar lo que tienen y para eso se requiere "un trabajo extraordinario e ininterrumpido".

¿Cómo? ¿Ahora resulta que te volverás esclavo de tu patrimonio? No, no es para tanto, pero sí tienes que considerar que el patrimonio debe ayudarte a ti y que debe estar de acuerdo con tus **posibilidades**. Más allá de eso, sí estarías esclavizándote. Sí, sí requieres ese trabajo extraordinario e ininterrumpido, como dice ese personaje de la obra *El jardín de los cerezos*, de Anton Chéjov.[3]

Si ya empieza a esclavizarte ese trabajo, quiere decir que no tienes un patrimonio adecuado para ti y que tus objetivos son demasiado ambiciosos para este momento de tu vida. La familia Ranevsky, la propietaria del jardín de los cerezos, "no trabajó para mantener su dinero", sentencia un financiero que en un próximo capítulo nos ayudará a entender cómo invertir para ganar más.[4]

El patrimonio que te conviene depende de tu edad. Es probable que creas que porque tienes una casota ya estás seguro, pero puede haber cambios en tu vida. Cuando eres mayorcito, y no me refiero a que ya puedas votar sino a que tienes más de 65 o setenta años de edad, tal vez la casa te quede grande, porque ya no están por ahí correteando tus pequeños vástagos y además necesitas gastar en un trasplante de cadera o en medicinas. Tienes una gran casa pero no cuentas con dinero a la mano para gastar.

No se vale que mueras de hambre en medio de un palacio, de manera que tendrás que equilibrar cuánto dinero tienes en bienes raíces y cuánto deberías tener en alguna cuenta para solventar tus gastos diarios.

La posibilidad de que tu casa te quede grande está ilustrada también en aquel cuento de Óscar Wilde, *El gigante egoísta*, que cerró su jardín para que no entraran los malditos chiquillos a jugar en él. Sin la alegría de los pequeños, el invierno se instaló en el jardín y al gigante le dio un ataque de depresión. Ya sabes que el final feliz llega cuando el gigante vuelve a compartir su patrimonio y lo usa para lo que es: disfrutarlo con amigos (música de violines, por favor). O en la película para niños *Monster House*, una casa que devoró a sus dueños.

Así que siempre tendrías que cuestionarte esto: ¿Tu patrimonio te sirve para vivir más seguro, disfrutar y, si es posible, generar más dinero?

Si en lugar de eso te genera dolores de cabeza, entonces tendrías que hacer algunos cambios. Es probable que tengas que vender algún bien, correr a algún inquilino o abrir una cuenta de inversión para modificar el equilibrio de tu patrimonio.

Obviamente, mientras más edad tengas, habría que esperar que tuvieras un mayor patrimonio. Si no lo tienes, entonces debes esforzarte más al paso de los años por acumular algo.

Y ahora sí, las grandes preguntas: ¿De cuánto debe ser mi patrimonio? ¿Y cómo saber cuánto vale ahora?

Ahora vamos a contestar de cuánto debería ser. Un poquito más adelante te digo cómo le haces para calcular cuánto tienes ahora.

Hay algunas fórmulas matemáticas para calcular de cuánto debería ser. Estoy seguro de que tú ya tienes lista la calculadora de tu teléfono inteligente para empezar a sacar cuentas y apretarle al botoncito de elevar a la potencia, o mejor, ya armaste un *Excel* y ya nomás vas a copiar las fórmulas. Estoy seguro de que estás ansioso por hacer eso, pero aguanta, aguanta, que primero veremos para qué debería **servir** tu patrimonio según la edad que tienes. Esa es la primera parte para empezar a calcular el monto ideal.

Tabla 11-1

Edad	Tu situación	Para qué debería servirte
20 años	Estás sano, soltero, tienes tu primer trabajo. Tus papás te dan para la comida. Es más, vives con tus papás.	Para que vaya viéndose un primer montoncito, que te permitirá muy pronto vivir por tu cuenta.
25 años	Ya terminaste la escuela, todavía estás soltero. Tienes un trabajo y ya no vives con tus papás.	Para pagar unos tres meses de tus gastos, en caso de que perdieras tu empleo.

Tabla 11-1 (*Cont.*)

Edad	Tu situación	Para qué debería servirte
30 años	Estás casado y esperas a tu primer hijo. No vives con tus papás.	Para pagar unos tres meses de los gastos de tu familia, para pagar el deducible de un seguro de gastos médicos (porque debes tener un seguro)
35 años	Estás casado, con hijos.	Para enfrentar tus gastos de seis meses en caso de que perdieras el empleo. Para tener dónde vivir. Tal vez la casa no es tuya por completo, pero ya es parcialmente de tu propiedad. Ya debes tener una buena parte de lo que necesitarás para tu retiro. O tal vez rentas y entonces deberías tener un ahorro equivalente a 30% del valor de una casa que te convenga.
50 años	Estás casado, con hijos.	Para enfrentar emergencias, para pagar los deducibles de los seguros de gastos médicos, para estar más tranquilo sobre dónde vives (o bien tener casa o tener un ahorro equivalente a lo que costaría una casa a tu nivel). Tener más tranquilidad para tu retiro.

Según tu edad y tus necesidades podrás ir calculando cuánto patrimonio necesitas. Eso sí, te adelanto que cuando seas viejecito, digamos de 66 años de edad, tendrás que tomar en cuenta que:

✔ Tus papás ya no querrán que vivas con ellos (es que no recoges tus calcetines).

✔ Es probable que ya hayas dejado de trabajar.

✔ Necesitarás tener un comedor en el cual sentar a tus amigos a platicar.

De manera que tu patrimonio tendría que incluir un lugar donde vivir, o la cantidad de dinero necesaria para pagar la renta, y un ahorro o un plan de pensiones suficiente para pagar tus gastos mensuales durante unos 200 meses.

"Ya, ya, dime la cifra." Te digo que no hay una cifra única, porque depende de la edad, pero Adina Chelminsky, una experta en finanzas personales, da una fórmula que puede servirnos para empezar a hacer cálculos.[5]

Ahora sí, tú, el ansioso por sacar la hojita de *Excel*, ya puedes empezar a mover numeritos.

Según ella, la fórmula es:

Patrimonio = (edad X ingreso anual) /10

Esta fórmula es capaz de ponerte a hiperventilar, así que vamos con calma antes de que te pongas a hacer operaciones. La fórmula es muy buena si tienes más de 36 años. Imagínate. Si tienes 36 años y ganas cien pesos mensuales, ya deberías tener un patrimonio equivalente a 4,680 pesos. Momento, antes de que digas que no sé multiplicar, considera que para calcular el ingreso anual hay que multiplicar tu ingreso mensual por 13 y no por 12 (por aquello de que sumas los 12 meses del año más uno extra por el aguinaldo y el fondo de ahorro).

En cambio, si tienes veinte años, ganas cien pesos mensuales en tu primer trabajo, o sea 1,300 al año, ¿cómo le harías para tener el patrimonio al que te obliga la fórmula? Se supone que el patrimonio debería ser de 2,600 pesos, o sea 2 veces tu ingreso en ese año. ¡Auxilio! ¡Es tu primer trabajo! ¿De dónde vas a sacar el dinero? Basta, basta de dramas.

Digamos, nada más, que la fórmula sirve para cuando andas entre los 35 y los 55 años. Para que no te agobies con las operaciones, ya guarda tu calculadora y mira este ejemplo, con sueldos más o menos reales (no de cien pesos mensuales):

Tabla 11-2

Edad	Ingreso mensual (con 12 meses más aguinaldo)	Patrimonio que deberías tener	Cuánto debes ahorrar al mes para conseguirlo.
36 años	$23,300	$1,090,440	Como el 13% de tu ingreso, si empiezas desde los veinte años.
40 años	$26,224	$1,363,666	Cerca de 6% de tu ingreso, si tomas en cuenta el patrimonio que ya tenías acumulado a los 36 años.
50 años	$35,243	$2,290,817	Cerca de 5% de tu ingreso mensual, si no te gastaste el patrimonio que tenías acumulado a los 40.

Tabla 11-2 (*Cont.*)

Edad	Ingreso mensual (con 12 meses más aguinaldo)	Patrimonio que deberías tener	Cuánto debes ahorrar al mes para conseguirlo.
55 años	$40,857	$2,921,253	Poco más de 5% de tu ingreso mensual. Aquí también se supone que vuelves a invertir el patrimonio que ya tenías acumulado. .

Este cuadrito te da una idea de cómo debería lucir tu patrimonio según la edad que tienes. Claro que aquí faltan las advertencias antes de que quieras copiarlo todo y vengas a reclamarme porque no te alcanzó tu patrimonio para vivir feliz de viejito:

a) Yo consideré trece meses por año porque le sumo el **aguinaldo** y el **fondo de ahorro** de fin de año.

b) Hay una **tasa de rendimiento** que hace que tu ahorro vaya creciendo. En el primer periodo imaginé que podías conseguir un rendimiento de 7% anual. Para los demás periodos consideré que solo conseguirás un rendimiento de 4% anual. **Las tasas de rendimiento cambian según los momentos de la economía**. Si guardas el dinero bajo el colchón o si lo que compraste no aumenta de precio y no podrás venderlo más caro después, entonces estás en problemas, porque no tienes una tasa de rendimiento y así tu patrimonio no avanzará a medida que soplas más velitas en el pastel (y menos cuando ya no soples).

c) Considero que la fórmula de Adina es buena para cuando tienes más de 35 años y menos de 55 años, porque después necesitarás tener acumulado un patrimonio aun mayor que el que marca ese cálculo.

d) Debes hacer ejercicio y comer frutas y verduras.

La fórmula que usa Adina Chelminsky es como las rodillas: te funcionan hasta los 55 años. A los 65 años requerirás un patrimonio todavía más grande que la cantidad que da la fórmula porque debe servirte para dos cosas: para que tengas dónde vivir y para obtener una renta que te permita pagar tus alimentos, medicinas, ropa y viajes a lugares exóticos (con que no tengan muchas escaleras, por aquello de las rodillas).

Otro experto en finanzas personales sugiere que para los 65 años tu patrimonio ya debería ser igual a doce veces tu ingreso anual.[6] Recuerda que ahí está incluido el valor de tu casa. Ya quedamos que no todo el patrimonio debe estar concentrado en la casa y los muebles, porque no vas a comerte los sillones.

¿Cómo consigo rendimientos en mi dinero?

a) Pregunta a tu asesor o a tu ejecutivo bancario cuál es la tasa de rendimiento de tu ahorro.

b) Luego busca en un sitio de Internet a cuánto está la inflación anual.

La tasa de rendimiento de tu ahorro debe ser mayor que la inflación anual.

Para consultar la inflación anual: http://www.inegi.org.mx/sistemas/indiceprecios/calculadorainflacion.aspx

---

Ahora, algunos consejos:

✔ **Siempre protege tu patrimonio.**

- Si consideras que tu auto te sirve para ir a trabajar, no se te ocurra dejarlo sin protección: contrata un **seguro de auto** que también te ayude a pagar daños a terceros.

- Cuando compras una vivienda con una hipoteca, incluye un seguro. Cuando la vivienda sea tuya por completo, paga también un **seguro de vivienda**. Para una casa de un millón y medio de pesos andará en unos cien pesos mensuales. Eso sí, cuando salgas, de todos modos apaga la chimenea.

✔ **Empieza joven a ahorrar en un lugar que te dé rendimientos.** Si tienes una afore y no piensas usar el dinero en los próximos seis meses, puedes meter una parte de tu ahorro ahí y esperar ganancias.

- Si obtienes ganancias, saca el dinero al cabo de los seis meses.

- Si no obtienes ganancias, lo dejas ahí un ratito más, porque no se trata de sacar menos dinero del que metiste.

✔ Como trabajador independiente puedes contratar una afore, que te servirá para tener un **ahorro para tu retiro**, pero también para tener algo de ahorro **voluntario** con rendimientos.

¿Y de cuánto es tu patrimonio?

Ahora sí viene una parte incómoda. Cuando te inscribías a un gimnasio nuevo, ¿nunca te pasó que te pesaban y te ponían unos ganchos en la barriga para medirte el porcentaje de grasa? Mientras más dolían, más grasa tenías; de otra forma no había mucho de dónde agarrar los ganchitos. Ya ni siquiera la medición es dolorosa porque ahora la hacen con unos aparatitos electrónicos, como de toques de feria.

La parte incómoda consiste en saber dónde estás parado en realidad. Ya habíamos hecho una parte de este ejercicio cuando hablamos de los elementos básicos del dinero, en el capítulo 4. Ahí vienen unas tablas para que cuantifiques tu patrimonio.

En términos generales, se trata de saber **cuántas cosas de valor tienes**, que podrías cambiar por dinero. Para que no andes buscando la página, te recuerdo aquí de lo que se trata. Hay que anotar en una hojita las cosas de valor que tienes y las agrupas según lo fácil o difícil que es cambiarlas por dinero. Primero pones las cuentas de banco (fácil de convertirlas en dinero) y al final el muñequito de Lladró que te regalaron cuando cumpliste doce años y que todavía afea (ups, quiero decir, embellece) aquel rincón de la sala (que no es tan fácil de convertir en dinero, pero sí, cómo no, seguro, tú pide los 25 mil pesos que dices que cuesta ese bello conjunto escultórico de caballos blancos y retorcidos).

Entonces escribe en la hoja:

1. **Dinero listo para usarse.** O sea el que tienes debajo del colchón, en la cuenta de nóminas, en la cuenta de ahorros o en un pagaré bancario. Haz memoria. Seguro tienes más.

2. **Dinero que requiere unos pasos para tenerlo en la mano.** Tu fondo de emergencia, plan de ahorro.

3. Más cuentas. Seguros.

4. **Tus propiedades.** Casas, coches, yates. Calcula cuánto costaría tu casa si la vendieras este mes.

Y en otra hojita escribe lo que debes. No ocultes nada.

Ahora compara las sumas de lo que salió en cada hojita. Si lo que tienes es mayor a lo que debes, ¡yei, ese es tu patrimonio!

Puede ser que estés en una situación algo enferma. Las empresas hacen cálculos de razones financieras para ver la relación entre lo que tienen y lo que deben. Va una fórmula más, para alegría del ñoño que sigue picado con su calculadora.

Agarra la primera hojita, donde escribiste lo que tienes. Suma todo el dinero que tienes listo para usar y el dinero que tienes en cuentas del banco, en inversiones y en la Bolsa de Valores de Tallin, en Estonia. Ahora suma lo que debes. ¿Listo? Divide tu dinero entre lo que debes. Si te sale más de 1, tienes recursos suficientes para pagar tus deudas. Si no, pues preocúpate.[7]

Califica tu patrimonio

¿Cuánto de tu patrimonio te sirve para generar más dinero, sin necesidad de venderlo? Esa es una buena pregunta. Tu patrimonio pueden ser los títulos de propiedad de un local comercial, que después alquilas, o una concesión del gobierno o acciones en una empresa que te dan derecho a dividendos.

Por eso te conviene imaginarte esta situación: tienes tres millones de pesos.

a) Puedes decidir gastarlos por completo en una casa, donde vas a vivir y que te exigirá algunos desembolsos adicionales por mantenimiento, impuestos, muebles, etcétera.

b) Puedes gastar dos millones de pesos en una casa y un millón en un local comercial para alquilarlo y obtener dinero de ahí.

Todo el éxito de los libros de Robert Kiyosaki viene de este sencillo consejo: debes ser como los ricos, que no se gastan toda su fortuna en el lugar donde van a vivir, sino que ponen gran parte de su dinero a trabajar.[8] Y pensándolo bien, incluso una casa ostentosa solo se justifica si les reditúa ganancias a largo plazo, porque así pueden organizar cenas para invitar a posibles clientes o socios.

Referencias:

[1] Sobre George Best: White, Duncan. "Inmortal: the Approved Biography of George Best, by Duncan Hamilton, review". The Telegraph, 14 de septiembre de 2013. En http://www.telegraph.co.uk/culture/books/biographyandmemoirreviews/10304095/Immortal-the-Approved-Biography-of-George-Best-by-Duncan-Hamilton-review.html (consultado el 19 de septiembre de 2013). En Wikipedia: George Best, en http://en.wikipedia.org/wiki/George_Best (consultado el 19 de septiembre de 2013). Los goles de Best en Vimeo: http://vimeo.com/62682175. George Best Foundation. "About George", en http://www.georgebest.com/about-george/

[2] Cita de la película *Trainspotting*. En IMDB.com. Consultado el 19 de septiembre de 2013. En http://www.imdb.com/title/tt0117951/quotes

[3] Chéjov, Anton, *El jardín de los cerezos*, México, Editorial Porrúa, Colección Sepan Cuántos, núm. 454, 1993, p. 130.

[4] Malkiel, Burton G, *A Random Walk Down Wall Street*, Nueva York, W. W. Norton & Company, 2012, p. 30.

[5] Chelminsky, Adina, *¿Y cómo chingaos le hago? Finanzas personales para iletrados, desorganizados, irresponsables, despilfarradores, etc.*, México, Editorial Diana, 2013, p. 21.

[6] Farrell, Charles, *Your Money Ratios. 8 Simple Tools for Financial Security*, Nueva York, Avery, 2010, p. 17.

[7] Chelminsky, Adina, *ob. cit.*, p. 22.

[8] Kiyosaki, Robert, *Padre rico, padre pobre*, México, Aguilar, 2008.

Capítulo 12

Para qué es bueno el banco (y para qué no)

En este capítulo:

▶ Te convenceré de que dejes de enojarte porque el banco te cobra por cuidar tu dinero. Mejor aprende a sacarle provecho.

▶ Te explicaré cuáles son las instituciones más seguras para invertir tu dinero y obtener rendimientos.

▶ Descubriremos cómo manejar mejor tus créditos.

Yo creo que desde que existen, los bancos y los banqueros han sido percibidos como los malos de la historia, desde el banquero de *El mercader de Venecia*, a quien Shakespeare pinta como un tipo ambicioso y rencoroso, hasta el señor Perkins, el director del banco de la película *Mi villano favorito*, que busca que se hagan maldades y le da mejores condiciones de crédito a su hijo que al resto de los clientes. En *Mary Poppins*, un grupo de flacos y avariciosos hombres persiguen a los niños para que les den a ellos la moneda, en lugar de entregarla a la caridad. Son tan fácilmente caricaturizables los banqueros que me extraña que el señor Burns, el malo de la serie *Los Simpson*, no tenga una institución financiera entre sus propiedades.

Aun así, los servicios de los bancos son muy necesarios para que funcione la sociedad. Tal vez por eso, algunos de ellos abusan y se convierten en el malvado. Con estos servicios, es mejor usar un banco que no aprovecharlo. Si no usas un banco para hacer las siguientes cosas que voy a contarte, te sale más caro que si lo utilizas:

✔ Guardar tu dinero. No hay que insistir mucho en que guardar el dinero en el banco es más seguro que debajo de tu colchón. Sin embargo, en muchas partes de México no hay sucursales bancarias cercanas y para una gran parte de la población todavía es muy caro abrir una cuenta en un banco. Te adelanto algo: tú puedes conseguir una cuenta básica que no cobra comisiones.

✔ Transportarlo. Es increíble, pero en los municipios pegados a la ciudad de México, casi todos los días hay asaltos en el transporte público para despojar a los pobres viajeros de sus billetes y monedas... tal como hacían los salteadores de caminos en la Nueva España. Supongo que en el siglo XVIII no había tarjetas de débito, pero ahora sí.[1]

✔ Para ahorrar. Más allá de solo guardar el dinero que vas a usar hoy, el banco te sirve para dejarlo un rato y te paga rendimientos, muy bajos si quieres, pero los paga. En México, casi la mitad de la población ahorra en casa o por medio de tandas, dos mecanismos que son menos seguros que un banco.[2]

✔ Para obtener mejores créditos. Es decir, créditos más baratos que pueden sacarte de apuros o te sirven para comprar las cosas cuando las necesitas. En México todavía se utiliza más el préstamo entre particulares, que puede ser muy costoso, y el empeño, que también es caro, que el crédito de un banco, que podría ser más barato si aprendes a conseguirlo.[3]

El problema es que ya que te acostumbras al banco, crees que puedes conseguir ahí otros servicios que también necesitas. Hay otras instituciones financieras que pueden ayudarte a menor costo. Así que también te conviene saber que el banco ya no te sirve tanto cuando se trata de:

✔ Ahorrar para el largo plazo. En general, los bancos no te ofrecen buenos rendimientos por guardarte tu dinero mucho tiempo.

✔ Asegurarte. Los ejecutivos de los bancos tienen muchas otras cosas que hacer, antes que analizar con cuidado tu situación y asesorarte para que tengas los seguros que más te convienen.

Ahora sí, vamos a ver cómo hacer para que tu banco te dé mejores servicios... y más baratos.

Cómo escoger a tu banco

Elige el que te quede más cerca de tu casa y tenga más sucursales en los sitios por donde tú te mueves. Así tendrás cerca más cajeros automáticos que no te cobran comisión. Recuerda que tú puedes sacar dinero de los cajeros sin comisión solo en los del banco donde tienes la cuenta. En los cajeros automáticos de otros bancos te cobran hasta la risa y más IVA. Bancomer y Banamex están en muchos centros comerciales, pero hay bancos como Coppel y Famsa que se acercan más a las zonas populares.

Para guardar tu dinero

Esta es la más fácil de todas. Primero escoge el banco que te quede más cómodo. No necesitas complicaciones. Aquí el reto es que tu dinero esté guardado sin que te cobren comisiones. Más adelante buscaremos que, además, te pague rendimientos. Todos los bancos en México tienen una cuenta básica que, por ley, no cobra comisiones por manejo ni por disposición de efectivo. La necesitas.

Esta cuenta te sirve solo para guardar el dinero que vas a usar durante el mes. Si te pasas de cierto límite, entonces el banco ya puede empezar a cobrar las temidas comisiones. La cuenta básica es para guardar tu dinero hasta llegar a 165 salarios mínimos diarios vigentes en el Distrito Federal. Esto anda como en poco menos de once mil pesos al mes (en el año 2013) . Te conviene si eres un trabajador independiente.

Si eres asalariado, puedes tener una cuenta de nómina. Por ley, estas cuentas no pueden exigirte que tengas un monto mínimo al mes, no te cobran comisiones por disposición en los cajeros del mismo banco y tienes derecho a una tarjeta de débito. Por sacar dinero de la ventanilla de la sucursal (cosa que ya ni mi abuelita hace), sí pueden cobrarte. Eso sí, si el cajero automático de la sucursal no sirve, deben darte también ese servicio sin costo.

Las cuentas de nómina tienen servicios adicionales, por los que sí pueden cobrarte comisiones. Así que al momento de abrirlas, tómate un ratito de tu tiempo y platica con el ejecutivo para que te diga cuáles son esos servicios. Ya entonces podrás saber si los contratas o no y, por tanto, si pagas o no por ellos.[4]

Si quieres que tus vástagos se familiaricen con el banco, hay algunas instituciones que ofrecen cuentas para niños con comisiones de cincuenta pesos anuales o de plano sin comisiones. Para abrir la cuenta para el niño, en la mayoría de los bancos se requiere que el padre o tutor tenga una cuenta aparte. El chiste es que estas cuentas se abren con muy poco dinero. Algunos bancos te piden como treinta pesos, que es menos que lo que te gastas en *Cocas*.[5]

Para transportar tu dinero

Cuentan que eso de que el celular sirve para pagar empezó en Kenia. Un banco encontró que la mayoría de la gente no tenía cuentas bancarias pero sí teléfono, así que aprovechó esa tecnología para transportar el dinero. En México ya existen esas cuentas desde hace rato y se supone que sirven para que la gente sin acceso a servicios bancarios pueda transportar su dinero con facilidad.

La verdad es que eso de los pagos por celular, que hace poco se veía como de ciencia ficción, da mayores ventajas a quienes tienen cuenta de banco. Saca cuentas: se supone que tú puedes depositarle al taxista o al bolero mediante un mensajito de celular. Ellos tienen un tiempo limitado para ir a un cajero automático y con una clave sacar el dinero en efectivo, por lo cual el cajero les cobrará una comisión enorme. Tal vez cuando tú leas esto ya bajaron las comisiones, pero al momento de escribir, un banco cobraba siete pesos por disponer del dinero en un cajero. Imagínate que el pago al bolero es de cincuenta pesos. ¡Es una comisión de 14%!

¿Es caro el servicio? Lo que es caro es… el dinero en efectivo. Si la persona que recibe la transferencia con un mensaje de celular tuviera una cuenta bancaria, podría sacar el dinero cuando le diera la gana, sin comisiones. **El banco cobra por convertir ese mensajito en billetes**. Ahora sí que los billetes ya podrían ser algo rústico, un recuerdo del pasado, y más si tienes que pagar 14% de tu dinero por usarlos.

Tan es así que las transferencias de celular también permiten traspasar tiempo aire de un teléfono a otro. Quiere decir que los usuarios entienden el concepto de que no necesitan las moneditas brillositas y los billetes cochinos para tener algo de valor. Aunque sea, se intercambian tiempo aire para pagar un bien o servicio y así no tener que pagar comisiones al convertir la transferencia a dinero en efectivo en un cajero.[6]

Las empresas que manejan las tarjetas de débito y de crédito están esforzándose para no quedarse fuera de la jugada. Algunas tienen aplicaciones que se descargan en el teléfono celular y con las que puedes convertirlo en una terminal de cobro. Le agregas un aparatito y puede recibir pagos con tarjeta. O te permiten poner tus cuentas en el celular para que pagues con solo acercarlo a un lector en los cajeros de las tiendas.

Para ahorrar

En un banco puedes abrir una cuenta para guardar tu dinero si vas a necesitarlo pronto o si es tu fondo para enfrentar emergencias. No te dará muchos rendimientos, pero aquí de lo que se trata es de que tengas el dinero a la vista.

Tampoco se trata de regalarle tu dinero al banco. Si vas a dejarlo por más de un mes, tienes que encontrar instrumentos que te paguen rendimientos. Para eso están los pagarés bancarios. La mayoría dan rendimientos por abajo de la inflación, pero por arriba de lo que te paga tu colchón, tu cochinito o una tanda. Y además, puedes disponer del ahorro que depositaste en una sucursal de Tijuana en otra de Mérida, servicio que hasta ahora no te da tu colchón.

Toma en cuenta que no puedes aspirar a tener buenos rendimientos. Si el ahorro es para quedarse entre un mes y seis meses, te convienen los pagarés bancarios, pero si no piensas utilizar ese dinero en más de seis meses, ya olvídate del banco y busca otras instituciones.

No creas que vas a encontrar grandes diferencias en los rendimientos entre un banco y otro, pero en esto de los pagarés bancarios, los bancos grandes suelen ofrecer menores ganancias que los pequeños. El Banco de México publica todos los días una comparación de los rendimientos de los diferentes bancos en su sitio de Internet.[7]

No tienes por qué angustiarte por la seguridad de tu dinero. Tus ahorros están protegidos (hasta cierto límite) por una especie de seguro que pagan entre todos los bancos y que está administrado por el Instituto para la Protección al Ahorro Bancario (IPAB). Los productos que protege ese seguro son las cuentas de ahorro, de cheques, tarjetas de débito, cuentas de nómina, certificados de depósito y pagarés.[8]

Puedes conseguir mayores rendimientos a tu ahorro en otras instituciones financieras, como las **sociedades cooperativas de ahorro y préstamo** y las **sociedades financieras populares**. Te pagan más porque les urge más tener tu dinero que a los bancos y porque están sujetas a más peligros. Podrían quedarse sin dinero y entonces ya no recuperarías todo tu ahorro. Hay algo de protección, como la del IPAB a los bancos, pero te garantiza una cantidad mucho menor de tu dinero.[9]

Para obtener créditos más baratos

Hay algunas tiendas que venden en lo que llaman "abonos chiquitos", que pueden convertirse en precios grandotes. Es que le venden a crédito a gente que no tiene mucha relación con los bancos. Hice la comparación en el sitio de Internet de una de esas tiendas. Un refrigerador de 8,299 pesos puede costarte 11,960 pesos si lo compras con pagos semanales durante 65 semanas. ¡Pagas 44% más!

En cambio, si tienes una tarjeta de crédito podrías conseguir ese mismo refrigerador con una promoción a meses sin intereses. Es más, aun sin los meses sin intereses, si tú distribuyeras esos pagos en 65 semanas, te saldría más barato pagarlo con los intereses de la tarjeta de crédito que con los pagos semanales "chiquitos" de la tienda con pagos en abonos. No es que te recomiende que lo hagas, porque las tasas de las tarjetas sí son altas. Lo mejor es que pagues el total de tu saldo.

¿Cómo haces para conseguir esos créditos? Tienes que empezar por demostrar que sí eres bueno para pagar. Algunos bancos ofrecen tarjetas para individuos de bajos ingresos que les permiten registrar una historia de su comportamiento. Ya que demuestran que son buenos pagadores, les dan tarjetas con más límite de crédito y con tasas de interés más bajas.

Si tienes una tarjeta de crédito, generas un historial. Hay una institución que califica cómo te has portado con tus créditos, que se llama Buró de Crédito. Cuando solicitas un préstamo, todas las instituciones van a ver tu registro y sabrán si te lo conceden o no y si te cobran mucho o poco, según como te hayas portado. Si te has portado bien a lo largo del tiempo, es más probable que te den créditos con tasas de interés más bajas.

Para que te den un crédito para comprar un auto o una casa, es indispensable que hayas tenido algo de historia con otros préstamos. Así el banco podrá saber si eres confiable para recibirlo.

Los bancos pueden darte créditos hipotecarios; es decir, para comprar o renovar tu casa. Aquí no tienes que hacerte muchas bolas, porque casi todos los bancos ofrecen créditos en condiciones similares.

Paga más del mínimo de tu tarjeta de crédito. El pago mínimo apenas alcanza a pagar intereses y un poquito de la deuda.

Para qué no te sirve el banco

Para invertir

Los bancos son para **guardar** tu dinero y darte un poco de rendimiento por él o para hacerte préstamos. Sin embargo, no te convienen tanto a la hora de querer invertir; es decir, cuando ya quieres más rendimientos por tu dinero, que dejarás por más de seis meses o un año.

Ya existen algunos bancos que te ofrecen fondos de inversión, pero son la minoría. Y para ofrecerte un fondo de inversión te piden altas cantidades para empezar. Por ejemplo, algunos piden 200 mil pesos; otros llegan a pedirte 600 mil pesos para ofrecerte un fondo de inversión que da rendimientos iguales a los de la deuda del gobierno mexicano, unos papelitos conocidos como **cetes**.

Esos cetes (certificados de la Tesorería de la Federación) son considerados la inversión libre de riesgo en México: lo menos que puedes pedir por tu dinero sin meterte en muchas dificultades.

Puedes conseguir estos rendimientos a partir de cien pesos si abres una cuenta en el sitio www.cetesdirecto.com. Fíjate la diferencia. Con cien pesos puedes conseguir un rendimiento que algunos bancos solo pueden ofrecerte si abres una cuenta mayor a 600 mil pesos.

También podrías conseguir mejores rendimientos por tu inversión si depositas algo de **ahorro voluntario** en tu cuenta para el retiro: la **afore**. Y ahí puedes meter dinero a partir de un peso. Una vez más, puedes meterte a inversiones con buenos rendimientos a partir de un peso, cuando en un banco para ofrecerte ese tipo de inversión te piden ya no 600 mil pesos, sino más de un millón.

Que conste que esto no aplica para todos los bancos. Algunos ya están esforzándose por ofrecer buenos instrumentos de inversión a los clientes. Sin embargo, tendrán que esforzarse más porque ya hay otras empresas, como las distribuidoras de fondos de inversión, que te permiten invertir y esperar más ganancias que en la mayoría de los instrumentos que ofrecen los bancos.

Antes de que te vayas muy contento a dejarles todo tu dinero a los que te prometen más ganancias por él, revisa que estén supervisados por las autoridades mexicanas. Tienes que entrar, por Internet, al Sistema de Registro de Prestadores de Servicios Financieros (Sipres): http://portal. condusef.gob.mx/SIPRES/jsp/pub/index.jsp#1. Ahí escribes el nombre de la institución financiera y te dirá si está autorizada para manejar tu dinero. Además, si te prometen grandes rendimientos, que suenan demasiado buenos para ser verdad, es porque tal vez sean demasiado buenos para ser verdad. A la hora de invertir tienes que analizar bien **a quién** le dejas el fruto de tus desvelos y del sudor de tu frente.

Los cetes son considerados la **inversión libre de riesgo** en México. Cada vez que vas a invertir en algo debes comparar los rendimientos con los que te daría tu dinero si lo metieras a cetes. Es decir, si vas comprar una casa con la esperanza de rentarla y venderla después, tendría que darte un rendimiento mayor a lo que te daría tu dinero bien guardadito, sin andar persiguiendo inquilinos ni reparando baños, y metido en cetes.

Para asegurarte

Cuando vas a la ventanilla del banco o al escritorio de un ejecutivo, te ofrecen todo tipo de productos adicionales. Suele suceder que desean mejorar su bono. Ha pasado que a mayores de 65 años les piden que firmen en esta hojita que porque les conviene, y las pobres señoras salen del banco con carísimos seguros de vida que en realidad no necesitan.

Te conviene tener un asesor de seguros para que te explique todos los productos que hay y te permita comparar entre los de diferentes empresas aseguradoras. En todo caso, necesitas un ejecutivo bancario que te explique con calma los seguros que te vende y que te dé tiempo para ir a comparar con otros que podrías conseguir fuera de esa institución.

Referencias:

(1) Barrera Aguirre, Juan Manuel, "Reportan 150 robos diarios a transporte en Naucalpan", *El Universal*, 9 de julio de 2013. Consultado el 20 de septiembre de 2013. En http://www.eluniversal.com.mx/ciudad-metropoli/2013/transporte-naucalpan-robo-937250.html y Jiménez Jacinto, Rebeca, "Edomex: radiografía de robo a transporte", *El Universal*, 28 de enero de 2013. Consultado el 20 de septiembre de 2013. En http://www.eluniversal.com.mx/primera/41314.html

(2) Secretaría de Hacienda y Crédito Público, Comisión Nacional Bancaria y de Valores (CNBV) e INEGI. Encuesta Nacional de Inclusión Financiera, septiembre 2012. En el sitio de CNBV, consultado el 19 de septiembre de 2013. En http://www.cnbv.gob.mx/Prensa/Paginas/Inclusion.aspx

(3) Según la Encuesta Nacional de Inclusión Financiera, la fuente de recursos más utilizada en casos de emergencias es el préstamo entre particulares (67%), seguida por el empeño de algún bien (36%) y la utilización de los ahorros (35%). Todas son alternativas más caras que un crédito bancario.

(4) Por si cambia la legislación, te conviene consultar esta página de la Comisión Nacional de Defensa de los Usuarios de Servicios Financieros (Condusef): "Nómina y otras cuentas". En http://www.condusef.gob.mx/index.php/instituciones-financieras/bancos/nomina-y-otras-cuentas-basicas. Consultada el 20 de septiembre de 2013.

(5) Hay una buena relación de cuentas infantiles en Navarrete, Georgina, "Mi banco me mima. Y si no te consiente, busca a otro que sí lo haga. Cómo sacarle jugo a tu banco", Revista *Dinero Inteligente*, abril de 2012, pp. 44-56. Un banco del gobierno, Bansefi, tiene una cuenta interesante para acostumbrar a los niños a ahorrar: http://www.bansefi.gob.mx/prodyserv/personas/ahorro/Paginas/CuentahorroInf.aspx

(6) Morán, Roberto, "Paga con mensajitos. Banamex e Inbursa empiezan la batalla para llevar los bancos a todos lados. Mira si te conviene contratarlos", Revista *Dinero Inteligente*, junio de 2012, pp. 74-76.

(7) Compara los rendimientos de los pagarés bancarios. En http://www.banxico.org.mx/portal_disf/wwwProyectoInternetNotaTPA.jsp

(8) La protección a los ahorros en el banco es hasta 400 mil udi (las unidades de inversión que se actualizan con la inflación), que en septiembre de 2013 equivalían a 1.9 millones de pesos.

(9) Sí, las sociedades de ahorro y préstamo pueden darte más rendimientos por tu dinero que los bancos, pero el ahorro tiene una menor protección. Está amparado hasta por 25 mil udis, que en 2013 equivalían a 123 mil pesos. Condusef, "Entidades de ahorro y crédito popular". Consultado el 20 de septiembre de 2013. En http://www.condusef.gob.mx/index.php/instituciones-financieras/entidades-de-ahoro-y-credito-popular

Capítulo 13

Tu casa

En este capítulo:

► Analizaremos qué es mejor para ti: rentar o comprar a crédito.

► Comprenderás que escoger tu casa es escoger tu forma de vida.

► Y ya que escogiste tu casa, ahora disponte a pagar lo que costará esa vida.

"Ése Juan es pura apariencia", decía Pedro después de una larga cena con su gran amigo. "Vive en una casota que ni siquiera es suya, al pagar la renta está tirando el dinero a la basura y ya no está tan joven. Cuando ya no pueda llevar ese tren de vida, no tendrá nada suyo".

Qué chistoso, porque Juan estaba pensando algo muy similar, pero de Pedro: "Ese Pedro", decía Juan, "se esfuerza muchísimo por pagar su casa. Puso casi todos sus ahorros en el enganche y todavía tiene que pagar una mensualidad gigantesca por el crédito hipotecario que contrató. El día que se quede sin trabajo, no sé cómo le hará para pagar la hipoteca".

¿A quién le vas? Fuera de sus diferencias de opinión sobre qué conviene más, si pagar una hipoteca o pagar una renta, ambos son muy parecidos en otras cosas. Ambos, que andan por los cuarenta años de edad, viven en la misma colonia; por cierto, una de las más caras de la ciudad, a unas cuadras de distancia. Escogieron la zona porque les queda cerca de sus empleos y en ella hay parques donde pueden jugar sus respectivos hijos (cada quien tiene uno). Los dos están casados (cada uno por su lado) y ambas parejas tienen un nivel parecido de ingresos. A Pedro le desespera que Juan "tire" el dinero en pagar una renta; Juan dice que Pedro tiene amarrado todo su dinero en una sola cosa y que podría usar el dinero para algo que le diera más rendimientos que una casa.

Los dos pueden tener razón y los dos podrían estar equivocados. Mira los argumentos de cada uno.

Pedro Casas dice por qué es bueno haber comprado con una hipoteca.

Tabla 13-1

La idea	El argumento
Estoy formando mi patrimonio.	Al pagar una mensualidad por una hipoteca, Pedro se obliga a vivir con menos. En lugar de gastar ese dinero en parrandas, los pagos del crédito hipotecario se convierten en ladrillos en los que él puede vivir.
Mi propiedad siempre subirá de precio.	El crédito hipotecario fue por quince años. Pedro calcula que su casa aumentará de valor 5% cada año. Como está en una de las mejores colonias de la ciudad, puede que tenga razón.
No tiro el dinero en rentas.	Pedro sabe que al final de los quince años, él tendrá un lugar donde vivir, libre de pagos, y Juan deberá seguir pagando renta.

Juan Flores dice por qué es mejor pagar una renta que pagar una hipoteca.

Tabla 13-1 (*Cont.*)

La idea	El argumento
Vivo en una casa mejor que la que podría conseguir si la comprara.	En general, con las tasas de interés que hay en México y en las casas para clase media, la renta mensual de una vivienda es menor que la mensualidad de un crédito hipotecario. La casa de Pedro costó seis millones de pesos (te dije que eran muy fresas) y para comprarla pidió un crédito de cuatro millones. La mensualidad del crédito es de 51,500 pesos. Juan vive en una casa similar a la de Pedro, con una renta mensual de veinte mil pesos.
El dinero que no destino al enganche lo invierto en algo.	Si Pedro tiene razón, su casa subirá de valor 5% anual. Pero Juan dice que en lugar de dar el enganche de una casa, iniciará un negocio que le dará 13% de rendimiento al año.
No estoy amarrado a un crédito hipotecario.	Juan considera que algún día podría quedarse sin trabajo. En ese caso, él y su familia deberán vivir solo con el ingreso de su esposa. Con cierta facilidad pueden bajar de nivel de vida y mudarse de su colonia lujosa a una un poco más barata.

Como ves, los dos tienen argumentos convincentes. Y hasta parece que Juan podría ganar la contienda. Como andan las tasas de interés de los créditos hipotecarios ahora, y suponiendo que Juan sí consigue una inversión que le dé 13% al año, y si la casa de Pedro sí aumenta de valor 5% anual, entonces las cosas quedarían así.

Valor de la casa al principio de la hipoteca: 6,000,000

Valor de la casa al término de los quince años: 12,473,000

¿Te das cuenta de lo bien que le fue a Pedro Casas con la inversión en su vivienda?

En cambio, Juan hizo como si fuera a dar una hipoteca e invirtió dos millones de pesos. Recuerda que Pedro dio un enganche de 1.8 millones de pesos. Juan calculó que, además de eso, Pedro debió desembolsar 200 mil pesos de gastos iniciales, como escrituración, mantenimiento y cosas así. O sea que invirtió los dos millones de pesos en su negocio, y como le fue bien, las cuentas para Juan quedaron así:

Inversión inicial en el negocio: dos millones de pesos.

Con un rendimiento de 13% al año se quedó con: 12.8 millones de pesos.

Además, Juan pudo gastar más dinero durante ese tiempo, porque él pagaba de renta una cantidad menor al mes que la que Pedro desembolsaba para la hipoteca. Sobre todo al principio del cuento, porque a medida que iba pasando el tiempo, tenía que pagar más renta. Recuerda que en México las mensualidades de los créditos hipotecarios son iguales, mientras que la renta aumenta cada año.

Basta de cuentos, ¿a ti o a mí, qué nos conviene?

Vamos a regresar al cuento de Pedro y Juan, pero antes vamos a ver qué te conviene a ti.

Corre por tu lápiz porque vas a llenar los renglones con los datos que te van a servir para calcular.

Considera que para elegir en dónde vas a vivir tienes que analizar estos tres elementos.

1. La casa que crees que necesitas.

2. La casa para la que te alcanza.

3. El aumento de valor al que puedes aspirar con tu casa.

4. La casa que crees que necesitas

Tabla 13-2

Debe cumplir con:	Costo por metro cuadrado en la colonia más cercana. Colonia A.	Costo por metro cuadrado en una colonia más lejos. Colonia B.
Estar cerca de la escuela de los niños		
Estar cerca de la casa de los abuelos, para que cuiden a los niños		
Estar cerca de un parque para que jueguen los niños		
Estar en una colonia tranquila		
Estar cerca de tu trabajo		
El prestigio de la colonia (está de moda, es donde vive tu jefe, etc.)		

Ya que tienes las cifras de cuánto costaría el metro cuadrado en la colonia que cumple con las características que quieres, ahora fíjate en cuánto vas a gastar, según el espacio que ocuparás.

Tabla 13-3

El espacio que quieres	Número de metros por el costo por metro cuadrado en colonia A.	Número de metros por el costo por metro cuadrado en colonia B
Una cocina elemental más un baño y medio, una recámara principal, una sala-comedor y que los niños se hagan bolas en el cuarto que queda.		

Tabla 13-3 (*Cont.*)

El espacio que quieres	Número de metros por el costo por metro cuadrado en colonia A.	Número de metros por el costo por metro cuadrado en colonia B
Espacio adicional en la cocina.		
Recámaras y baños adicionales.		
Sala de juegos.		
Jardín o balcones o azotea.		
Lo que se te ocurra.		

2. La casa para la que te alcanza

Una vez que calculaste cuántos metros cuadrados necesitas y cuánto te costarán esos metros cuadrados en las colonias que analizaste, ya puedes darte una idea de cuánto debería valer la casa en la que necesitas vivir.

Es probable que si te vas a vivir un poco más lejos de tu trabajo puedas conseguir un precio más barato por metro cuadrado. O también si te vas a vivir lejos de tus papás. Sin embargo, toma en cuenta que entonces tendrás que invertir tiempo y dinero en transporte para trasladarte de tu casa a tu empleo.

Durante muchos años, en México, el litro de gasolina ha estado subsidiado. A todos nos da por llorar mucho, que porque somos clasemedieros tenemos derecho a una gasolina barata, porque tampoco se trata de ir a restregar nuestro perfume en los demás usuarios de los abarrotados medios de transporte público de las ciudades. Hasta hace muy poco tiempo, el litro de gasolina en México era más barato que un litro de agua mineral, así que ese gasto no contaba mucho cuando alguien de clase media decidía en dónde trabajar y en dónde vivir.

Es momento de presentarte a M. Cuando era chica vivía en un municipio del Estado de México pegado al Distrito Federal. Al llegar a edad universitaria, quiso entrar a la hermosísima Ciudad Universitaria (y no la culpo) y lo logró. No se cambió de casa de sus papás, así que todos los días recorría 58 kilómetros en su alegre "vocho". Eso fue hace unos veinte años. Sí, había mucho tráfico, pero las calles todavía permitían una velocidad media de cuarenta kilómetros por hora.

Cuando se graduó se mudó cerca de casa de sus papás, porque ahí el metro cuadrado era más barato que cerca de su empleo, y consiguió un buen trabajo a... 33 kilómetros de ahí, de manera que empezó a recorrer 66 kilómetros diarios, en su nuevo auto. Te digo que el gasto en gasolina no es importante para ella, pero con el crecimiento de la ciudad, el tiempo de traslado pasó de una hora al día, a cuatro. Por si no lo habías notado, también el tiempo libre vale y M no se ha dado cuenta de que está pagando con horas aplastada en su auto lo que deja de gastar en su casa.

Cuando te pongas a hacer cuentas de cuánto gastar en tu casa, también te conviene que consideres que puedes pagar con **tiempo** el supuesto ahorro. Aquí tienes que detenerte a encontrar la mejor combinación de espacio con ubicación que puedas. Si decides irte a cien kilómetros de tu trabajo, porque en aquella lejana colonia alcanzas a pagar seis metros cuadrados de jardín que nunca verás de día, porque las horas de sol las pasas en tu trabajo o trasladándote hacia él, vuelve a hacer las cuentas. Si pasas tantas horas en tu auto, comiendo sopa instantánea en los altos de los semáforos, no te preguntes después qué estará causando la epidemia de obesidad y sobrepeso en México. Ya tienes una respuesta que cada vez se pone más cachetona en el espejo de tu vehículo.

Si no te alcanza para una casa bien ubicada, revisa los metros cuadrados que quieres comprar. **Una casa no es para toda la vida**. Ya te cambiarás a algo más espacioso cuando lo necesites. Si ahora tienes hijos menores de cuatro años, en realidad no necesitan tanto espacio para correr y tal vez sería mejor que les dedicaras tu tiempo y los llevaras al parque, en lugar de "sacrificarte" viviendo lejos de ellos con tal de que disfruten una casota.

Cuando escoges la casa, decides cómo será tu estilo de vida

Puedes dártela de europeo y vivir cerca de tu trabajo, en colonias céntricas, o dártelas de estadounidense de Wyoming que usa la camionetota para ir a comprar una golosina, con tal de que tus hijos vivan en casas amplias y horizontes abiertos.

Es probable que no te guste lo que has visto de la vida de los *hipsters* y bohemios que viven en las colonias Condesa, Roma y Cuauhtémoc de la ciudad de México, o en la Moderna y Americana en Guadalajara, pero toma en cuenta que ellos hacen menos tiempo a su trabajo. O que no soportes a los de camionetota en las laderas de la Sierra Madre en Monterrey o en la salida a Manzanillo desde Guadalajara, pero considera los jardines y lo que dejan de gastar en rentar salones de fiestas infantiles. En cada uno de esos estilos de vida hay un nivel de gastos aparejado.

Tabla 13-4

Zona	Desventajas	Ventajas
Céntrica	Más caro por metro cuadrado, más caro el estacionamiento. Los supermercados son más caros que en las afueras de la ciudad.	Cercanía con el trabajo. Menor gasto en transporte. Suele haber más parques públicos y centros culturales.
En los suburbios	Mayor gasto de transporte, más tiempo en el auto.	Menor gasto en espacios con jardín para hacer reuniones.

Paga por algo que sí vas a usar. Si buscas una casa lejana porque tiene jardín, que solo verás los domingos, estás pagando por algo que no usas y sacrificando tiempo de tu vida.

Pero si de plano ya hiciste los ajustes en espacio y tu familia y tú no cabrían con los metros que conseguirían a los costos de un departamento cerca de tu empleo, tal vez tendrías que buscar unos cuantos metros cuadrados adicionales en una colonia más lejana y pasar un poco más de tiempo en el auto o en el transporte público.

Ya que viste la cifra que necesitas para pagar al mes por tu casa, vuelve a tomar tu lápiz porque vamos a escribir. Es fácil saber cada una de esas cifras:

Cuánto vale la vivienda: _____

Cuánto te costaría al mes si rentaras: _____

Cuánto te costaría al mes si pagaras un crédito hipotecario: _____

¿Cómo calculas cada uno de esos números?

a) Para saber el costo de la renta. En México, durante mucho tiempo, se consideró que un bien raíz se rentaba a 10% de su precio en un año. O sea que cada año pagabas en renta 10% del valor de la vivienda. Pero ahora hay más oferta de casas en renta, así que las rentas son todavía más bajas en algunas colonias y ciudades y el porcentaje anda como en 5%. Ya que hayas visto la casa en la que quieres vivir, busca en cuánto se venden casas similares en sitios electrónicos como www.metroscu-bicos.com. Claro que no publican el precio final, porque se supone que todavía habrá que negociarlo. Así que réstale un poquito a lo que publiquen y luego multiplica ese precio por 0.05 (para saber cuánto es el 5%). Lo que te salga, divídelo entre 12 y ese es el monto de la renta que sería más o menos razonable pagar. Hay algunas colonias caras en las que las casas se rentan en alrededor de 2% de su valor.

b) Para saber la mensualidad de la hipoteca. Multiplica la cantidad de dinero que van a prestarte por 0.01226 (esto sirve cuando el costo anual del crédito está alrededor de 12%, como es el caso en 2013). Como el costo de las hipotecas cambia por la competencia entre los bancos y otras instituciones financieras, te recomiendo que visites uno de los simuladores de hipotecas de los bancos. Ahí te indicarán la mensualidad.

Aquí hay algunas direcciones de esas calculadoras para el costo mensual de la hipoteca:

De Banorte: http://goo.gl/jLx1Bo

De Santander: http://goo.gl/anKGU8

Ya que tienes las cifras de renta o mensualidad de la hipoteca, puedes compararlas. Lo más probable es que la renta sea menor que la mensualidad del crédito hipotecario. No te afanes en tener un crédito si no te alcanza.

¿Cómo sabes si te alcanza o no? Que el pago de la mensualidad de tu hipoteca no pase de 28% de tus ingresos. Si es mayor que esa cifra, tal vez sea una señal de que quieres comprarte un palacio que está más allá de tus posibilidades.[1]

Toma en cuenta que con lo que pagarías de mensualidad en un crédito hipotecario podrías pagar la renta de una casa más amplia y más cercana a tu empleo o a la escuela de tus niños.

3. El aumento de valor al que puedes aspirar con tu casa

¡Cuidado! Puedes estar cayendo en una trampa cuando dices que tu casa es una inversión. Sí lo es: si compras una casa a crédito, tendrás una propiedad en lugar de haberle dado el dinero al casero durante quince años. Sin embargo, la casa no es la única inversión posible y ciertamente no es la que da más rendimientos. Si así fuera, nadie abriría restaurantes ni pondría distribuidoras de autos. Sucede que, como somos de clase media, ya tenemos un chip bien puesto: que debemos andar de trajecito, comprar una casota y trabajar para pagarla.

Si crees que tu casa es tu inversión, estás confundiendo peras con manzanas. Tu casa es el lugar donde vives y no hay una regla escrita en el cielo que diga que para pagarla debes dedicar todos tus esfuerzos y todo tu dinero.

Si vas a comprar una casa a crédito, te conviene que no te compres la mayor casa para la que te alcance. Sería bueno que te quedaras un escaloncito abajo de lo que crees que te mereces. De esa forma, no tendrías por qué pagar tanto por la mensualidad ni destinar todos tus ahorros al enganche. Así te quedará dinero adicional para encontrar algunas otras inversiones que pueden ser más rentables que la casa donde vives. Recuerda que, en general, es más barata la renta mensual que el pago de la hipoteca, así que cuando ya te decidas por la hipoteca, bájale una rayita.

Va de nuevo: **una casa no es para toda la vida**. Puedes ir dando saltos y mejorando de nivel a medida que ganas más. Algunos bancos te ofrecen una hipoteca para que pagues menos ahora y puedas comprar una casota mayor después. Lo que hacen es cobrarte menos de mensualidad al principio, pero a los cuatro o cinco años te aumentan el cobro. Y en esos primeros cuatro o cinco años casi no pagaste nada de la deuda, y tus mensualidades se destinaron solo al pago de intereses, de manera que si quisieras vender la casa te darías cuenta de que el banco todavía es dueño de una gran parte de ella.

Mejor éntrale desde un principio a una hipoteca en la que pagues **deuda e intereses en los primeros años**, para que así seas propietario de una mayor parte de tu casa. La idea es que cuando necesites una casa más grande, puedas vender la primera y con lo que ganes des un buen enganche de la que sigue.

Otra ventaja de apretarte el cinturón a la hora de comprar una casa mediante un crédito hipotecario es que puedes dejar un poco más de dinero libre, que te serviría para invertir.

Volvamos al caso de Juan y de Pedro. Juan se animó a invertir el dinero y consiguió un buen rendimiento por él, mucho mayor que lo que logró Pedro con el aumento del valor de su casa.

El rendimiento que consiguió Juan pudo deberse a la suerte y a sus mayores conocimientos de los negocios.

El caso es que si no dedicas todos tus ahorros al enganche, tendrás un poco más de dinero libre para dedicarlo a otras inversiones que podrían darte más que la casa.

Te conviene que una parte de tu patrimonio genere ingresos adicionales a los que tienes en el trabajo.

Si tanto crees en los bienes raíces, en lugar de destinar todo tu dinero a comprarte una casa tamaño castillo, podrías dedicar una parte a comprarte otra vivienda, que también subirá de valor y que puedes alquilar.

Juan tiene un espíritu más emprendedor que Pedro. Pudo conseguir 13% de rendimiento al invertir los dos millones de pesos que le sobraban en una franquicia. Si su ánimo de emprender llegara a más, podría lograr que esos dos millones de pesos se convirtieran en 16 millones, con un rendimiento de 21% anual. Insisto, eso sí sabe de negocios. Por su parte, como Pedro y su esposa son empleados y quieren vivir tranquilos, se conforman alegremente con que su casa aumente de valor 5% anual.

No obstante, sí hay un término medio: que Pedro no destine todos sus ahorros a comprar una casa con crédito y que Juan se compre una vivienda modesta, para tener algo con qué tranquilizar a Pedro, su esposa y su abuelita. A esos niveles de precios en los que se mueven Pedro y Juan, Pedro podría destinar una parte de sus ahorros a comprar un pequeño departamento, que también subiría de precio con los años y que además le daría algo de ingresos si se lo alquila a alguien.

Lo que diría Juan es que él necesitaba el dinero libre para invertir. Y lo que diría Pedro es que él necesitaba la casa para estar tranquilo.

La moraleja de todo esto es que en la vida tienes que escoger entre comer bien o dormir bien.3 Puede ser que escojas pagar renta, invertir lo que sería el enganche de una casa y trabajar para que ese dinero te dé para comer mejor, o dormir bien considerando que tienes un techo que te protege.

Aunque también se te puede espantar el sueño si dedicaste todos tus ahorros a pagar el enganche y no puedes dejar tu empleo en los próximos quince años porque debes pagar la mensualidad de la hipoteca.

Si estás en esta última situación, tal vez ya caíste en la trampa sobre la cual tanto advierte Robert Kiyosaki en sus libros: estás en la carrera de la rata, trabajando para pagar una casota y sus muebles, cuando podrías apartar algo de tus ingresos para invertirlos en algo que se multiplique.[4] Para eso, pasa a los siguientes capítulos.

Para decidir entre rentar o solicitar un crédito hipotecario

Anota aquí los elementos que van a ayudarte a decidir:

Cuánto vas a dar de enganche: _____

Cuánto podrías conseguir de rendimiento si en lugar de pagar un enganche, invieres ese dinero en un fondo de inversión o en un negocio: _____%

De cuánto es la plusvalía en la colonia donde estás: _____%

Toma en cuenta que la **plusvalía** no crecerá siempre al mismo ritmo. Hay colonias que aumentan de precio porque se ponen de moda. ¿Nunca te has fijado que de pronto hay colonias llenas de parejas con carriolas? Esas son las colonias de moda y en donde las viviendas están subiendo de precio. Pero hay otras colonias donde tienes que bajar la velocidad del auto porque en cada esquina te encuentras con una viejecita con su andadera. Ahí hay menos demanda de los bienes raíces y no puedes esperar una plusvalía tan buena como en la colonia llena de modelos de ropa interior.

De cuánto es la mensualidad del crédito hipotecario: $ _____

De cuánto sería la renta de una casa similar: $_____

Considerando esta información:

Tabla 13-5

Te conviene comprar con un crédito hipotecario…	Si crees que estarás menos de diez años en esa colonia o ciudad.
Si vas a vivir un buen tiempo en esa ciudad.	Si crees que estarás menos de diez años en esa colonia o ciudad.
Si crees que vas a contar con un sueldo por el tiempo que dure la hipoteca.	Si tus ingresos no son muy estables.
Si consideras que el aumento del valor anual de la casa es mayor que lo que podrías conseguir de rendimiento si en lugar de dar un enganche lo metieras a una inversión. En el DF, el valor de las viviendas aumentó 6.2% en promedio tan solo en 2013, de acuerdo con cifras de la Sociedad Hipotecaria Federal.[2]	Si sabes dónde invertir lo que no destinarás a enganche. Un negocio debería dar un rendimiento mayor a 15% anual, así que el aumento en el valor de las casas no alcanza a compensarlo. En el ahorro voluntario en la afore podrías conseguir un rendimiento de 6% anual.
Si vas a pagar una vivienda que se ajusta a tus necesidades y no un palacio para apantallarlos a todos.	Si la renta mensual es menor que el pago de la mensualidad de la hipoteca, y si a esa diferencia le das un buen uso y no te dedicas a derrocharlo.

Referencias:

(1) No quiero hacerle *bullying* a Xavier Serbia, pero no lo resisto. Él era cantante de Menudo, un grupo musical puertorriqueño del que también salió el cantante Ricky Martin, y ahora conduce programas de finanzas en la televisión y tiene un libro sobre manejo del dinero. Su libro es muy serio pero yo quiero cantar "ven claridad" cada vez que lo abro. Ahí te encuentras análisis para decidir cuánto destinar al pago de una hipoteca. Serbia, Xavier, *La riqueza en cu4tro pisos. Un plan para construir tu independencia financiera*, México, Aguilar, 2008.

(2) Sociedad Hipotecaria Federal (SHF). Índice SHF de precios de vivienda en México 2013. Consultado el 22 de septiembre de 2013. En http://goo.gl/9Vo66

(3) Dicen que hay un refrán que reza "comer bien o dormir tranquilo" y que los católicos escogemos dormir tranquilos y los protestantes eligen comer bien. Tú olvida los estereotipos religiosos y piensa en qué te motiva: si se te prende un foquito de emoción cada vez que tu dinero genera más dinero o si lo que quieres es presumir entre tus amigos que metiste hasta el último centavo en la casa más lujosa para la que te alcanzó. La cita viene de Weber, Max, *La ética protestante y el espíritu del capitalismo*, México, Colofón, 2007, p. 38.

(4) Kiyosaki, Robert, *Padre rico, padre pobre*, México, Aguilar, 2008.

Mi agradecimiento además a Manuel Cullen, Cristina de la Torre y Jorge Petersen, quienes me ayudaron a sacar muchas de las cuentas de este capítulo.

Capítulo 14

Haz que tu dinero crezca

* *

En este capítulo:

▶ Te convenceré de que puedes convertirte en inversionista sin hacerte muchas bolas.

▶ Para ello, descubrirás que lo único que necesitas es juntarte con otros.

* *

"¡Ay, qué bonito y disciplinado! Mete su dinero al cochinito o a su cuenta de banco". Se vale que te sientas bien cuando digan eso de ti, cuando tienes menos de quince o más de 65 años de edad. Sin embargo, cuando eres un joven responsable o un adulto trabajador, ya puedes hacer que tu dinero se ponga a trabajar y para eso necesitas ver más allá de las cuentas bancarias.

Una cuenta bancaria te da rendimientos seguros. Mientras mayor sea tu saldo, más rendimientos puedes esperar. Pero los bancos son taaaan pero tan grandes, que la verdad es que tu ahorro no es tan importante para ellos, así que no pondrán muchos esfuerzos para que tu dinero se multiplique.

Hay algunos bancos chicos que sí te ofrecen un buen rendimiento por tu dinero. Lo hacen por atraerte.

Los rendimientos son bajitos pero constantes y con eso te tienen seguro, pero si tienes planes a largo plazo, o sea para dentro de tres, cuatro, cinco años o más, ya no te conviene tanto quedarte en un pagaré del banco.

Mira más o menos lo que puede suceder con el dinero guardado en un pagaré bancario si lo comparas con lo que puedes conseguir en algunas inversiones.

Como ves, en los tres primeros años puedes estar muy contento de tener tu dinero en una cuenta bancaria. Ahora imagínate que hubieras abierto

Tabla 14-1

Año	En un banco	En un fondo de inversión X	En un fondo de inversión Y
1	100	100	100
2	101.6	102	95
3	103.6	110	98
4	111.3	132	105
5	115.2	145	120

tu cuenta bancaria en el año 3. Tú metes 103 pesos con 60 centavos y otro tipo mete 98 pesos en el fondo de inversión Y. Cuando llegas al año 5, el otro tipo ya multiplicó su dinero por 1.22 y tú apenas multiplicaste tu dinero por 1.11. O dicho de otro modo, mientras tú estabas tan contento en el banco con una ganancia de 11% en tres años, el otro conseguía una ganancia de 22%.

No es que los banqueros sean personas malas. Es que así es el contrato con ellos. Ellos se comprometen a darte un rendimiento estable en tus cuentas de nómina o de ahorro, en tus pagarés bancarios o en tus certificados de depósito. Te dan ese rendimiento **suceda lo que suceda**. Es decir, si existen grandes oportunidades de inversión que pagan 20%, a ellos no les importa y te dan el 3% prometido. Si la economía de México baja y otras inversiones pierden 30%, tú recibes tu 3%.

Cuando tú inviertes en algo, esperas obtener rendimientos. Te desprendes de tu dinero durante un tiempo para que alguien trabaje con él y pueda conseguir ganancias.

Tienes tres maneras de desprenderte de tu dinero para dárselo a alguien más, con la esperanza de obtener ganancias.

✔ Prestar tu dinero

✔ Comprar algo que subirá de valor

✔ Invertir en un negocio

Prestar tu dinero

Puedes prestarle tu dinero a quien tú quieras. Incluso al banco. Eso es lo que haces cuando compras un **pagaré bancario:** permites que el banco use tu dinero durante un plazo determinado, que puede ser de 28, 35, 91, 360 días o el plazo que se le ocurra al banco.

Imagina que un día vas a mi tierra y escuchas este diálogo. No te preocupes si no le entiendes muy bien; en el siguiente párrafo te pongo la traducción que ya entenderás más fácil:

Ira, m'ijo, yo no voy a ocupar esta lana un ratón y como no quiero que se me mosquee, mejor ocúpala tú para tus mandados que tanto te andan y a'i luego me das una feria más por el aliviane.

La traducción, como ya habrás imaginado, se lee más o menos así:

Observe usted, querido individuo. Tengo este dinero que no utilizaré en un plazo razonable y me gustaría reducir el costo de oportunidad de tenerlo guardado. Se lo presto a usted que, según me cuenta, tiene urgencia de realizar algunas compras y a cambio me paga un interés, que me dará como un premio por haberle facilitado los recursos cuando usted los necesitaba y como una compensación por haberme separado de mi dinero durante ese periodo.

Cada vez que tomas una decisión tienes que dejar de hacer algo. Lo que dejas de hacer se llama costo de oportunidad. Por ejemplo, si tienes guardado tu dinero, no estás gastándolo en algo que te gusta o no lo inviertes en algo que podría generarte ganancias. Tener el dinero guardado en el banco tiene como **costo de oportunidad** no obtener las ganancias que podría generarte un negocio o la compra de un bien raíz para alquilarlo o meterlo a un fondo de inversión con mayores rendimientos.

Como tú y otros cuarenta millones de mexicanos le "prestan" su dinero al banco, la institución no lo aprecia tanto porque ya tiene las cuentas de muchos otros. En cambio, si fuera tu primo el que te pide dinero prestado porque tiene una "urgencia", entonces puedes ponerte más remilgoso, y así deberías ponerte. Él necesita el dinero y además tú no estás tan seguro de que vaya a pagártelo, entonces puedes cobrarle un poco más de intereses.

Prestarle dinero a tu primo tal vez no sea tan buen negocio como parece (¿te lo parece?). O tal vez lo sea para él, si no te paga, aunque tendrá el altísimo costo de que ya lo verás con desconfianza en adelante.

Tú puedes prestarle dinero a una empresa sólida que necesite los recursos para crecer. Te pagaría **mejores intereses** que un banco o que tu primo y no tendrías que meterte en problemas legales. Para prestarle ese dinero, puedes entrar a una **sociedad de inversión**. Imagínate, puedes prestarle dinero a Bimbo, el fabricante del pan de caja líder en México, o a Femsa, una gigantesca embotelladora de *Coca-Cola*, o a una cadena de supermercados.

El **fondo de inversión** junta a varios como tú, dispuestos a prestar dinero, y compra bonos de esas empresas. Comprar bonos es una manera de prestar recursos. Cuando les prestas, puedes obtener ganancias por el dinero, porque a lo mejor tú no necesitarás ese dinero durante los próximos seis meses, pero a los de Bimbo les urge para ir a hacer unos "mandados"; bueno, para ir a comprar una fábrica de pan en Estados Unidos. Entonces están dispuestos a pagarte un interés porque les pusiste a disposición tus recursos cuando los necesitaban.

También podrías prestarle dinero al gobierno. Todos los gobiernos del mundo piden dinero prestado y, a menos que sean un gobierno súper pero súper corrupto, no pagan.

Incluso el gobierno mexicano es buen pagador. También se cree que el gobierno estadounidense podría ser una buena paga. Para prestarle al gobierno lo que necesitas hacer es entrar a un **fondo de inversión que tenga deuda gubernamental**. Entonces obtienes ganancias por lo que paga de intereses la deuda y por el cambio en el valor de los papelitos de deuda.

Mediante los fondos de inversión puedes prestar tu dinero a empresas o al gobierno. Como los dueños de Coca-Cola Femsa o los de Bimbo no saben que estás listo para prestar tus cien pesos y tampoco saben dónde encontrarte, lo que se hace es que vayas a un lugar que distribuya fondos de inversión y les digas que tienes ese dinero para prestar. Entonces el distribuidor de fondos mete tu dinero, junto con el de otros inversionistas como tú, a un fondo de inversión y compra los bonos de empresas que necesitan dinero prestado.

Por lo general prestarle tu dinero a una empresa puede darte más rendimientos que dejar los recursos en el banco. Ahora, ¿cómo le haces? Tienes que entrar a un fondo de inversión. Aquí te van los pasos que debes seguir:[1]

1. **Necesitas cierta cantidad para empezar.** La cantidad varía según la institución con la cual contrates. Hay algunas que te piden tan poquito como cien pesos.

2. **Encuentra la empresa para entrar a un fondo de inversión.** A las empresas que juntan los inversionistas para entrar a un fondo se les llama distribuidoras de fondos de inversión. Ese papel de distribuidores de fondos también pueden jugarlo los bancos. Hay algunos que tienen sus propios fondos y otros bancos que además de los fondos propios, distribuyen los que preparan otras instituciones.

¿Cómo? Si te había dicho que no dejaras todo tu dinero en el banco. Ah, es que además de pagarés bancarios o certificados de depósito, **hay algunos bancos que ofrecen fondos de inversión**. La desventaja que tienen es que te piden altísimas cantidades para empezar. Por ejemplo, al momento de escribir esto, algunos bancos piden más de 600 mil pesos para permitirte entrar en un fondo de inversión. Se ve que si tienes 599,999 pesos solo puedes aspirar al interés que te paga un pagaré bancario. Hay algunos bancos que ya te dejan entrar a un fondo con diez mil pesos.

Además de los bancos, hay empresas que solo se dedican a distribuir fondos de inversión. Te doy algunos nombres: Allianz Fóndika, MasFondos, Skandia, Fondos Mexicanos y Actinver.

Antes de entrar a cualquier fondo de inversión revisa que esté supervisado por las autoridades mexicanas. No vaya a ser que algún vivales ponga un escritorio a la salida de una estación de metro y tú le creas y le dejes tu dinero. Suele suceder, y engañan con oficinas muy lujosas en colonias distinguidas.

Para revisar que estén supervisados, busca en el sitio de la Comisión Nacional Bancaria y de Valores: http://www.cnbv.gob.mx/SociedadesDeInversion/Paginas/Entidades-Supervisadas.aspx

Comprar algo que subirá de valor

Hay otra forma de poner tu dinero a trabajar: compra algo que subirá de valor. Por ejemplo, puedes comprar joyas con la esperanza de que el oro aumente de precio y venderlas después. También compras una casa con esa misma idea: que algún día la venderás más cara que lo que te costó.

Invertir en un negocio

De alguna manera, invertir en un negocio es más o menos lo mismo que comprar algo que subirá de valor. Estás comprando un montón de fierros y contratando gente con la esperanza de que el dinero que metiste se multiplique. Podría quedar más claro si consideras que tu inversión en un negocio es la compra de una parte de lo que esperas ganar en el futuro. Tú puedes comprar una parte de una empresa si adquieres una acción de ella.

Aquí sucede algo similar que con la deuda. Con la deuda puedes prestarle directamente a tu primo o juntarte con muchos otros para prestarle dinero a un gobierno o a una empresa grande. Tú puedes comprar acciones de empresas si participas en un fondo de inversión que, a su vez, invierte en esas compañías.

Podrías comprar acciones directamente de una empresa y así ser socio, ¿de quién quieres? ¿De Bill Gates en Microsoft? ¿De Carlos Slim en América Móvil (la empresa dueña de Telcel)? ¿O ser socio de Apple, la que vende los *iPhone*, y así participar de las ganancias que tienen cada vez que sacan un nuevo aparatito que vuelve locos a todos, o de Starbucks y recuperar una parte de lo que te has gastado en *Doppios Macchiatos* (lo que sea que eso signifique)?

Cuando compras acciones solo de una empresa estás sujeto a los brincos y pesares que tenga esa compañía. Imagínate que Apple anuncia que saldrá una nueva *iPad* maravillosa que lee los pensamientos de las chicas guapas que están en la barra. Cuando hace ese anuncio, el valor de la empresa sube y con él aumenta el valor de tus acciones. Sin embargo, alguien encuentra que las autoridades no permitieron el uso del aparato. Entonces las acciones pierden valor porque Apple ya no obtendrá las ganancias esperadas.

Lo que se recomienda es invertir en **varias empresas al mismo tiempo**, para, como dice el clásico granjero, no poner todos los huevos en la misma canasta. Y eso puedes hacerlo por medio de los fondos de inversión.[2]

Si participas en un fondo de inversión, puedes comprar acciones de varias empresas al mismo tiempo. Así tu inversión puede aumentar de valor, aunque a una o a varias compañías en las que invertiste les vaya mal.

Para entrar en un fondo de inversión que compre acciones de empresas tienes que preguntar al distribuidor por los fondos de inversión de renta variable.

Existen dos grandes tipos de fondos de inversión:

a) **De deuda.** Compran bonos de deuda de empresas o del gobierno. En resumidas cuentas lo que haces es prestarle dinero a una empresa o a un gobierno con la esperanza de que te pague intereses.

b) **De renta variable.** Compran acciones de empresas con el objetivo de que aumenten de valor y así conseguir una ganancia al venderlas después.

La forma más fácil de entrarle a los fondos que compran acciones es meterte en una que siga a la Bolsa Mexicana de Valores. Esos son fondos que compran títulos de las empresas más importantes del mercado de acciones de México. Con solo entrar en uno de esos fondos, ya tienes acciones de 34 grandes compañías.

Tú pide a tu distribuidor de fondos que te meta a un fondo que siga a la Bolsa. Casi todas las operadoras tienen uno. Entonces tendrás una partecita de empresas de las que a lo mejor una te suena, como Walmart de México, Grupo Sanborns, Grupo Maseca, Femsa o Cemex.[3] Esto de entrarle a varias empresas al mismo tiempo tiene que ver con una teoría que dice que así puedes conseguir los mejores rendimientos que ofrece el mercado de acciones.

Cada mercado de valores tiene un conjunto de acciones que sirven para medir si sube o si baja el precio de las acciones. En México, ese conjunto se llama **Índice de Precios y Cotizaciones (IPC) de la Bolsa Mexicana de Valores**. Cuando escuchas en la radio o lees en el periódico que la Bolsa subió o bajó tanto por ciento, se refiere a ese índice.

La teoría dice que está muy difícil que si tú armas tu propia selección de acciones ganes más, cuando se trata de ganar, o pierdas menos, cuando se trata de perder, que el índice. Entonces, ¿para qué das tanto brinco? Mejor súbete al mismo carrito que todos los demás y arma tu conjunto de acciones como ya está armado en el índice.

Esto quiere decir que, por mucho que te afanes, no vas a obtener más ganancias que el promedio del mercado. Desde los años setenta, un profesor de Princeton, Burton Malkiel,[4] propuso que se hicieran fondos de inversión que se limitaran a seguir a un conjunto de empresas estadounidenses que fueran representativas de lo que le sucede a la Bolsa de Valores de Nueva York.

En México ya existen esos fondos. No tienes que preocuparte por andar comprando acciones de diferentes empresas. Además, como debes saber, la compra y la venta de acciones generan **comisiones**. Imagínate todas las que tendrías que pagar para comprar todos los títulos que componen el índice. Como a veces unas acciones suben de precio, lo que debe hacerse es venderlas para que no rebasen cierto porcentaje dentro del índice. Ahí también tendrías que pagar comisiones, o sea que sería una pagadera. En cambio, en un fondo de inversión te libras de esos pagos y ya tienes tu cartera bien armada.

Puedes encontrar una explicación amigable de cómo funcionan los fondos de inversión que siguen a la Bolsa Mexicana de Valores en el libro *Pequeño cerdo capitalista*.[5] Ahí vas a conocer la apasionante historia de las amigas de la autora, Sofía Macías, una que tenía una gran colección de bolsas y otra que invertía en la Bolsa. Adivina quién amasó una mayor fortuna.

Aunque no lo creas, ya inviertes en fondos de inversión

Si tienes la fortuna de ser un empleado asalariado en una empresa formal que te paga tus prestaciones, lo más seguro es que ya seas un inversionista. Digo "si tienes la fortuna" porque cada vez menos gente tiene el privilegio de contar con un empleo formal en México, pero ese ya es otro problema que veremos en el capítulo sobre los retos de la vejez y la salud.

En fin, que si tienes un empleo formal, debes tener un plan de pensiones. Y lo más probable es que estés dentro de los planes de las administradoras de fondos de ahorro para el retiro, las **afores**. En pocas palabras, las afores meten el dinero de los trabajadores en fondos de inversión. Con la fuerza del ahorro de muchos empleados, logran comprar instrumentos de inversión a buenos precios, que sirven para generar ganancias que se acumulan en la cuenta del trabajador y que hasta alcanzan a pagar comisiones (considerables) para quien administra.

Tú puedes revisar en qué invierten las afores si entras a la página electrónica de la Comisión Nacional del Sistema de Ahorro para el Retiro. Vaya nombre tan largo; tú, como eres cuate, puedes decirle Consar. Ahí podrás ver que, mientras más jóvenes son los trabajadores dueños de las cuentas, más pueden invertir las afores en la Bolsa Mexicana de Valores y en otras bolsas de valores del mundo.

El caso es que así como estás, en este momento, es muy probable que ya seas inversionista en la Bolsa, gracias a que perteneces a un fondo de inversión.

Es más, podrías incrementar tu inversión en las afore, lo cual te permitirá tener más dinero para cuando seas un viejecito o tal vez para algún proyecto dentro de seis meses. Solo necesitas hacer aportaciones voluntarias a tu cuenta de ahorro para el retiro.

Aprovecha que ya estás en un fondo de inversión mediante tu afore. Primero averigua en qué afore estás. Para hacerlo, basta con que entres al sitio electrónico de la Consar y ahí puedes preguntar en cuál afore estás. Tienes que picarle en esta liga: https://www.e-sar. com.mx/PortalEsar/

También puedes obtener esa información por teléfono, si llamas al 01 800 50 00 747.

Ya que sepas en qué afore estás, pregunta en sus centros de atención al cliente cómo puedes depositar un ahorro adicional. Así te convertirás en inversionista y conseguirás mejores rendimientos, a largo plazo, que en un pagaré bancario.

Referencias:

[1] Morán, Roberto, "Cómo encontrar tu fondo de inversión", CNNExpansión, 23 de diciembre de 2012. Consultado el 23 de septiembre de 2013. En http://www.cnnexpansion.com/mi-dinero/2012/12/11/invierte-en-un-fondo-a-tu-medida

[2] Una explicación muy detallada de los fondos y que puedes entender sin necesidad de un doctorado en finanzas la encuentras en Abundiz, Gianco, *Saber gastar*, México, Aguilar, 2009, pp. 133-162.

[3] Para conocer cuáles empresas están en el Índice de Precios y Cotizaciones de la Bolsa Mexicana de Valores entra al sitio de la Bolsa: www.bmv. com.mx y pícale donde dice IPC.

[4] Fink, Matthew, *The Rise of Mutual Funds*, Nueva York, Oxford University Press, 2008, p. 99.

[5] Macías, Sofía, *Pequeño cerdo capitalista. Finanzas personales para hippies, yuppies y bohemios*, México, Aguilar, 2011, pp. 133-170.

Capítulo 15

Qué relación existe entre dinero y trabajo

En este capítulo:

▶ Descubrirás por qué, si trabajas más, no ganas más.

▶ Sabrás por qué tu jefe gana tanto.

Pon aquí una música de violines, por favor. Mejor si los acompaña un pianito. Te servirá de fondo para el siguiente texto, que deberás leer con voz alta y lo más melosa posible:

—Papá, ¿cuánto ganas por hora? –preguntó el niño cuando su padre llegó de su trabajo, ya muy entrada la noche.

El papá, muy desesperado, pensó que el niño nada más estaba dando lata y lo mandó a dormir.

Oh, la, la, la, y aquí se intensifica la música cursi. El narrador se pone todavía más sentimental y se avienta un rollo sobre lo cansado que está el papá de tanto trabajar y lo triste y solo que se siente el niño sin tener a su padre para que le enseñe a andar en bicicleta o le explique por qué el sol sale por el Oriente y los árboles pierden las hojas en el otoño. No sé, tú ponle detalles desgarradores que alarguen el cuento, al fin que creo que para este momento ya adivinaste el desenlace:

El padre fue a la cama del niño y le preguntó por qué quería saber cuánto ganaba por hora.

—Oh, papá querido, para comprar una hora de tu tiempo.[1]

*E*l cuento, aunque cursi, sirve para ilustrar aquello de que dedicamos gran parte de nuestro tiempo a ganar dinero y muy poco a disfrutarlo.

Algunos llegan a la extraña conclusión de que quienes se la pasan trabajando están demasiado obsesionados por el dinero. En realidad, podría concluirse algo diferente: como trabajan tanto no han tenido la oportunidad de ponerle un mayor **valor** a sus horas de trabajo. Es tiempo ya de terminar con esa angustia y responder a esa pregunta: **¿por qué por más que trabajo no gano más?**

✔ Si eres un **empleado**, la respuesta a esa pregunta es evidente. Tú hiciste la negociación de lo que vas a ganar desde que fuiste contratado, de manera que mientras más horas trabajas, menos ganas por hora. Cada vez que llegan las evaluaciones semestrales o anuales crees que podrías conseguir un aumento, aunque esa posibilidad tampoco es tan real. Y para conseguir ese aumento, dedicas más horas a trabajar. Como dedicas más horas a trabajar, inviertes menos tiempo en negociar un aumento salarial con tus jefes.

✔ Lo mismo puede suceder con los **emprendedores o dueños de negocios,** que dedican horas y horas a la operación de la empresa y por más tiempo que pasan en eso, no logran ganar más.

En los dos casos, en el del empleado y en el del emprendedor, hay un elemento común: no dedican tiempo a vender.

Si el precio de tu quincena ya está acordado desde un principio, dedicar más horas al trabajo implica reducir lo que ganas por hora.

Cuando aceptas un trabajo tienes que fijarte con qué recursos cuentas. Necesitas analizarlos desde dos aspectos.

• **Tus recursos como persona:** de cuánto tiempo dispones y cómo vas a repartirlo. Como tu tiempo es limitado, tienes que destinar algunas horas al trabajo y definir cuánto tendrás que dedicar también a otras áreas de tu vida.

• Los **recursos que te dan en el trabajo** para desempeñar la tarea que te encargaron.

Tus recursos como persona

Los consultores de estrategia de las empresas ahora ofrecen consejos para que apliques lo que hacen las buenas empresas a la administración de tu vida. Por ejemplo, Salvador Alva, ahora rector del sistema del Tecnológico de Monterrey, cuenta que un gurú de planeación estratégica le confesó que había tenido una crisis porque no aplicaba en su vida lo que les decía a las empresas que debían hacer. Había invertido demasiado tiempo en trabajar y no había asignado los recursos adecuados a su esposa y sus hijos.[2]

Tienes que comportarte como el **director general de tu vida**. Necesitas destinar **recursos** para conseguir los objetivos que quieres. Por ejemplo, si quieres ser un viejecito feliz, rodeado de amigos y de pequeños, tienes que dedicar una parte de tus fuerzas de adulto joven a conseguirte esos amigos y el afecto de la familia.

Otro gurú de estrategia de las empresas advierte que no es verdad que puedas dedicar la mayor parte de tus fuerzas a **un solo aspecto de tu vida**, según los momentos por los que pasas. Eso suena obvio cuando se dice, pero no a la hora de practicarlo. Un ejemplo: hay jóvenes ejecutivos muy exitosos que piensan que ahora deben dedicar la mayor parte de su día a labrar su carrera y cuidar su puesto, al fin que sus niños tienen dos y tres años de edad y no hay mucho que platicar con ellos. Que los cuide su mamá y ya cuando crezcan, digamos cuando lleguen a los diez y once años, el ejecutivo se tomará el tiempo para jugar beisbol o futbol con ellos. Pero cuando llega esa edad, los niños están demasiado ocupados en sus pantallas de computadora o de su teléfono como para hacerle caso a su papá y habrá pocas cosas en común sobre las cuales platicar.[3]

Cuando quieres lograr algo, dentro de tu empresa o de tu vida, tienes que definir qué harás con tres elementos que necesitas:

✔ Recursos

✔ Procesos

✔ Prioridades

Como lo que quieres lograr con tu vida es un buen balance entre trabajo y tiempo con tu familia, tienes que decidir cómo vas a distribuir tu recurso, que es el tiempo para ganar el dinero necesario para disfrutar con ellos. También tienes que definir cuáles son tus procesos para lograr tus objetivos y, sobre todo, tener claras las prioridades.

Ya debe haberlo dicho algún economista difunto: tu trabajo sirve para ganar cierta cantidad de dinero por quincena y **a más horas de trabajo no necesariamente corresponde una mayor paga.**

Corres el peligro de hundirte en tu escritorio, trabajando más y más horas, mientras que tu vecino de cubículo tiene una vida más equilibrada, hace ejercicio, se ve mejor y más jovial que tú y, por tanto, en él se fijan los jefes cuando hay que ascender a alguien.

Solo hay dos formas de mejorar lo que ganas por tu tiempo:

a) Si logras venderte mejor. Eso significa que logres una mejor negociación para ti cuando se trate de establecer tus condiciones de trabajo. Llega un momento cuando lo que tú haces alcanza el valor del mercado. Ya no puedes pedir mucho más. Es momento de ofrecer un trabajo diferente.

b) Si aprendes nuevas habilidades. Si ya ves que no hay para adelante en el puesto en el que estás, tendrás que sumarle nuevas habilidades a lo que sabes hacer. Puede ser que levantes la mano para un ascenso en tu empresa y que eso signifique que tienes que capacitarte y aguantar una gran cantidad de juntas nuevas, o también que tomes un curso por fuera y conozcas más posibilidades de ganar más dinero.

No confundas lo que hace tu empresa con lo que más valora tu empresa. A ver, ¿cómo está eso? Puede ser que tu empresa haga vasos, publique revistas o venda zapatos, pero lo más seguro es que los puestos mejor pagados no sean los de los empleados que ensamblan los vasos, escriben los artículos o atienden a los clientes, sino de quienes los dirigen y les dicen cuántos vasos, artículos o clientes atendidos deben tener por mes.

Arthur Miller vivió noventa años y fue uno de los esposos de Marilyn Monroe, además de exitoso y reconocido escritor, y aun así se dio el lujo de contar una de las historias más deprimentes sobre el capitalismo, la de un vendedor viajante que se sume en la mediocridad y ve cómo sus hijos siguen sus pasos, agobiados todos por no ganar tanto dinero como aspiraban en un principio.

El viajante y sus hijos viven resentidos porque no ascienden en sus empleos y no han encontrado el secreto para ganar más dinero. Tratan de consolarse pensando que los que ganan más que ellos no son mejores personas, pero ni siquiera ellos se creen la historia.

Ya cansado de la vida, el protagonista, Willy Loman, trata de conseguir un mejor pago apelando a la compasión del jefe. Se da cuenta de que dedicó los mejores años de su vida al trabajo en una empresa y no logró grandes avances. "He dedicado 34 años de mi vida a esta firma y ahora no tengo ni para pagar el seguro", le dice Loman al hijo del dueño de la empresa. El hijo, por supuesto, no se conmueve en absoluto.[4]

Debes leer *La muerte de un viajante*, aunque después tengas que tomar *Prozac* durante una temporada, porque te ayuda a reflexionar sobre el exagerado esfuerzo que puedes hacer por una empresa con la esperanza de que te lo retribuya. Loman se da cuenta de que para la compañía en la que trabajó él fue como una naranja: se comieron lo de adentro y después quisieron tirar el pellejo. "Un hombre no es una fruta", protesta.

Entonces, no te comportes como si fueras una fruta. Tendrás que negociar cada día el reconocimiento de tu trabajo... y encontrar otras fuentes de felicidad, además de las que pueda darte la empresa.

Tal vez vivas el mal del buen vendedor o del buen operario, que hace tan bien su trabajo que los jefes **temen** promoverlo. Es probable que logres un mejor sueldo en tu puesto y que estés contento haciendo lo que haces, pero también existe la remota posibilidad de que ya te hayas encerrado en una **zona de confort** y no quieras salir de ella.

La zona de confort no es estar muy a gusto viendo televisión en el sillón de la sala de tu casa o comiendo una torta en el escritorio de tu trabajo. Lo **peligroso** de la zona de confort es que puede no ser confortable y por eso te confundes. Tú ya estás acostumbrado a los malos tratos de tu jefe, a trabajar horas extra para sacar un trabajo determinado y a que tú y tu equipo no tengan tiempo ni de prepararse para el torneo de futbol de la empresa.

Algo anda mal en tu forma de trabajar si tu equipo llega a los encuentros de futbol del torneo de la compañía peor preparado y más pálido que los demás. Ese puede ser un indicador de que le dedicas más tiempo del necesario a tu trabajo o de que tus procesos no están bien definidos. Y aquí pasamos a la siguiente parte de los recursos que debes tomar en cuenta para obtener un buen sueldo.

Los recursos que te dan en el trabajo

Hay una trampa en la que suelen caer muchos empleados: se comprometen a lograr un objetivo y no piensan mucho en exigir los recursos necesarios para alcanzarlo. Entonces tienen que trabajar horas extra, mientras todos los demás tienen más tiempo para comer o para ir a sus casas.

Algún tiempo trabajé en un grupo editorial en el que había muchas revistas. Un verano, la empresa decretó que los viernes se trabajaba hasta las dos de la tarde. Todas las demás revistas cumplían con ese horario a rajatabla, excepto la revista en la que yo estaba. Para nosotros, los viernes eran igual que cualquier otro día entre semana. La empresa convocó a un torneo de futbol. Cuando no perdíamos por default, porque en lugar de presentarnos al juego teníamos que cerrar fuera de hora la edición de la quincena, perdíamos por mal entrenados, porque nuestra jornada laboral no nos dejaba tiempo para salir a ejercitarnos, cosa que sí podían hacer las demás áreas de la empresa.

Lo más que alcanzábamos a hacer después de salir del trabajo era ir a tomar unas cervezas para analizar por qué el producto final no había salido tan bien como nos lo habíamos imaginado.

Desde dentro era muy difícil entender que, a diferencia de los demás equipos de trabajo de la empresa, teníamos objetivos irreales. En realidad, debíamos haber escogido entre dos posibilidades:

a) Pedir más recursos para cumplir los objetivos que se nos imponían, o

b) Cambiar los objetivos y definir algo más realista, de acuerdo con los recursos que teníamos.

Si no dejas claras las condiciones para cumplir con tus objetivos, estás disparándote en el pie porque te comprometes con tu jefe a cumplir con metas para las cuales no tienes recursos.

Es increíble, pero en esa experiencia que te cuento, los equipos de las demás revistas estaban todos bronceados y sus fotos, con ellos bien sonrientes siempre, aparecían en los informes anuales de los jefes, como parte de los logros, mientras nuestro equipo ni estaba bronceado ni era visto como que cumpliera con sus metas.

La moraleja: trabajar más, sin los recursos adecuados, no te dará ni reconocimiento ni aumento de salario.

No tengo que contarte que Carlos Marx no era precisamente un adepto del capitalismo. Sin embargo, lo que hizo en gran parte de su obra fue explicar cómo funciona. En medio de sus muchos llamados a destruir el sistema capitalista, puedes encontrar un manual para sobrevivir dentro de él. Una de las frases de él y su cuate Federico Engels podría resumir muy bien lo que tú crees que pasa dentro de tu empresa: "los que trabajan no ganan y los que ganan no trabajan".[5]

No creas: sí puede cansar ir a tantas comidas de negocios en el hotel Four Seasons, jugar golf con los políticos y recibir celebridades en la alfombra roja de la presentación del nuevo producto de la empresa, todo pagado con la tarjeta corporativa. Y eso es lo que tú ves que hace tu jefe. Más que andar de resentido, lo que tendrías que buscar es **que tu trabajo tuviera resultados que fueran mejor recompensados por tu empresa.**

Aquí hay algunas cifras que no van a levantarte mucho el ánimo. Los jefes ganan más, mucho más, que los que hacen directamente las cosas. Según el Informe de Competitividad Internacional, México y la India son los países donde hay una mayor brecha entre lo que ganan los directores de una empresa y lo que perciben los empleados. En promedio, los directivos ganan 39.5 veces más que un asistente en una compañía, dice el reporte citado por el periódico *Publimetro*.[6] Y eso es solo un promedio. Las cosas podrían ponerse peores. Mira cómo andan en Estados Unidos. Según un reporte de CNNMoney, el director de Walmart gana 796 veces más que un trabajador típico de la misma compañía, y el director de Wells Fargo gana 6,258 veces más que el empleado promedio de su empresa. En México no hay tantas cifras públicas sobre el ingreso de los directores de grandes compañías, pero ya podrás imaginarte las diferencias en algunas empresas.

En teoría, los sueldos de los directivos están ligados a las ganancias que logre una compañía, de manera que las utilidades por 17 mil millones de dólares de Walmart tal vez sí justifican el ingreso anual de 17 millones de dólares de su director.[7]

A prepararse

Gran parte de las brechas en las percepciones vienen de años de historia y complicaciones estructurales del país. Es probable que sí, que vivamos en un país donde se privilegia de más a los que vienen de las consideradas "buenas" familias. Si eso fuera completamente cierto, solo los de ciertas familias privilegiadas obtendrían buenos trabajos y entonces no habría futbolistas destacados ni directores de empresa que empezaron desde abajo, y sí los hay. No es que las empresas solo contraten a los niños privilegiados o decidan pagarles más. En realidad, la disparidad en los ingresos puede explicarse porque no existen las mismas oportunidades para que todos desarrollen al máximo su capacidad. Es decir, los hijos de familias privilegiadas pueden ir a la escuela o de vacaciones a Vail donde podrán hacerse amigos de otros hijos de familias privilegiadas que después pondrán una empresa y los contratarán como directores.

La teoría dice que **un mayor nivel de estudios puede ayudar a que se obtengan mejores salarios**. En la práctica eso puede comprobarse, hasta cierto punto. Como te habíamos comentado en otro capítulo, en comparación con otros países, **en México es muy baja la movilidad social**; es decir, la posibilidad de que los hijos tengan un mejor nivel socioeconómico que los papás. Para avanzar escalones se requiere tener más capacidades y una mejor técnica de venta de esas capacidades, una vez que se consigue un puesto como empleado o un contrato como empresa proveedora.

Puede ser que estudiar una licenciatura te abra más oportunidades, pero también debes sumar si, durante la carrera universitaria, lograste ampliar **tu red de conocidos** y si esa red de conocidos puede servirte para avanzar.

¿Te conviene estudiar una carrera?

La respuesta corta es que **sí**. Ahora falta que la universidad a la que entres sea realmente exigente. De acuerdo con estudios del Centro de Investigación para el Desarrollo (CIDAC), en México, la preparación de los egresados de las universidades no siempre satisface las exigencias de las empresas trasnacionales que buscan empleados mexicanos.

Por ejemplo, "según la opinión de buena parte de los principales empleadores privados, apenas uno de cada cinco egresados en Ingeniería y uno de cada cuatro en Contabilidad y Finanzas tienen la formación adecuada para ser contratados".[8]

Y eso los que logran tener una carrera universitaria. Comparado con países de igual o mayor desarrollo, México está entre lo más bajos en población con estudios universitarios. Solo la tercera parte de los adultos entre 25 y 64 años de edad tiene cuando menos preparatoria, mientras que en los países de la Organización para la Cooperación y el Desarrollo Económico (OCDE) el promedio es de 74%.[9]

Aunque ya tengas un título no debes confiarte. Pregunta en las empresas qué otras habilidades necesitas adquirir y busca dónde terminar tu preparación. Habla con reclutadores de personal para que te orienten.

Se ve que en México no somos muy buenos para obtener trabajos con buenos pagos por hora, así que hay que trabajar más y más horas. En México, un empleado trabaja en promedio 2,250 horas al año, contra el promedio de 1,776 horas entre los países de la OCDE (u OECD en inglés). Los mexicanos trabajan más y ganan menos que los habitantes de otros países con desarrollo similar o mayor.[10]

¿Cómo decidir qué carrera escoger?

Tú no les hagas caso a tus papás, que si eliges tal o cual carrera vas a morir de hambre. Si te preparas para ser un buen bailarín, violinista o agricultor, porque eso es lo que te gusta, tienes más oportunidades de conseguir un empleo bien pagado que si estudias algo sin convicción. No estoy diciéndote que te empecines en algo que nadie está dispuesto a contratar. La vida te ofrece más de una opción, pero tampoco se trata de que descartes algo que te emociona solo porque te asustan con que no vas a ganar lo mismo que el abogado de Carlos Salinas por no haber estudiado leyes.

No se vale comparar lo que te imaginas que gana el abogado defensor de los ricos, que sale en la televisión, con lo que gana el hijo bailarín de tu primo. Tendrías que revisar unas cuantas estadísticas más; por ejemplo, cuántos abogados salen cada año de las escuelas y cuántos de ellos consiguen un empleo, cuánto invirtieron en su carrera y a qué nivel de ingresos pueden aspirar. Y entonces sí comparar con las estadísticas de la carrera a la que aspiras.

El gobierno mexicano tiene un sitio electrónico para que veas cuánto ganan los egresados de diferentes carreras. Ahí puedes darte una idea de cuáles carreras tienen demanda y cuánto podrías pedir por tu trabajo. Consulta: www.observatoriolaboral.gob.mx

Para tomar la decisión de estudiar una licenciatura, una maestría o un doctorado, tienes que hacer cuentas **como si se tratara de analizar una inversión y tuvieras que decidir qué hacer con tu dinero.** De hecho, eso es lo que haces.

Toma el caso de Pepe Grad, del que hablan Zvie Bodie y Robert C. Merton (este último, premio Nobel de Economía) en su libro de finanzas.[11] Pepe tiene veinte años de edad y se pregunta si debe quedarse con su empleo, en el cual gana treinta mil dólares anuales, y seguir con ese ingreso el resto de su vida laboral (45 años), o salirse y estudiar un posgrado que le costará quince mil dólares anuales de colegiatura durante dos años, para después ganar 35 mil dólares anuales el resto de su vida laboral.

Debe tomar la decisión como lo haría con cualquier inversión. Se considera que hay una tasa de interés de los préstamos de 3%. Ese es el interés que pagaría por conseguir el dinero. En cada uno de los dos años de carrera invertirá 45 mil dólares; es decir, los quince mil de colegiatura más los treinta mil que dejará de ganar. Tiene que calcular cuánto valdrán esos dólares en dos años, con la tasa de interés de 3%. Luego tiene que calcular cuánto valdrán los cinco mil dólares adicionales que recibirá durante 43 años. Con dos o tres golpes en su calculadora financiera o en una hoja de cálculo del *Excel* puede saber que le conviene estudiar el posgrado, porque los dólares adicionales valdrán más que los que invirtió en el estudio.

Tu trabajo es una inversión

Trabajar te cuesta y por eso tienes que ser más listo a la hora de negociar tu paga y considerar lo que tú pones de tu parte para desempeñar un trabajo determinado.

Dice Carlos Marx que tu patrón no te paga por tu trabajo, sino por tu fuerza de trabajo. ¿Cómo está eso? Muy fácil, que si haces sillas, no se te paga por la silla sino por el tiempo y el esfuerzo que invertiste para fabricar la silla. Claro, él pone los materiales, el martillo y el serrucho, así que solo debe pagarte por tu fuerza de trabajo.

Como te decía, Marx puede darte muy buenos *tips* para manejarte dentro del capitalismo. Lo que tienes que hacer ahora es **calcular el valor de tu fuerza de trabajo**. Tienes que ver cuánto te cuesta comer, vivir en un sitio adecuado y prepararte para ser un buen carpintero y fabricar buenas sillas. O para hacer lo que tú hagas.

Te recomiendo hacer estas cuentas:

Tabla 15-1

Concepto	Precio al mes
Alimentos	
Ropa	

Ropa adecuada para el tipo de empleo que desempeñarás. O sea que sí hay que calcular el costo de las corbatas que necesitarás, si tu trabajo es de relaciones públicas, o de los zapatos de leñador, si vas a ser diseñador gráfico, y así sucesivamente.

Tabla 15-1 (*Cont.*)	
Concepto	*Precio al mes*
Vivienda	
Transporte. Toma en cuenta que si quieres ganar más, no está tan fácil que consigas un buen sueldo a una cuadra de tu casa.	
Preparación. Tienes que recuperar lo que te costó ir a la escuela, pero no todo durante el primer año de trabajo, sino repartido entre varios años. Hay que considerar cursos, libros, talleres. No puedes quedarte estacionado con lo que ya sabes, así que súmale al costo de tu fuerza de trabajo.	
Descanso, ejercicio, diversión. También esto forma parte del costo de tu fuerza de trabajo. Si no mueves ni un dedo después de estar todo el día frente a la computadora no estás renovando tu capacidad para producir más en el futuro.	
Total	

Con estas sumas ya puedes darte cuenta de lo que te costaría desempe-ñar una actividad determinada. Esa es la base para comenzar. Súmale un poco más por la posibilidad de que se te haya olvidado algo y busca la manera de ganarlo. Tienes que tomar en cuenta que necesitas ganar cuan-do menos eso para poder levantarte cada mañana para ir a desempeñar tu trabajo. Si no lo ganas, estarás más flaco cada vez y llegará el momento en que ni a tu patrón le convendrás porque ya no vas a tener fuerzas.

Claro que el ingreso que puedes exigir dependerá del mercado donde es-tás. Si ves que para ser físico nuclear tienes que gastar, tú, no la empresa, un millón de pesos al año para mantenerte actualizado y no hay trabajo que te lo compense, entonces tendrías que considerar dedicarte a otra cosa o ir a pedir empleo a otro país.

Todo trabajo es una inversión porque estás dedicando tu tiempo a él. Seth Godin, un experto en mercadotecnia, tiene una buena advertencia: que pienses que cada día que pasas en un empleo estás invirtiendo una parte de ti en él y que te preguntes si vale ese esfuerzo el proyecto en el que estás o el jefe a quien debes reportarle. Invertirte a ti mismo en un lugar equivocado durante una semana o un mes no te matará, dice Godin, "pero pasar diez años contribuyendo para algo que no te importa o trabajando con gente que no se preocupa por ti... podrías hacerlo mejor".[12]

Hay un chiste que suena algo exagerado pero que puede ilustrar qué sucede cuando inviertes tu tiempo y tu esfuerzo en un trabajo. Había una vez un hombre tendido en la playa; a su lado estaba su caña de pescar y dos enormes atunes, muy apetitosos, que había pescado en la mañana. Pasa un ejecutivo de la ciudad y le pregunta si él los pescó y si podría pescar más si le dedicara más tiempo a su trabajo.

—Sí, podría pescar muchísimo más —contesta el hombre.

—Entonces, ¿por qué no lo hace? —pregunta el citadino—. Podría ganar más dinero, abrir una empresa pesquera, poner oficinas en la ciudad, mudarse a ella, tener un auto, convertirse en un ejecutivo importante y acumular un gran ahorro.

—¿Para qué querría hacer todo eso? —pregunta el pescador.

—Pues para retirarse y tener dinero para tumbarse en la playa, dedicar las horas a pescar tranquilamente y holgazanear —contesta el ejecutivo.

El pescador se queda muy pensativo:

—¿Por qué esforzarse tanto si eso ya lo hago ahora?[13]

Claro que en el cuento no entra la posibilidad de que el pescador se aburra de esa vida tan tranquila ni de que tenga necesidades crecientes. Salir a trabajar, en serio, te abre un nuevo mundo y te da posibilidades de encontrar algo que le agregue **sentido a tu vida.**

Haz lo que te gusta. "Yo no trabajo, yo hago lo que soy: arquitecta", comentó Tatiana Bilbao, una de las arquitectas más reconocidas del momento en México, a la revista *Forbes*.[14] Cuando te identificas con lo que haces, ya no te costará tanto trabajar. Por eso existe el dicho en inglés de que **hagas lo que te gusta y el dinero vendrá por añadidura.**

Referencias:

(1) Yo creí que esa historia la había soñado en alguna pesadilla, pero el cuento existe. Lo buscas en Internet y aparecen varias versiones, algunas de ellas grabadas por locutores melosos. En esta liga encuentras una versión: http://goo.gl/qtd554

(2) Alva, Salvador, *Tu vida, tu mejor negocio*, México, Lid Editorial, 2009, pp. 42-48.

(3) Christensen, Clayton, *How will You Measure Your Life*, Londres, HarperCollins Publishers, 2012.

(4) Miller, Arthur, *La muerte de un viajante*, Buenos Aires, Losada, 1997, p. 79.

(5) Marx, Carlos y Engels, Federico, *El Manifiesto del Partido Comunista*, Barcelona, Folio, 2007, p. 32.

(6) "En México un director gana cuarenta veces más que un subalterno", periódico *Publimetro*, México, 19 de julio de 2011. En http://www.publimetro.com.mx/noticias/en-mexico-un-director-general-gana-40-veces-mas-que-un-subalterno/mkgs!HSFalX0T55ds/

(7) "Fortune 50 CEO pay vs. our salary", revista *Fortune*. Consultado el 24 de septiembre de 2013. En http://money.cnn.com/magazines/fortune/fortune500/2012/ceo-pay-ratios/

(8) Estrada, Ricardo, *Profesionistas en vilo. ¿Es la universidad una buena inversión?*, México, CIDAC, 2011, p. 86.

(9) OECD, "Índice para una vida mejor. México. ¿cómo es la vida?". Consultado el 25 de septiembre de 2013. En http://www.oecdbetterlifeindex.org/es/countries/mexico-es/

(10) OECD, *ob. cit.*

(11) Bodie, Zvie y Merton, Robert, *Finanzas*, México, Pearson, 2003, p. 155.

(12) Godin, Seth, "Every day is an investment", en Seth's Blog, 17 de mayo de 2013. Consultado el 25 de septiembre de 2013. En http://sethgodin.typepad.com/seths_blog/2013/05/every-day-is-an-investment.html

(13) La historia la cuenta Salvador Alva. Alva, Salvador, *ob. cit.* , pp. 46 y 47.

(14) Contreras, Lourdes, Tamayo, Zacarías y otros, "Las 50 mujeres + poderosas de México 2013", revista *Forbes*, México, septiembre de 2013.

Capítulo 16

Por qué tienes que ahorrar

En este capítulo:.

▶ Te plantearé dos retos: cómo prepararte para el retiro y para cuidar tu salud.

Había una vez una comarca muy feliz donde los alegres jóvenes trabajaban en empleos muy fecundos y cuidaban de sus amables viejecitos, quienes se sentaban frente a la chimenea a contar bellos cuentos a los tiernos infantes. Los alegres jóvenes solo tenían que concentrarse en trabajar, pagar sus gastos diarios, comprar el refrigerador, la casa y la cortadora de césped, porque había un gran mago que ahorraba para pagar sus medicinas y la leña de la chimenea cuando ellos, a su vez, se hicieran viejos y contaran bellos cuentos. Y entonces llegaron el coco, la bruja mala y el secretario de Hacienda y les dieron la mala noticia: las arcas del mago estaban vacías y no habría dinero para pagar sus pensiones.

Durante muchos años, en gran parte del mundo, existió la promesa de que habría alguien que pagaría los gastos de la población cuando se volviera vieja. Muchos gobiernos y algunas empresas se comprometieron a guardar algo del sueldo de sus trabajadores para garantizarles una pensión cuando se retiraran. El gobierno de México también estuvo incluido. Pero después hicieron cuentas y vieron que no iban a alcanzar a pagar sus compromisos.

A finales del siglo pasado, el gobierno de México reformó el sistema de pensiones porque consideró que de otra forma no iba a alcanzarle para pagar la jubilación de tantos viejitos.

Notó dos cosas:

✔ Que cada vez hay un mayor porcentaje de viejitos en la población total.

✔ Que el dinero que guardaba no iba a alcanzar para pagar la pensión de los trabajadores que cotizaban en el Seguro Social.

Con la reforma se dio inicio a un nuevo sistema de cuentas individuales, que es el de las **administradoras de fondos de ahorro para el retiro**, las famosas **afores**.

Casi es como decir que cada quien se rasque con sus uñas, pero no es para tanto: los trabajadores que tienen afore reciben una aportación del gobierno. No obstante, sí deben preocuparse porque de lo que se junte en su afore depende el tamaño de la pensión.

Ya no es como en aquel hermoso cuento de la comarca donde habrá para todos. Habrá, siempre y cuando cada quien, incluido tú, haga cuentas y ahorre algo adicional.

Si tienes afore estás mejor protegido que la mayoría de los trabajadores mexicanos. Pero no te emociones. Con lo que se guarda en aportaciones no será suficiente para que tengas una buena pensión: tienes que poner de tu parte.

Además de las afores, existen otros sistemas de pensiones en México. Los empleados de muchas universidades públicas y de algunos gobiernos estatales y municipales tienen sus propios sistemas de pensiones. Muchas empresas paraestatales, es decir, las compañías como Pemex, la Comisión Federal de Electricidad (CFE), el mismo Seguro Social y algunas más, también han prometido a sus empleados cierta pensión; por cierto, en algunos casos muy, pero muy alta.

¿Debes preocuparte por tu pensión?

Vamos a ver.

Si eres del 1% más rico, deja de estar molestando y vete a tu yate. Después de ese 1%, ya quedan algunos millones de trabajadores que tienen que pensársela.

Primer punto:

¿Tienes un empleo formal? Es decir, ¿de lo que te pagan o de lo que ganas al mes, una parte se va a algún sistema de seguridad social, como el IMSS, el ISSSTE o un sistema de pensiones de algún estado, universidad o municipio?

Si lo tienes, felicidades. Estás como el 40% de la población ocupada de México.

Más de dos terceras partes de los trabajadores en México, o sea el restante 60%, no tienen un sistema de seguridad social y no tendrán una pensión para cuando sean viejecitos y deban retirarse porque ya no pueden con las rodillas. El gobierno propone dar a esas personas una pensión mínima, mínima; claro, si se demuestra que no tienen ingresos, porque tampoco se trata de darles su tarjetita del Soriana a los adultos mayores que van a jugar golf.

Segundo punto:

Si tienes el empleo formal, necesitas conservarlo durante varios años. Debes cumplir con una cantidad mínima de semanas de aportar al sistema de seguridad social en el cual estés inscrito. Si no las cumples, estás en problemas. Quédate para que te cuente los detalles que requieres para alcanzar una buena pensión.

Tienes que hacer tu propio plan de retiro, porque **no** te va a alcanzar.

Si tienes un empleo formal...

Primero vamos con los empleados de empresas privadas. Si trabajas dentro del gobierno, bríncate al apartado especial, unos párrafos más abajo.

Si eres un empleado asalariado y trabajas en una empresa decente, es decir, que además de tu sueldo tu patrón paga tus cuotas del IMSS, ¡yupi!, ya no tienes un problema tan grande. En este caso tienes dos posibilidades.

Recuerda que te dije que el gobierno reformó el sistema de pensiones en 1997. Los que trabajan antes de ese año todavía alcanzan a jubilarse con el sistema que estaba vigente antes.

Los sistemas de pensiones pueden ser de dos tipos:

a) **De beneficio definido.** Así eran los planes de pensiones antes de las reformas que se dieron en México y en otros muchos países del mundo a finales del siglo XX. Tu empresa o el gobierno tienen un fondo de ahorro y están comprometidos a pagar una pensión proporcional al sueldo que ganas. A la mejor igual, menor o mayor, pero siempre en relación con lo que ganabas. Todavía hay muchos empleados que tienen esos planes de pensiones. Por ejemplo, los de las empresas paraestatales o de los gobiernos. También todos los trabajadores que cotizan en el Seguro Social desde antes de julio de 1997, cuando entró en vigor la reforma de los sistemas de pensiones. Con este sistema, la empresa o el gobierno juntan el dinero y después ya verán cómo le hacen para que alcance a pagar todas las pensiones por jubilación que deben. No importa cuánto dinero hayan ahorrado, ellos deben cumplir con el compromiso.

b) **De contribución definida.** En lugar de que esté definido cuánto te darán de pensión, lo que se define es tu contribución. O sea que aportas un determinado porcentaje de tu sueldo y con lo que se junte van a darte una pensión. Aquí cada trabajador junta su dinero, en cuentas supervisadas por el gobierno, y con lo que junte ya verá para cuánto le alcanza.

Si tienes un empleo formal y trabajas desde antes de 1997...

Si empezaste a trabajar antes de julio de 1997 en un empleo en el cual tu empresa daba las aportaciones al Seguro Social, tienes derecho a una pensión pagada por el gobierno. Voy a darte el ejemplo del que tiene más suerte.

Que conste que es para los que cotizan en el Seguro desde antes de 1997. Si una persona gana un sueldo de 25 veces el salario mínimo, que es como de cuarenta mil pesos en el año 2013, tiene derecho a una pensión de ese monto cuando se jubile. Para eso necesitará haber trabajado más de cuarenta años y no haber dejado de cotizar en el Seguro Social, o sea, en el IMSS. Lo más importante es que deberá tener vigentes sus derechos al momento de jubilarse.

Si no cumples con todas esas condiciones, no te angusties: existen maneras de llegar a conseguir ese monto máximo.

Estas son las condiciones para conseguir una pensión si trabajas desde antes de 1997 y cotizas en el Seguro Social. Ponle palomita a las que sí cumples:

Tabla 16-1

Condición	¿La tienes o no?
Tener 500 semanas de cotización como mínimo. Si no las tienes, no alcanzas pensión. Con este mínimo apenas obtienes un porcentaje de la pensión total.	
Tener más de 500 semanas de cotización para aspirar a una mejor pensión.	
Cumplir sesenta años de edad y no tener empleo. En ese caso puedes pedir una pensión por cesantía en edad avanzada. Con sesenta años alcanzas 75% de la pensión; con 61, 80%; con 62, 85%; con 63, 90%; y con 64, 95%.	
Cumplir 65 años. Ahí ya tienes derecho a la pensión por vejez. Con esta edad tienes derecho a 100% de la pensión. Ojo: no es el 100% de tu último sueldo. La pensión depende también de las semanas que hayas cotizado.	
Tener vigentes tus derechos ante el Seguro Social al momento de jubilarte. Si llegas a los sesenta años de edad o más y quieres solicitar tu pensión, van a pedirte que hayas cotizado en el Seguro Social cuando menos durante un año antes de pedir la jubilación.	
Tener un buen sueldo en los cinco años previos a tu solicitud de pensión.[1]	

Con esas condiciones consigues una pensión del tipo de "beneficio definido", porque si cumples con los requisitos, el gobierno te paga una pensión de cierta cantidad. Eso no sucede cuando se hace el ahorro con cuenta individual, porque la pensión depende, además del tiempo durante el cual hayas cotizado en el Seguro Social, de los rendimientos que se obtengan durante tus años de trabajo.

Los trucos prometidos

Lo más importante es que superes las 900 semanas de cotización y que al momento de jubilarte tengas un buen sueldo y no hayan pasado más de cinco años desde la última vez que tuviste un empleo asalariado. Si pierdes tu empleo, tú mismo puedes hacer aportaciones al Seguro Social, dentro de un sistema que se llama Continuación Voluntaria del Régimen Obligatorio. Que no se te olvide hacerlo, porque puedes conseguir una pensión muchísimo mejor que si ahorraras por tu cuenta. Bueno, eso si tienes la suerte de cotizar en el Seguro Social desde antes de 1997.

Cuando te pensionas, ya sea por la ley anterior a 1997 o por el régimen de afore, también tienes derecho a servicios médicos del Seguro Social. Por eso te conviene conservar tus derechos para recibir esa pensión. De otra forma, será carísimo pagar servicios similares a los que ofrece el IMSS porque los seguros de gastos médicos suben de precio mientras más edad tienes.

Si trabajaste antes de julio de 1997 y ahora estás desempleado, puedes recuperar tus derechos para conseguir una pensión por el IMSS. Es importante que lo hagas, porque así puedes tener una mejor pensión que si ahorras tú solito o esperas que te mantengan tus yernos (sí, cómo no).

Si trabajas desde 1997 o después...

Si empezaste a trabajar después de julio de 1997 y has estado en cuando menos alguna empresa formal, de esas que pagan sus impuestos y aportaciones al Seguro Social, ya estás dentro de una afore, o sea una Administradora de Fondos de Ahorro para el Retiro. Es más, puedes tener una afore aunque no lo sepas, porque cuando empiezas a trabajar y no escoges alguna, al año de estar empleado te meten a una, la que haya dado más rendimientos durante ese tiempo.

Bienvenido al mundo de las afores

En ellas, una parte de tu sueldo se va a una cuenta individual, que se supone que está engordando para pagarte una pensión cuando seas un adulto mayor y no tengas empleo. Puedes pedir una pensión desde que cumples sesenta años de edad, pero si te esperas un ratito, hasta los 65, la pensión puede crecer.

Tienes que cumplir con estas condiciones para que te den la pensión:[2]

✔ Haber cotizado en el Seguro Social cuando menos 1,250 semanas, o sea, como 24 años.

✔ No tener trabajo en el momento de pedir la pensión.

Imagínate que llegas a los sesenta años y no tienes todavía los 24 años cotizados. Puedes hacer un berrinche y pedirles que te den el dinero que llevas acumulado en tu afore o esperarte hasta cumplir ese mínimo de tiempo. Por ejemplo, imagínate que llevas 900 semanas. Ya nada más te faltarían siete años para alcanzar tu pensión completa y, como eres fuerte todavía, gracias a que no has dejado de ir al gimnasio y no te pasas con las copas y los pasteles y el flan, podrás trabajar un ratito más.

Si ya tienes los 24 años cotizados, entonces puedes usar el dinero que tengas ahorrado en tu afore para contratar una pensión con una aseguradora o dejar ahí el dinero y sacar cierta cantidad cada mes.

El ahorro en la afore solo alcanza para una parte. Es una cuestión matemática. Entre tú, el gobierno y la empresa ponen 6.5% de tu sueldo en tu fondo para tu pensión. Ese dinero se pone a trabajar y consigue rendimientos, que hasta la fecha no han estado tan mal. Con esas condiciones, se calcula que tu pensión apenas va a representar 43% de tu último sueldo.[3]

¿Te imaginas? Si ganas veinte mil pesos mensuales y con eso vas al cine, ¿cómo le vas a hacer con 8,600, o sea, con 43% de tu sueldo? Ya no vas a tener que comprar ropa para ir a trabajar ni ponerle gasolina al auto, pero tus gastos no se reducirán tanto.

Y, ¿qué crees? Ese 43% lo obtendrás en el mejor de los casos; es decir, si supones que tuviste empleo con cotización en el IMSS, que nunca estuviste desempleado, que siempre tuviste un buen sueldo y que te sonreía la de Contabilidad (bueno, esto último no es indispensable). Ahora imagínate qué pasará si no se cumplen esas condiciones: tu ahorro será todavía menor.

Esto de los sistemas de pensiones individuales, como el de las afores en México, empezó cuando el gobierno se dio cuenta de que no tendría dinero para pagar tantas pensiones y decidió que cada quien ahorrara y se preocupara por alcanzar determinada cantidad.

Sin embargo, resultó que las cosas no fueron tan sencillas como parece. Tú tienes que ahorrar más, pero... ¿cómo le haces?

De pronto, los trabajadores mexicanos están obligados a convertirse en financieros, porque deben lograr que su dinero se **multiplique** para tener suficiente para su pensión.

Aquí está la gran pregunta: si con la afore solo me alcanza para cubrir 43% de lo que necesitaré, ¿cómo le hago para conseguir lo demás?

Te decía que a tu afore solo se va 6.5% de tu sueldo. Si la afore consigue darte un rendimiento de 5% anual, entonces apenas logrará cubrir poco más de 40% de tu último sueldo. No te me espantes. Lo único que tienes que hacer es **aumentar un poco el ahorro por tu cuenta**.

Tendrás que aumentar tu ahorro. Tú puedes hacerlo. Deposita un dinero adicional en tu afore. Además, si destinas ese ahorro a tu retiro, **el gobierno también hace aportaciones por ti**. Todo ese esfuerzo adicional no entra en el cálculo de tus impuestos; por tanto, cada peso que ahorres en tu afore es un peso sobre el cual Hacienda no te cobrará ni un centavo de contribuciones.

Si la afore da 5% de rendimiento anual (después de inflación), necesitarás casi duplicar el ahorro que ya tienes. Es decir, a partir de hoy, **ahorra un 5.5% de tu sueldo en tu afore**. Avisa que es ahorro complementario para tu retiro y además recibirás beneficios fiscales. Listo. Ya estás en mejor camino para enfrentar los gastos cuando seas viejito. Basta con que deposites 5.5% de tu sueldo en tu afore para tener una mejor pensión. Claro, eso se suma a lo que ya te descuentan, que es 6.5% de tu sueldo.

Se calcula que con el ahorro de la afore apenas alcanzarás a tener una pensión equivalente a 43% de tu último sueldo.

El dinero adicional depositado en tu afore obtiene buenos rendimientos y te ayuda a completar tu pensión. Hay dos tipos de ahorro extra en la afore:

✔ el ahorro complementario para el retiro, que además te sirve para pagar menos impuestos, y

✔ el ahorro individual, con el cual puedes obtener los rendimientos de la afore, que son mucho mejores que los de un pagaré bancario.

Si trabajas en el gobierno federal...

La Ley del ISSSTE se reformó en 2007 para que los trabajadores del gobierno también tuvieran un sistema de cuentas individuales. Aquí también se hizo el cálculo de que al gobierno no le iba a alcanzar para pagar las pensiones con las cuales estaba comprometido, con el agravante de que los empleados podían tener derecho a jubilación con menos de cincuenta años de edad y unos cuantos años de servicio.

A partir de 2010 empezó a aumentar la edad a la cual los empleados tienen derecho a pensión por edad avanzada. Quienes se jubilaron en 2010 y 2011 ya tenían que haber cumplido 51 (los hombres) o 49 años (las mujeres). El requisito de edad irá aumentando hasta llegar a sesenta años como mínimo (58 para las mujeres) en el año 2028.[4]

El monto de la pensión depende de los años de servicio y del ahorro que haya acumulado cada trabajador.

Las cuentas individuales tienen una ventaja: que ahora el trabajador del estado puede cambiarse a trabajar en la iniciativa privada y conserva lo que haya ahorrado para su pensión, cosa que antes no sucedía. Cuando empieza a trabajar en el gobierno, el dinero de las aportaciones de un empleado se va a una afore que se llama Pension ISSSTE, pero el trabajador puede llevarse su ahorro a cualquier otra afore.

Mientras trabajas en el gobierno, la aportación a tu ahorro para el retiro es el equivalente a 11.3% de tu sueldo. También puedes aumentar tu ahorro y, como consecuencia, tu pensión, si pones de tu parte. Además cuentas con otra ventaja: si incrementas tu ahorro, el gobierno hace una aportación adicional como un estímulo para que te pongas a juntar dinero por tu parte. Si tú ahorras 1% de tu salario base de cotización, el gobierno pone 3.25% más. Si ahorras 2%, el gobierno pone 6.5% de tu sueldo. Y ya, no te vueles. Hasta ahí llegan los estímulos, que no son pocos.[5]

Si trabajas en una empresota del gobierno o en el IMSS...

Aquí vas a tener que pellizcarte para ver si no estás soñando.

En las empresas públicas hay grandes promesas de pensiones, que pueden ser el equivalente a 100% o más de tu último sueldo, si cumples algunas condiciones que no son muy grandes. En Pemex, por ejemplo, un empleado puede jubilarse con 25 años de servicio, así tenga apenas 43 de edad.[6] Para los trabajadores del IMSS también hay grandes promesas; por ejemplo, que pueden jubilarse con el 100% de su pensión a los treinta años de servicio.[7]

Prometer no empobrece; dar es lo que aniquila. Cada vez se alzan más voces de alerta de que el gobierno no alcanzará a pagar las pensiones que tiene prometidas a los empleados de las empresas paraestatales, de manera que puedes esperar una reforma a esos sistemas de pensiones muy pronto.

En la primera década del siglo XXI se multiplicó el gasto de las empresas paraestatales para pagar a sus jubilados. Pedro Vásquez Colmenares, un economista que advierte que el gobierno deberá modificar esos sistemas, lo cual implicará bajar las promesas para los trabajadores, lo explica así:

Pemex casi sextuplicó su gasto pensionario entre 2001 y 2010; el ISSSTE lo quintuplicó; CFE lo cuadruplicó y el IMSS lo triplicó. Paradójicamente, en muchos casos de estos sistemas públicos de pensiones es común que los trabajadores no hagan aportación alguna a sus sistemas de pensiones o que ésta sea mínima.[6]

Sí, tendrás que pellizcarte para ver si no estás soñando. Lo más probable es que, si estás dentro de una empresa pública, vivas un sueño del que muy pronto habrá que despertar.

Algunos de esos empleados ya tuvieron que despertar del sueño. En 2009 el gobierno federal desapareció a la Compañía de Luz y Fuerza del Centro (LFC), que era la que daba energía eléctrica a la ciudad de México y a algunas poblaciones vecinas. Al liquidar a la empresa, el gobierno ofreció determinada suma de dinero a sus trabajadores en activo y ya solo se quedó con la obligación de pagar las pensiones a los que se habían jubilado antes. Dice Vásquez Colmenares que "en LFC no existía un fondo para el pago de pensiones", y eso que tenía por pagar 240 mil millones de pesos a los jubilados y a los trabajadores en vías de jubilarse.[10]

Si trabajas en una empresa pública o en un gobierno estatal o municipal, también tienes que hacer ahorros por tu cuenta, porque tal vez no habrá fondos suficientes para pagarte la pensión que te han prometido.

Si no tienes un sistema de seguridad social...

Y todavía queda 60% de los trabajadores de México que no tiene ningún sistema de seguridad social. Según el gobierno federal, de los mayores de 65 años, más de dos terceras partes no han cotizado en algún sistema de seguridad social, así que a la hora de jubilarse no cuentan con pensiones.[11]

El problema se agrava según baja el nivel de ingresos. Entre las personas que ganan más, dos terceras partes de los mayores de 65 años tienen una pensión o pago por jubilación. Sin embargo, entre los más pobres de México, solo 2.8% cuenta con una pensión.[12]

Entonces llega el programa "Abuelito estoy contigo" y otros de nombre similar para apoyar a los viejos de menos recursos. ¡En serio! Hay un programa que así se llama, es del gobierno de Quintana Roo y tiene un presupuesto que le alcanzaría para repartir cien pesos mensuales a sus beneficiarios (y hay que restarle los gastos de operación del programa).

No quiero asustarte, pero cada vez habrá más viejos y cada vez serán (seremos, dijo el otro) una mayor parte de la población. Se calcula que para 2050, una de cada cinco personas será mayor de 65 años en México.[13] Y como van las cosas, muy pocos podrán tener pensión, porque no se han generado suficientes empleos que cotizan en el Seguro Social.

Lo mejor sería no asustarte porque te me vas a deprimir y no harás nada para enfrentar el riesgo de ser tú mismo uno de esos viejos sin suficiente dinero para dejar de trabajar cuando ya no puedas descargar los sacos de cemento del camión o diseñar programas de computadora.

Tu plan para el retiro

No te azotes. Deja de preocuparte en este instante por las dificultades que tendrán los mexicanos cuando se vuelvan viejos y no tengan de dónde sacar dinero para pagar sus medicinas.

Mejor arma tu plan de ahorro.

Aquí están las opciones que debes tomar en cuenta para ver cuánto necesitas ahorrar.

Tabla 16-2

Con qué cuentas ahora	Cuánto te falta para asegurarte una buena pensión
Estás inscrito en el Seguro Social y has cotizado desde antes de 1997.	Asegúrate de: ✔ tener más de 900 semanas de cotización, ✔ que tus derechos estén vigentes a la hora de jubilarte, y ✔ que en los últimos cinco años de trabajo tengas un buen salario, porque de ahí se calculará tu pensión.
Estás inscrito en el Seguro Social y empezaste a trabajar después del 30 de junio de 1997 (cuando entró en vigor el sistema de afore).	✔ Asegúrate de alcanzar más de 1,250 semanas de cotización para cuando te jubiles. ✔ Completa tu ahorro. ¿Me estás oyendo? Que completes tu ahorro, porque lo que te descuentan de tu sueldo para meterlo a la afore no será suficiente para darte una buena pensión. ✔ Aprovecha que si ahorras para el retiro pagas menos impuestos.
Estás inscrito en el ISSSTE.	Revisa cuál será la edad de retiro para cuando te toque jubilarte. Cada año aumenta desde que se reformó la ley del ISSSTE.

Tabla 16-2 (*Cont.*)	
Con qué cuentas ahora	*Cuánto te falta para asegurarte una buena pensión*
Estás inscrito en otro sistema de seguridad social.	Revisa cuáles son las condiciones y asegúrate de que haya dinero para pagar. A muchas universidades públicas está a punto de acabárseles el fondo que tienen para pensiones y entonces podrían cambiar las promesas para sus trabajadores. Así que ahorra un extra.
No tienes ningún sistema de seguridad social.	Empieza a ahorrar ya. Aprovecha los planes personales de retiro que venden las aseguradoras o inscríbete en una afore en forma voluntaria. Recuerda que debes tener un patrimonio que te permita vivir veinte años sin trabajar.

Cómo ahorrar para el retiro

Como ya estás convencido de que hay que ahorrar por tu cuenta para completar tu pensión, ahora necesitas decidir dónde vas a meter tu dinero.

Se trata de un ahorro de largo plazo, o sea que debes buscar que en los diez, quince, veinte, veinticinco o treinta años que te faltan para retirarte, tu dinero tenga un buen rendimiento. Eso solo puedes conseguirlo con inversiones, que tienen algo que se llama **riesgo**, porque si te quedas estacionado en el banco tendrás pocas ganancias.

El riesgo mide las **variaciones**, hacia arriba o hacia abajo, de una inversión. Puede aplicarse tanto a una inversión que haces en un negocio como a los depósitos que haces a un fondo de inversión. Cuando abres un negocio, sabes que tienes probabilidades de recuperar el dinero que le metiste, de ganar mucho más de lo que metiste o de plano no ganar. Ese es el riesgo y existe en todas las inversiones.

Para el ahorro para tu retiro tendrías que analizar los distintos tipos de inversiones, sobre lo cual hablaremos en el siguiente capítulo.

Tú puedes contratar, por tu cuenta, una afore, en caso de que no estés inscrito en un sistema de seguridad social. En él, tu ahorro tendrá alzas y bajas a lo largo del tiempo, con la intención de que tenga más alzas que bajas para que a la hora de jubilarte hayas acumulado una buena suma para pagar tu pensión.

Tus pastillas para desayunar

A los árboles se les calcula la edad por el número de círculos que tiene su tronco y parece que a los humanos, por el número de pastillas que toma a la hora del desayuno. No necesitas ir muy lejos para saber que aumentará tu gasto en medicamentos cuando seas mayorcito.

¿Te conté ya que más de dos terceras partes de la población de México no están inscritas en un sistema de seguridad social? Eso significa que no tendrán pensión... y que no tendrán servicio médico. Para que no te gastes todos tus ahorros en medicamentos, la solución más viable que tienes a la mano es inscribirte en alguno de esos sistemas de seguridad.

El Instituto Mexicano del Seguro Social tiene el seguro de salud, al cual puedes inscribirte por tu cuenta y así tener derecho a consultas médicas, medicamentos, cirugías y hospitalización. Te cobran, por adulto al año, algo así como lo que cuesta un par de tenis para correr.

Puedes completar tu inscripción al Seguro Social con un seguro de gastos médicos mayores, porque mientras más joven y saludable seas cuando lo contrates, más barato te sale. ¿Por qué? Porque los seguros sirven para prevenir enfermedades que todavía no tienes y que es posible que no llegues a tener.

Si ya estás enfermo de algo al momento de contratar el seguro, ya no estarás cubierto para el tratamiento de esa enfermedad específica.

Referencias:

(1) Instituto Mexicano del Seguro Social (IMSS), "Fundamentación jurídica de las pensiones que ofrece el IMSS al amparo del régimen obligatorio de las Leyes del Seguro Social de 1973 y 1997; y ejemplos de procedimientos de cálculo". Consultado en 26 de septiembre de 2013. En http://www.imss.gob.mx/Pensionesysubsidios/Documents/Regimen73-97.pdf

(2) Instituto Mexicano del Seguro Social (IMSS), Ley del Seguro Social, publicada en el *Diario Oficial de la Federación* el 21 de diciembre de 1995. Incluye reformas y adiciones por decretos publicados en el *Diario Oficial de la Federación* el 21 de noviembre de 1996 y el 20 de diciembre de 2001, IMSS, México, sin fecha de publicación.

(3) Albo, Adolfo, González, Fernando, Hernández, Ociel, Hernández, Carlos y Muñoz, Ángel, *Hacia el fortalecimiento de los sistemas de pensiones en México. Visión y propuestas de reforma*, México, BBVA Bancomer, 2007, pp. 136-137.

(4) Instituto de Seguridad y Servicios Sociales para los Trabajadores del Estado (ISSSTE), Decreto por el que se expide la Ley del Instituto de Seguridad

y Servicios Sociales para los Trabajadores del Estado, *Diario Oficial de la Federación*, México, 21 de marzo de 2007. Consultado el 26 de septiembre de 2013 en: http://www.personal.unam.mx/Docs/LeyIssste/leydelissste.pdf

[5] Comisión Nacional del Sistema de Ahorro para el Retiro (Consar), "Sí al ahorro solidario para los trabajadores". Sitio electrónico de la Consar. Consultado el 26 de septiembre de 2013 en http://www.consar.gob.mx/principal/info_gral_trabajadores-issste_ahorro_solidario.shtml

[6] Vásquez Colmenares, Pedro, *Pensiones en México. La próxima crisis*, México, Siglo XXI Editores, 2012, pp. 86-87.

[7] Gutiérrez Melchor, Jaime, "IMSS régimen de jubilaciones y pensiones", blog Mi retiro y pensión. Consultado el 26 de septiembre de 2013. En http://sipse.com/miretiroypension/imss-regimen-de-jubilaciones-pensiones/

[8] Vásquez Colmenares, Pedro, *ob. cit.*, p. 26. También hay una explicación de cómo al gobierno no le va a alcanzar, en: Anton, Arturo, Hernández, Fausto y Levy, Santiago, "The end of informality in Mexico. Fiscal reform for universal social insurance". En http://idbdocs.iadb.org/wsdocs/getdocument.aspx?docnum=37642208

[9] Secretaría de Hacienda y Crédito Público, Propuesta de reforma para seguridad social universal. Consultada el 25 de septiembre de 2013. En http://reformahacendaria.gob.mx/?utm_source=shcp&utm_medium=banner&utm_campaign=reformahacendaria

[10] Vásquez Colmenares, Pedro, *ob. cit.*, pp. 92-93. También en Comisión Federal de Electricidad, "Decreto por el que se extingue el organismo descentralizado Luz y Fuerza del Centro", *Diario Oficial de la Federación*, 11 de octubre de 2009. Consultado el 27 de septiembre de 2013: http://goo.gl/LpG8B. La indemnización para los trabajadores fue, en promedio, el equivalente a dos años y medio de salario para cada quien, alrededor de 435 mil pesos, según José Antonio González Anaya, coordinador de asesores de la Secretaría de Hacienda, en 2009: Notimex, "Ex trabajadores cobran su indemnización", CNNExpansión, 17 de octubre de 2009. En http://www.cnnexpansion.com/actualidad/2009/10/17/ex-trabajadores-cobran-su-indemnizacion

[11] Secretaría de Hacienda y Crédito Público, *ibídem*.

[12] Hernández Licona, Gonzalo, "¿Qué sigue en el sistema de pensiones de tod@s?", Consejo Nacional de la Política de Desarrollo Social (Coneval), presentación en la Semana Nacional de Educación Financiera, septiembre de 2013. Consultado el 27 de septiembre de 2013. En http://goo.gl/RpVbjq

[13] Consejo Nacional de Población. Envejecimiento de la población. Conapo, México, 2004. En http://www.conapo.gob.mx/es/CONAPO/Envejecimiento_de_la_poblacion_de_Mexico__reto_del_Siglo_XXI

Parte IV

En esta parte...

- Te revelaré cómo convertirte en un verdadero tiburón de las inversiones.

- Aprenderás los fundamentos para emprender.

- Conocerás las estrategias de los grandes inversionistas.

- Te contaré casos reales del mercado de valores.

- Identificarás qué tipo de inversionista eres y cuáles inversiones te convienen más.

Te conviene invertir

En este capítulo:

▶ Te enseñaré a nadar entre tiburones y a obtener ganancias con tu dinero.

▶ Conocerás conceptos financieros que te ayudarán a tomar decisiones convenientes.

▶ Aprenderás el valor del tiempo y del riesgo.

*N*o me digas que no te has topado con un cuñado o un primo que te presumen que han ganado mucho con sus inversiones. "¡Ah, qué lata con ese Mariano que siempre dice que le va re bien en la Bolsa!", dirás. Pueden suceder dos cosas: o bien que digas que tu primo es un fanfarrón y nunca le hagas caso de poner tu dinero a trabajar, lo cual es malo, porque entonces podrías perderte muchas ganancias, o hacerle caso tal cual a tu primo e ir de copión a invertir exactamente igual que él, lo cual también puede ser malo, porque las inversiones que son buenas para tu cuñado, tu primo o tu vecino, no siempre son buenas para ti.

La solución está en **convertirte en inversionista**. ¿Inversionista tú? Para que no digas que yo te lo dije, te recuerdo que ya en La Biblia hay varios llamados a que **uses bien tu dinero y tu esfuerzo**. Este no es un libro religioso ni quiero decir que todo lo que leas en La Biblia es verdad o que debas obedecerlo (ya sabrás tú si le crees o no). Es un pequeño ejemplo.

Resulta que un hombre se iba de viaje y antes de salir reunió a tres sirvientes. Al primero le dio cinco talentos (o monedas); al segundo, tres y al tercero, uno. Les dijo que le dieran un buen uso al dinero y que les pediría cuentas cuando regresara del viaje. El que recibió cinco talentos hizo negocios con ellos y ganó otros cinco. El que recibió dos, también los puso a trabajar y ganó otros dos. El que recibió uno, hizo un hoyo en la tierra y ahí lo escondió. O a la mejor lo metió abajo del colchón o lo puso en la tanda de doña Chonita porque consideró que era lo más seguro.

El amo regresó del viaje y los llamó. "A ver, muchachos, regrésenme mi dinero y, de ser posible, denme ganancias". Los dos primeros le entregaron la cantidad duplicada. El tercero le dijo: "yo tuve miedo y escondí enterrado tu dinero; aquí tienes lo tuyo" y le dio la misma monedita, con un poco de tierrita.

Ah, qué muchacho tan desorientado. Solo escondió el dinero para regresarlo tal cual, sin ganancias. A los que hicieron negocios con el dinero y lograron duplicarlo, el patrón les dijo que por haber sido buenos y honrados les confiaría mucho más. Al tercero le dijo "servidor malo y flojo" y le reclamó que no le diera intereses por haberle dejado la moneda.[1]

Terminó tan enojado el patrón que pidió que le quitaran el talento que le dio y se lo dieran al que acumuló diez. "Porque al que produce se le dará y tendrá en abundancia, pero al que no produce se le quitará hasta lo que tiene". Ándele, por no invertir.

Después de darte este susto bíblico, ya te convencí de que debes invertir tu dinero para que te dé buenos rendimientos y para que en algún momento se ponga a trabajar por ti.

Al rato te cuento algo que dijo Benjamín Franklin sobre lo conveniente que es invertir tu dinero, a ver si con esa autoridad ya terminas de convencerte. Pero antes te cuento que tú sí puedes invertir, aunque creas que es muy difícil.

Si ya tienes tu dinero en un pagaré bancario, en realidad ya inviertes porque te separas de tus recursos durante un momento y se los prestas a alguien para que te los regrese con rendimientos.

Guardar el dinero en el banco y obtener un poco de rendimiento puede estar bien, pero no es suficiente. Tú necesitas ganar más.

Vamos a ver qué bonito se ve tu ahorro cuando va creciendo con el tiempo. Mira esta gráfica:

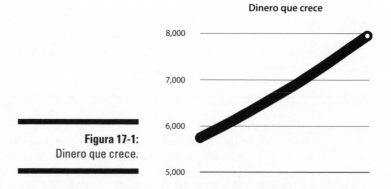

Figura 17-1:
Dinero que crece.

Esta gráfica muestra lo que le pasarían a un poco más de cinco mil pesos metidos en un pagaré bancario, con un interés de 3% anual. La gráfica abarca de 2002 a 2013. Tú dejas abandonado el dinero ahí y de cinco mil pesos se convierte en casi ocho mil, sin que muevas un dedo. Esto ilustra, en cierta forma, lo que decía Benjamín Franklin, uno de los padres de la patria estadounidense:

Piensa que el dinero es fértil y reproductivo. El dinero puede producir dinero; la descendencia puede producir todavía más y así sucesivamente.[2]

Porque tú dejaste los cinco mil pesos y el dinero solito se reprodujo. Eso en un pagaré bancario. Ahora te presento a la Bolsa de Valores. Si hubieras metido en 2002 esos cinco mil y tantos pesos, para 2013 se habrían convertido en... ¿Estás listo? En más de 41 mil pesos. ¡¿Que, qué?! Pero si en ese tiempo hubo crisis, marchas, lluvias, sequías y a cada rato decían en la tele que había bajado la Bolsa. Será lo que quieras, pero fíjate cómo crece el valor de una inversión en la Bolsa de Valores. De paso fíjate en la rayita de abajo: esa representa lo que le habría pasado a la misma cantidad de dinero si se hubiera quedado invertida en el pagaré del que te hablaba, con un rendimiento de 3% anual:

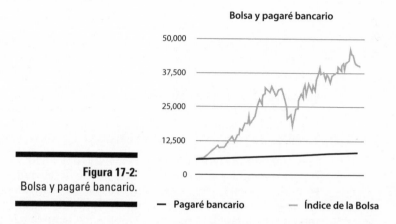

Figura 17-2:
Bolsa y pagaré bancario.

Antes de que corras a buscar cómo invertir en la Bolsa, quédate aquí un poquito más de tiempo porque no se puede invertir en la Bolsa así como así. Aquí van algunas razones para que te vayas con calma y otras para que lo pienses y aproveches las ventajas, una vez que lo entiendas mejor:

Tabla 17-1

Por qué irse con calma	Por qué sí te conviene
Las casas de bolsa tradicionales te piden una gran cantidad inicial para permitirte invertir con ellas. Es probable que te pidan cientos de miles o cuando menos un millón de pesos como la cantidad inicial a invertir.	Ya hay casas de bolsa en línea que te dejan abrir cuentas con muchísimo menos dinero; algunas con 5 mil pesos.

Tabla 17-1 (*Cont.*)

Por qué irse con calma	Por qué sí te conviene
En verdad puede ser muy riesgoso que te metas a la Bolsa solo porque quieres copiarle a tu cuñado.	Si analizas bien, puedes aprovechar oportunidades.
No te conviene invertir en la Bolsa de Valores si vas a necesitar el dinero dentro de poco tiempo o si representa gran parte de tu patrimonio.	Esa misma advertencia es válida para cualquier otra inversión. No te conviene abrir la pizzería, el *spa* o la tienda de yogur en línea si vas a arriesgar todo tu patrimonio.

¿Cómo? ¿Primero nos emocionamos por las ganancias que se pueden obtener y luego nos asustamos? Momento: nadie dice que abandones la oportunidad de invertir en la Bolsa, pero primero fíjate en esto.

Si analizas bien la línea que representa a la Bolsa de Valores, te darás cuenta de que sube y baja. Ahí están representados once años y en ese tiempo la inversión del ejemplo pasó de 5,700 a más de 41 mil pesos, un crecimiento de 621% o de 19% al año.

Eso es a largo plazo. Pero como ya viste, hay alzas y bajas en la línea que representa a la Bolsa. Una baja puede doler mucho. Veamos otro ejemplo: supón que en diciembre de 2007 metiste cinco mil pesos en un pagaré bancario con un rendimiento de 3% y que tu primo metió la misma cantidad en la Bolsa de Valores, en la misma fecha. En diciembre de 2008 se ven en la cena anual y tú le preguntas al fanfarrón de tu primo cómo le fue en la Bolsa de Valores. Imagina que tu primo ya se echó unos ponches, así que no te mentirá. En lugar de tener cinco mil pesos, sus recursos bajaron a 3,788 pesos. Y tú, que guardaste el dinero en el banco con un rendimiento de 3% anual, convertiste tu ahorro en 5,164 pesos.

Eso fue lo que sucedió durante la crisis de 2008. Le fue mejor a la gente que guardó el dinero en un modesto pagaré bancario que a la que se animó a entrar a la Bolsa de Valores. Qué te digo, una persona que hubiera enterrado su dinero en un hoyo habría quedado mejor que el que metió el dinero a la Bolsa.

La moraleja aquí no es que entierres tu dinero, sino que cuando inviertas en la Bolsa recuerdes estas tres advertencias:

1. La Bolsa de Valores es para el **largo plazo**. En un año puedes perder, pero la tendencia es a ganar en periodos más largos de tres, cuatro o cinco años.

2. Si vas a invertir en la Bolsa debes tener paciencia, porque si te asustas puedes perder más. Es probable que una caída en los precios te espante y quieras sacar tus recursos cuando están en la parte baja. De esa forma, lo que haces es **malbaratar**.

3. Te conviene que lo que inviertas en la Bolsa sea dinero que no vayas a necesitar pronto. Es lo bueno de ser rico: cuando tienes dinero extra puedes invertirlo, ya sea en la Bolsa de Valores o en un negocio. Si te va mal, puedes recuperarte después. Si no eres inmensamente rico, es hora de que empieces a juntar tu dinero, para que sí puedas aprovechar e invertir en la Bolsa.

En esta gráfica puedes observar cómo les fue a los dos que metieron cinco mil pesos en dos lugares diferentes en diciembre de 2007. El que metió el dinero en el pagaré tuvo ganancias. El que invirtió en la Bolsa tomó muchos ponches y se puso a llorar... o se mantuvo y después obtuvo ganancias, como podrás ver en la gráfica siguiente.

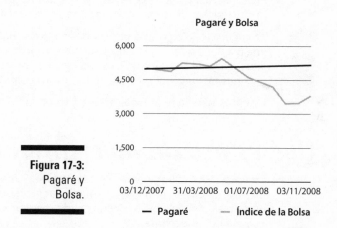

Figura 17-3: Pagaré y Bolsa.

Ahora imagina que tu primo y tú vuelven a verse, ahora en la Navidad de 2012. "Juar, juar", le dirás a tu esposa con tu mejor carcajada de malo de película, "seguro mi primo siguió perdiendo". Entonces llega la hora de los ponches y las confesiones. Recuerda que cada quien metió cinco mil pesos en diciembre de 2007. Tú ya tienes la fabulosa cantidad de 5,823 pesos y tu primo ya logró que su inversión en la Bolsa de Valores se convirtiera en 7,329 pesos. De manera que la gráfica ahora se ve así:

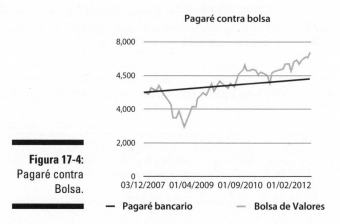

Figura 17-4:
Pagaré contra
Bolsa.

¿Notas que después de la caída en 2008, la inversión en la Bolsa se re-cuperó y le ganó a tu pagaré? Y lo peor es que tu primo ni siquiera dice "juar, juar", porque en el tiempo cuando la Bolsa bajó, él se metió a unas clases de meditación y dejó de preocuparse por las caídas y de fanfarro-near con sus ganancias. O sea que ahora tu primo es el doble de pesado, porque se las da de muy zen y además ya volvió a ganar en la Bolsa.

Te cuento todo esto solo para que veas que la Bolsa de Valores puede ser una buena inversión si tienes paciencia y metes ahí tu dinero, pero para el largo plazo. El largo plazo, a diferencia de lo que tendemos a pensar, es mu-cho más que un año, más que dos años. Es como cinco, seis... diez años.

Digamos que ya te animaste a invertir en la Bolsa. Ahora, ¿cómo le haces?

¿Qué es eso de invertir en la Bolsa?

La Bolsa Mexicana de Valores, al igual que otras bolsas de valores en el mundo, es como un mercado en el cual se venden bonos de deuda de empresas, del gobierno y pedazos de compañías. A estos últimos se les conoce como *acciones*.

En la Bolsa puedes comprar bonos de deuda, lo cual equivale a prestarle dinero al gobierno o a empresas. También puedes convertirte en socio de alguna gran compañía. Para hacerlo, compras sus acciones. Eso de comprar acciones es lo más reconocido de la Bolsa de Valores.

Por ejemplo, tú podrías ser socio de Walmart de México o del principal fabricante de Coca-Cola en México, que se llama Femsa, o del productor de cemento, Cemex, o de Carlos Slim con alguna de sus compañías, tal vez América Móvil.

Al comprar acciones de una empresa, lo único que te queda hacer es esperar que esa empresa aumente de valor. ¿Ya te sabes aquel cuento de tres niños de los barrios bajos de Estados Unidos, a quienes les preguntan qué les gustaría comprar? El primero dice que le encantaría comprarse unos tenis *Nike*, de esos rosa chillante que usan las estrellas del futbol. El segundo, que quisiera tener unos tenis *Converse* para presumirlos ante sus amigos en el centro comercial. El tercero, muy callado, solo los escuchaba hablar de las ventajas de una y otra marca hasta que alguien le pregunta qué le gustaría comprar. "A mí me gustaría comprar acciones de *Nike* (propietaria de las marcas *Nike* y *Converse*). Se ve que le irá bien a esa empresa".

Cuando compras acciones de una compañía en especial, esperas que aumenten de valor con el tiempo. Lo logran gracias a los buenos resultados en ventas y en utilidades de la empresa. Una vez que aumentan de valor, tú, muy contento, vas y vendes tus acciones y obtienes ganancias.

Hay muchos ejemplos de acciones a las que les ha ido bien. Tu primo ya te habló de ellas y a ti te ha entrado la curiosidad. Puede ser que empieces a desesperarte por ver desde la orillita de la alberca lo bien que les ha ido a los que se metieron a nadar.

Mira nada más qué chulada las acciones de Apple:[3]

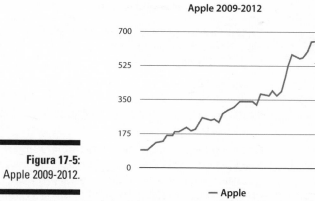

Figura 17-5:
Apple 2009-2012.

Si hubieras, ay, si tan solo hubieras comprado una acción de Apple el 1 de diciembre de 2008, habrías pagado 83 dólares y para el 1 de noviembre de 2011 la inversión se habría multiplicado hasta llegar a 574 dólares. Claro, si solo fueras Forrest Gump, el personaje de la película del mismo nombre que siempre estaba cerca de las grandes oportunidades. Total que quien compró una acción de Apple en 2008, cuando a nadie se le habría ocurrido que en pocos años todos estaríamos hipnotizados por cuando menos una pantalla de la marca, para 2011 ya había logrado una ganancia de 591%, ¡más de 90% anual! ¿Cómo se ve una ganancia de 3% anual comparada con eso?

Aquí la gran ventaja es que esta persona entró cuando la acción estaba muy barata, después de bajar de precio durante 2008, y vendió un poco antes de que el valor de *Apple* empezara a bajar. Vamos a ver una película un poco más larga. Las acciones de Apple de marzo de 2008 a septiembre de 2013:

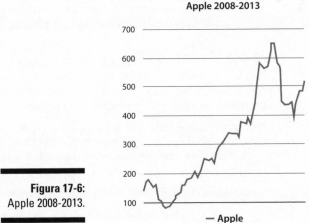

Figura 17-6:
Apple 2008-2013.

Aquí de nuevo puedes captar alzas y bajas. Claro que el valor de 2013 está mucho más arriba que el de 2008, pero ya viste el chipote que logró en 2012 y la baja en el siguiente año y a la mejor ahí te asustas.

De todos modos, hay una tendencia a subir a lo largo de los años en la acción de Apple. Aquí ponemos el ejemplo de un inversionista con la suerte de Forrest Gump, quien estuvo en el lugar adecuado y en el momento adecuado.

Qué tal que esa misma persona hubiera invertido en el fabricante de Blackberry. Ni esa empresa ni el inversionista tenían por qué pensar que llegarían Apple y otras compañías a producir teléfonos inteligentes más atractivos que el suyo. No había motivo alguno para pensar que le iría mal.

Mira nada más qué masacre. Alguien que compró una acción en 112 dólares en 2008 vio cómo su inversión se convertía en 11.87 en el año 2013. O sea que se quedó con la décima parte de su valor. Visto así, tendrás cientos de razones para regañar al que invirtió en Blackberry: que cómo se le ocurre, que los teléfonos de Apple son más blancos y cuadrados, que el servicio de mensajería de Blackberry tenía muchas fallas.

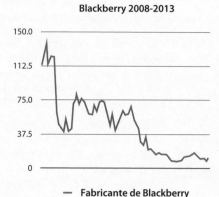

Figura 17-7:
Blackberry 2008-2013.

Todos somos expertos para predecir el futuro, sobre todo cuando el futuro que predecimos está en el pasado. Era muy difícil saber, en 2008, que a Blackberry le iría tan mal y, fuera de los fanáticos de Steve Jobs, tampoco era muy claro que el valor de Apple crecería tanto.

Como es muy difícil adivinar cuándo una buena oportunidad puede convertirse en un fracaso, es mejor que no te amarres a la suerte de una sola empresa. Puedes **comprar acciones de varias compañías al mismo tiempo**. Por ejemplo, al inversionista en Blackberry le habría convenido comprar también acciones de Apple. Si le va mal a una, se compensa con lo que gane en la otra. Eso se llama **diversificar**: tener acciones de diferentes empresas. Todavía podía diversificar más, a la mejor comprando una acción de Samsung.

Pero, ¿te das cuenta de que las tres empresas se dedican a producir más o menos lo mismo? Imagínate que de pronto llega otro invento que enloquece a los consumidores y dejan de dedicarle tanto dinero a las tabletas y a los teléfonos inteligentes. Para diversificar bien, lo ideal es **comprar acciones de empresas que se dediquen a actividades muy diferentes.**

El ejemplo clásico de la diversificación es el de un inversionista que compra acciones de una empresa fabricante de esquíes y también de una fábrica de trajes de baño, de manera que podrá esperar ganancias en invierno y en verano.

Sí, claro, vas a decir: compro acciones de diez empresas diferentes pero, ¿con qué dinero?, porque sumas el precio de cada acción. Ni te angusties. Tú puedes comprar acciones de las principales empresas que cotizan en la Bolsa Mexicana de Valores con una sola operación. Lo único que necesitas es entrar a un fondo de inversión que imite lo que sucede en la Bolsa.

Ya has escuchado en la radio o en la televisión que la Bolsa subió o bajó tantos puntos o tanto por ciento. A lo que se refieren es a lo que le pasó al precio de un conjunto de acciones de muchas de las empresas más importantes de México. Ese conjunto de acciones se conoce como el Índice de Precios y Cotizaciones (IPC). Es probable que haya subido el precio de Walmart de México y bajado el de Coca-Cola Femsa y permanecido igual el de Cemex. A ti te informan lo que le sucede a esa canasta de acciones de esas empresas y otras más.

En el IPC hay acciones de Walmart de México (Walmex) que, como sabes, es la mayor cadena de supermercados en el país; de Alsea, que opera los Starbucks, los Vips y muchos Burger King; de Chedraui y Comercial Mexicana, otras dos cadenas de supermercados; de Bimbo, que es nada menos que Bimbo; y de Gruma, la productora de la harina de maíz *Maseca*, entre otras compañías. En total hay 33 empresas en ese índice. Imagínate: tú puedes ser socio de todas esas empresas.[4]

En México hay varios fondos que imitan al Índice de Precios y Cotizaciones (IPC) de la Bolsa. Es como si invirtieras en 33 empresas diferentes. Por ejemplo, el **Naftrac**, que cotiza con la clave Naftrac02. Puedes pedirlo en tu casa de bolsa. Si tienes una cuenta en una casa de bolsa en línea, tú mismo puedes picarle y comprarlo. Su precio refleja directamente los puntos de la Bolsa. Por ejemplo, en septiembre de 2013 el índice de la Bolsa estaba en cuarenta mil puntos, así que cada título del Naftrac se vendía en cuarenta pesos.

Casi todas las operadoras de fondos de inversión tienen alguno que imita a la Bolsa; por ejemplo: BBVA Bancomer tiene el fondo BMERIND; GBM el BGMPBOL ; y HSBC el HSBC BOL.

Tú puedes empezar a invertir en la Bolsa el día en que te animes. Hay varias casas de bolsa en línea que no te piden una gran inversión inicial como las tradicionales. En México, puedes entrar a:

- Kuspit en www.kuspit.com
- GBM Homebroker en www.gbmhomebroker.com
- Vector en www.e-vector.com.mx
- Actinver en www.actinver.com/bursanet
- Banamex en AcciTrade: www.accitrade.com

Corre a la casa de bolsa más cercana a tu domicilio y pide que te informen si puedes invertir en **Naftrac**. Es una especie de fondo de inversión que replica al índice de la Bolsa Mexicana de Valores. En realidad es un "título referenciado a acciones" (TRAC), como se conoce en México a estos instrumentos que se dedican a imitar canastas de inversiones. En inglés llevan las siglas ETF.

También hay otros TRACs o ETF que siguen a otros índices. En Estados Unidos hay ETF que siguen a diferentes índices de los distintos mercados bursátiles. Por ejemplo, hay uno que sigue al índice Dow Jones y otro al S&P500, que siguen la evolución de la Bolsa de Wall Street.

Para invertir en la Bolsa Mexicana de Valores basta con que entres a un fondo de inversión. Pide uno que replique el índice de la Bolsa. Además de que apantallarás a tu ejecutivo, tendrás un portafolio de inversión con las principales empresas de México. Puedes hacerlo en un banco o en una casa de bolsa en línea. Hay algunas que te piden cinco mil pesos o menos como monto inicial de inversión.

Las locuras de la Bolsa

A cada rato te cuentan que en las bolsas de valores la gente se vuelve loca. Por ejemplo, a finales del siglo pasado y principios de este, había una locura por comprar acciones de empresas cuyo nombre terminara en "punto com", o sea, las que prometían hacer negocios en Internet o con todo lo relacionado con la entonces llamada "nueva economía"; por ejemplo, las empresas que instalaban cables para dar servicios de Internet o las compañías telefónicas y sus proveedores. Ahí estaban Amazon, Nortel, Starmedia y, curiosamente, Pets.com. Este último caso fue impresionante. Era una empresa que vendía accesorios y comida para mascotas en línea.

Corría el año de 1998 cuando Pets.com empezó a funcionar, con una gran campaña de publicidad que la respaldaba. Para 2000 fue una de las muchas empresas de Internet que lanzó sus acciones. Se vendieron en once dólares cada una. Menos de un año después, la empresa se dio cuenta de que mientras más vendía, más perdía, porque ofrecía los productos más baratos que lo que le costaba comprarlos y además ofrecía envíos gratis para conquistar a los clientes. Llegó un momento cuando no pudo conseguir más capital, de manera que se puso en venta. Sus acciones cayeron a 19 centavos de dólar cada una.[5]

En Internet circuló un chiste sobre una de las compañías muy relacionadas con esa supuesta nueva economía, Nortel. Decía que si hubieras comprado mil dólares en acciones de Nortel, un año después habrías terminado con 49 dólares. En cambio, si hubieras comprado mil dólares de cerveza *Budweiser* y te la bebieras toda, un año después hubieras obtenido 79 dólares por reciclar las latas. La conclusión: que te convenía más empezar a beber.[6]

Lo que terminaría por conocerse como la burbuja del "punto com" tuvo muchos casos de acciones que subían de precio solo porque los inversionistas tenían mucha fe en que las empresas obtendrían, algún día y de alguna forma, muy buenas ganancias.

Hubo otro caso, el de una empresa llamada TheGlobe.com, que sin haber reportado ingresos, ya no digamos ganancias, lanzó sus acciones a la Bolsa con un precio de nueve dólares cada una. El día en que empezaron a cotizar en la Bolsa, los títulos subieron a 97,[7] lo cual convirtió a sus dos fundadores, Stephan Paternot y Todd Krizelman, en multimillonarios. Se cuenta que en 1999, cuando la empresa vivía su gloria, CNN grabó un video de Paternot en pantalones de cuero y bailando sobre una mesa con su novia modelo. Paternot declaró: "Tengo la chica, tengo el dinero y ahora estoy listo para vivir una vida repugnante y frívola". Solo que TheGlobe.com, que incluía entre sus productos el servicio de llamadas por Internet, fue una de las empresas que se desinfló en 2001 y sus acciones cayeron a un precio de centavos. El sitio de Internet cerró en 2008 y Paternot escribió un libro con sus memorias, que según una reseña de Salon.com es tan tonto como el modelo de negocio de TheGlobe.com.[8]

¿Cuál es la moraleja de este tipo de experiencias, además de que no debes bailar con pantalones de cuero porque serás recordado con ellos? Aquí hay varias lecciones:

1. **A los pioneros no siempre les va bien.** Los inversionistas que se volvieron locos por comprar acciones de un nuevo tipo de negocios, que prometía grandes ganancias, tendrían que recordar que no ganan todos los que entran a un negocio nuevo. Puede ser que se presente una gran fiebre por comprar mariscos del Pacífico en la ciudad de México, como sucedió entre 2011 y 2013, cuando se multiplicaron los restaurantes estilo Sinaloa y Baja California en la capital. Algunos restaurantes tienen éxito, pero no todos van a "pegar". En 1999 las acciones de TheGlobe.com valían nueve dólares, saltaron a 97 y ahora valen cero. Sin embargo, las de Amazon, una tienda que solo puede existir en Internet, estaban en cincuenta dólares en 1999, cayeron a 5.97 en 2001 y en septiembre de 2013 estaban en 316 dólares.

2. El precio de la acción que compras debe tener alguna **relación** con la posibilidad de hacer negocios de la empresa que representa.

3. **Las modas eso son: modas.** Puede suceder, como al principio de siglo, que tú te enteres por el periódico que todos están ganando por invertir en acciones de una cierta categoría, y a los pocos meses ves que muchos de ellos perdieron. No llegues a la conclusión equivocada de

que no hay que invertir en la Bolsa. Las empresas que no participaron en esa moda siguieron su vida como antes. A lo mejor no dieron las ganancias de algunas, pero no perdieron después.

Cuando te asustas porque ves que hay pérdidas en la Bolsa, luego de una moda, te pierdes la oportunidad de participar en empresas sólidas. Tal vez las empresas de Internet a principios de siglo no cumplieron su promesa, pero hubo muchas otras compañías que siguieron ganando y eso benefició a quienes invirtieron en ellas.

Fíjate en esta medición cuando compres acciones

Debe existir una relación entre el precio de la acción que compras y las ganancias de la empresa que representa. Para los cuates del mundo financiero, esa relación es conocida como **múltiplo precio-utilidad, o PE**, por las iniciales en inglés.

El múltiplo precio-utilidad mide cuánto pagas por una acción considerando las **ganancias** que vas a recibir. Por ejemplo, las acciones de Facebook, que es una empresa más o menos nueva y que promete tener muchas utilidades, en septiembre de 2013 se vendían a 230 veces sus utilidades esperadas. Es decir, el que compra una acción de Facebook lo hace esperando que el precio se multiplique. En cambio Apple, que ya es más sólida que Facebook, y que es más fácil explicar de dónde vienen sus ganancias, tenía un PE de once. El precio de la acción era de once veces sus ganancias.

Veamos con unas empresas mexicanas. Las acciones de Aeroméxico, en septiembre de 2013, tenían un múltiplo de precio por utilidad de 10.81. Las del grupo de gimnasios SportsWorld, de 21.48. Eso quiere decir que la gente estaba dispuesta a pagar más por SportsWorld que por Aeroméxico, tal vez porque consideraba en ese entonces que los gimnasios tenían más posibilidades de obtener ganancias que las líneas aéreas.

Sería más recomendable que compararas acciones de empresas que se dedican a lo mismo. En México no puedes hacer muchas de esas comparaciones porque hay muy pocas compañías en la Bolsa de Valores.[9]

Mientras más grande sea este múltiplo quiere decir que estás pagando más por una acción que no tiene muchas ganancias. No hay una regla para el nivel donde debe estar el múltiplo, aunque lo natural es que sea más grande para las empresas nuevas y más pequeño para las sólidas. Si quieres analizar una empresa, sería bueno que la compararas contra otra que se dedica a algo similar.[10]

La frase "no volverá a suceder" ha acompañado a casi todas las crisis financieras de la historia. Antes de cerrar los ojos y aventarte a lo loco, analiza las perspectivas de crecimiento en ventas y ganancias que tienen las empresas cuyas acciones van a comprar y no te avientes solo. Búscate un asesor en una institución financiera supervisada por las autoridades mexicanas. Para revisar cuáles están supervisadas por las autoridades, busca en: http://portal.condusef.gob.mx/SIPRES/jsp/pub/index.jsp

¿Y qué es eso del riesgo?

Muy bien, ya estás convencido de que si compras acciones de una empresa o, mejor, si inviertes en la Bolsa a través de un fondo que imite al Índice de Precios y Cotizaciones, puedes tener ganancias mucho mayores que si dejas tu dinero en un pagaré bancario o lo metes todo a un departamento gigantesco, en un edificio con salón de fiestas y mayordomo.

Sin embargo, te han dicho que en la Bolsa hay algo que se llama *riesgo*. Es importante hablar de riesgo cuando te metes a una inversión. Antes, vamos a toros y deportes. En serio, puede servirte para entender qué es eso del riesgo en las inversiones.

Para empezar, tienes que saber que cualquier inversión, no solo en la Bolsa de Valores, tiene **riesgos**. Tú esperas cierto rendimiento en determinado tiempo y es probable que consigas un rendimiento menor o mayor. Para medir el riesgo, lo que se hace es **medir la diferencia entre lo que obtienes y lo que esperabas obtener.**

Por eso tenemos que hablar de deportes.

Había una vez dos equipos de futbol en la Liga Mexicana. Uno era el Atlas y el otro el América. Irle a cualquiera de los dos implica pasión. Parece que el América es uno de los equipos más queridos de México, pero también de los más odiados. El Chivas de Guadalajara, otro de los más queridos, no levanta tantas pasiones en su contra como el América. Tal vez la razón del encono sea que su dueño es Televisa, tiene mucho dinero y el amarillo de su uniforme es una amenaza a la retina. Y luego está el Atlas. Sus seguidores son fieles, muy fieles, y muchos de ellos repiten la broma de que le van al Atlas aunque gane. Trino, el dibujante de caricaturas en muchos periódicos, es un atlista consumado y dice que espera que su hijo juegue en el equipo y lo lleve a campeón, aunque sea de la segunda división.[11] Cuando le vas al Atlas, los fanáticos de otros equipos te ven con simpatía; excepto, claro, el día cuando el Atlas se enfrenta con su equipo. No vaya a ser que de verdad ocurran los milagros y el Atlas gane (perdón, perdón, ya perdí la objetividad).

¿Qué tiene que ver esto con el riesgo? Que podemos analizar los resultados del Atlas y del América con herramientas muy similares a las que se usan para analizar la evolución de la Bolsa de Valores.

Veamos los resultados de ambos equipos entre enero y el 17 de septiembre de 2013.[12] En 41 juegos, el Atlas ganó en 14 y el América en 25. En ese periodo, ambos equipos se enfrentaron dos veces y cada uno de ellos ganó un partido. Considerando la diferencia entre goles a favor y goles en contra de cada equipo, el Atlas tiene un promedio de 0.1 goles a su favor y el América un promedio de 0.975 goles a su favor. O sea que además de que gana más veces, el América mete más goles y recibe menos. Por medio de la estadística es posible saber qué tanto se apartaron el Atlas y el América de ese promedio de goles a favor en cada uno de los juegos. Al saber eso, ya mides qué tan frecuente es que se presente un resultado.

Con una serie de cálculos se puede saber que, en dos terceras partes de los juegos del Atlas, es probable que quede con 1.2 goles a su favor o con 1.07 goles en contra. En cambio, el América puede quedar entre 2.3 goles a favor y 0.3 en contra.

La medida del riesgo se llama desviación estándar. Para el Atlas fue de 1.17 y para el América, de 1.36. El hecho de que esta desviación sea mayor para el América significa que hay más variación en la diferencia de goles en los partidos en que está presente que la que existe en el Atlas. Si se tratara de acciones, podría decirse que hay un mayor riesgo en el América que en el Atlas de que no se consiga el resultado esperado (es decir, el promedio de goles a favor).

En la Bolsa de Valores existe mayor riesgo que en un pagaré bancario porque sabes que el pagaré alcanzará el resultado esperado, porque la tasa se establece al contratarlo. Por su parte, no sabes con certeza si las ganancias en la Bolsa serán iguales, mayores o menores que un determinado rendimiento. Si te fijas en las primeras gráficas de este artículo, verás que los resultados de las acciones en la Bolsa suben y bajan, mientras que la gráfica de un pagaré bancario va en un mismo sentido.

Tú necesitas algo de riesgo en tu inversión, porque **las inversiones más seguras ofrecen menos rendimientos que las que se meten en más altibajos.** Sin embargo, tienes que definir cuánto riesgo eres capaz de soportar y también analizar qué tan realistas son las promesas de rendimiento que te dan las acciones de cierta empresa.

No creas que solo las acciones tienen riesgo. Resulta que si tú le prestas dinero a una empresa, esperas que te pague determinado rendimiento al final del periodo acordado. Ahora imagina que esa empresa te firmó un bono o un pagaré como prueba de que te pagará lo que te debe. Aquí hay dos riesgos principales:

1. **Riesgo de crédito.** La definición de librito es que puede suceder que a quien le prestes no te pague.

2. **Riesgo de la tasa.** Tú quedaste con la empresa, o con tu amigo, de prestarle dinero con una tasa de interés de 5% anual, porque eso es más o menos lo que le costaría conseguir prestado en otro lado. Como

tu amigo o la empresa a la cual le prestaste son muy buena paga, puedes venderle a alguien más ese bono o pagaré. Considerando que las tasas dominantes en el mercado son de 5%, puedes vender el bono en lo que crees que vale, incluyendo el total de la deuda más los intereses esperados. Y en ese momento, suben las tasas de interés a 7%. ¡Oh, no! Tu bono valdrá menos, porque ahora alguien podría prestar el dinero esperando una tasa de interés mayor.

Esto sucede con la deuda del gobierno. Tú compras cetes, que son Certificados de la Tesorería de la Federación mexicana a un cierto precio, con la promesa de que el gobierno volverá a comprártelos a diez pesos. La ganancia está en la diferencia entre el precio de venta y el de compra y a eso se le llama **tasa de descuento.** Si el gobierno anuncia una nueva emisión con una tasa de descuento mayor que la que tú contrataste, si quieres vender tus cetes a alguien más, tendrás que venderlos a menor precio.[13] Eso sí, al venderle al gobierno te darán tus diez pesos y obtendrás la ganancia esperada en el plazo acordado.

También existe el riesgo de que mañana te quedes sin empleo o de que te aumenten el sueldo, de que compres una casa y su valor no aumente tanto como esperabas o, al contrario, de que sí aumente de valor y además alguien te pague una buena renta por ella. Así que no creas que todo el riesgo está en la Bolsa de Valores.

Las explicaciones a toro pasado

Es probable que tú tengas cierta información; por ejemplo, que llovió en Acapulco, y entonces veas que bajó la Bolsa de Valores. Con esos dos datos estarás muy feliz de llegar a conclusiones, aunque una cosa no tenga relación con la otra. Dirás que la Bolsa bajó porque los inversionistas están muy preocupados porque habrá pérdidas en los hoteles acapulqueños. También podrías haber visto en la tele que hay un conflicto en Siria y ver que la Bolsa Mexicana subió. Ahí podrías concluir que los inversionistas consideran que con el pleito en Siria el petróleo mexicano se venderá más; eso traerá crecimiento económico en el país y por eso sube la Bolsa. Es posible pero no hay evidencia de que una cosa tenga que ver con la otra. A todos nos encanta encontrar explicaciones de fenómenos que no entendemos. Por eso ves en los noticieros de la televisión tantas explicaciones a toro pasado de las alzas y las bajas en la Bolsa. Ni te preocupes. Es probable que también ellos estén adivinando.

Referencias:

(1)   La Biblia latinoamericana, Mateo 25, 14:30, Madrid, Ediciones Paulinas y Editorial Verbo Divino, 1972.

[2] Benjamín Franklin es citado por Weber, Max, *La ética protestante y el espíritu del capitalismo*, México, Colofón, 2007, pp. 46-47.

[3] El valor de las acciones de Apple y del fabricante de Blackberry, así como el Índice de Precios y Cotizaciones de la Bolsa Mexicana de Valores, y de los demás títulos (Amazon, Facebook) se tomó de Yahoo Finance: http://finance.yahoo.com. Consultados el 26 y el 30 de septiembre de 2013.

[4] Para saber cuáles empresas conforman el Índice de Precios y Cotizaciones de la Bolsa Mexicana de Valores entra al sitio de Internet de la Bolsa, en www.bmv.com.mx. Una vez ahí, pícale donde dice IPC y después te vas a la parte que dice "muestra". Encontrarás una buena explicación del IPC de la Bolsa en: Macías, Sofía, *Pequeño cerdo capitalista. Finanzas personales para hippies, yuppies y bohemios*, México, Aguilar, 2011, pp. 151-155. También en De Medina, Mauricio y Treviño, Lourdes, *Mexicanos, ¡a la Bolsa!*, México, Editorial Porrúa, 2012, pp. 38-39.

[5] Sobre Pets.com, en Wikipedia: http://en.wikipedia.org/wiki/Pets.com. También en Malkiel, Burton G, *A Random Walk Down Wall Street*, Nueva York, W. W. Norton & Company, 2012, p. 85.

[6] El chiste es recordado por Malkiel, Burton G, *ob. cit.*, p. 91. La agencia de noticias Reuters cuenta la triste historia de Nortel en Reuters, "Timeline: key dates in the history of Nortel", 14 de enero de 2009. Consultado el 30 de septiembre de 2013. En http://www.reuters.com/article/2009/01/15/us-nortel-timeline-sb-idUSTRE50D3N120090115

[7] Malkiel, Burton G, *ob. cit.*, p. 87.

[8] Miezkowski, Katharine, "Dumb, dumber and TheGlobe.com", Salon.com, 22 de agosto de 2010. Consultado el 30 de septiembre de 2013. Ver también: Malkiel, Burton G, *ob. cit.*, p. 87.

[9] Puedes obtener el valor del múltiplo PE en www.finance.yahoo.com y en el sitio de la Bolsa Mexicana de Valores: www.bmv.com.mx

[10] Muchas gracias a Juan Musi por su explicación para entender el múltiplo PE.

[11] Morán, Roberto, "Cuenta personal. Trino Camacho", revista *Dinero Inteligente*, septiembre de 2011, p. 96.

[12] Los resultados del América y del Atlas: ESPN futbol: http://espndeportes.espn.go.com/futbol/equipo/calendario/_/id/216/liga/mex.1/atlas. Consultado el 20 de septiembre de 2013.

[13] Vidaurri Aguirre, Héctor Manuel, *Matemáticas financieras*, México, Cengage Learning, 2012, pp. 209-210.

Capítulo 18

Todos somos emprendedores
(Solo que la mayoría no nos damos cuenta)

En este capítulo:

▶ Descubrirás cómo evaluar cuándo te conviene empezar tu propio negocio.

▶ Aprenderás a hacer un plan de negocios.

▶ Evaluarás los pros y los contras de convertirte en empresario.

¿Por qué emprender? ¿Te das cuenta de que siempre se buscan razones para emprender y no para estar empleado? Como si ser empleado de alguien fuera lo más natural. Claro, una empresa tiene menos dueños que trabajadores, así que por pura ley de probabilidades es más fácil ser empleado que propietario.

Parece que ser empleado es el estado ideal. Es como vivir con tus papás: te dicen qué hacer, a qué horas y a cambio te dan algo. Ya tú verás si lo haces bien o mal o si cumples a rajatabla o no con los horarios. Además de eso, alguien se preocupa por guardarte un poquito más de dinero para dártelo en diciembre, por pagar tus impuestos y por meterte en un sistema de seguridad social, gracias al cual tendrás un plan de ahorro para la jubilación y la posibilidad de atención médica cuando la necesites.

*L*os empleados hacen ocasionales berrinches y sueñan los domingos con "ser independientes" y ya no tener que verle la cara al jefe. Es como salir de la casa de tus papás. Crees que harás lo que quieras a la hora que quieras, pero llega el momento de pagar las cuentas y entonces piensas en lo barato que era tener la ropa planchada a cambio de escuchar los gritos de los papás cuando llegabas a las cuatro de la mañana.

En un mundo ideal solo tendrías que escoger entre dos posibilidades:

✔ la comodidad de un empleo formal, o

✔ el esfuerzo de poner en marcha tu idea y convencer a otros de que te compren.

Solo tendrías que analizar qué ganas y qué pierdes con cada opción.

Como no vivimos en el mundo ideal, es probable que tengas que emprender porque no encuentras alternativa. En México, cada vez es menor la oferta de empleo en el sector formal; es decir, en las empresas que te dan seguridad social, que incluye servicios de salud y un plan de ahorro para tu retiro. Ya dos terceras partes de la población ocupada están en el sector informal.[1] En otras palabras, como no hay empleos de buena calidad, se busca tener una empresa propia.

Eso puede suceder con los jóvenes que apenas entran al mercado laboral y no encuentran un empleo. Pero también con los mayorcitos de 45 o cincuenta años de edad que ya no consiguen un empleo a su altura, o sea, que les pague por su experiencia o que, aunque lo tengan, ven que ya no hay perspectivas de desarrollo. Cuando llegas a cierta edad, "siempre habrá alguien (más joven) que pueda hacer lo que haces", comenta Juan Yi, un emprendedor que desde que andaba por sus treinta y tantos empezó con un plan para dejar su empleo y fundar su propia empresa.

Cada vez que tomas un camino, dejas de tomar muchos otros. Lo que dejas de ganar al tomar una decisión se llama **costo de oportunidad**. Eso es lo que tienes que analizar cuando debas decidir entre buscar o conservar un empleo y arrancar o seguir una empresa.

Te propongo un trato. En lugar de ver las ventajas de ser empleado o de ser emprendedor, veamos qué dejas de ganar cuando tomas una u otra opción.

Tabla 18-1

Qué dejas de ganar como empleado	Qué dejas de ganar como emprendedor
Control de tu carrera profesional. Tus avances dependen de mediciones que alguien más te pone.	La seguridad social. Como empleado en el sector formal tienes derecho a un plan de ahorro para tu retiro y a un sistema de atención médica.
Control de tus horarios. Tú llegas a un acuerdo con tu jefe sobre las horas que deberás trabajar.	Puede ser que no tengas un límite en el tiempo que le dedicas al trabajo.
Control de lo que produces. Tienes que cumplir con los objetivos de producción y con el tipo de producto que alguien más estableció.	La seguridad de la quincena. Cuando eres emprendedor, ganas cuando tu empresa vende y, lo más importante, cobra. Cuando eres empleado, tu quincena te llega aunque la empresa no haya vendido o no haya cobrado.

Dicen que la gran diferencia entre ser empleado y ser emprendedor está en que el emprendedor sí está dispuesto a asumir riesgos. Por ejemplo, a apostar su dinero a producir un bien o servicio y que no se venda, o sea, tener pérdidas. El empleado también asume riesgos. En última instancia, su empleo depende de que se venda el producto o servicio de su empresa y, si esto no sucede, a la larga también puede perder su fuente de ingresos.

O sea que no hay un lugar tranquilo. Eso es algo que ven los emprendedores. De cualquier manera, hay que ser especialmente optimista para animarse a emprender. Hace mucho tiempo, un filósofo exclamaba:

Descubro que toda la desgracia de los hombres viene de una sola cosa, que es no saber permanecer en reposo en un aposento.[2]

Pascal hizo este descubrimiento al ver tantos peligros y dolores a los que se exponen los hombres que se meten en "querellas, pasiones, empresas osadas y a menudo malas".

Hablando de empresas malas... Circula en Internet la estadística de que en México cierran antes de cumplir dos años 75% de las empresas.[3] **El optimismo es necesario** para hacer las cosas. "Las probabilidades de que un pequeño negocio sobreviva cinco años en Estados Unidos son de alrededor de 35%", dice Daniel Kahneman, quien ganó un premio Nobel de Economía por aplicar descubrimientos de la psicología a la ciencia económica. Dice Kahneman que aun así, los emprendedores siempre consideran que tendrán más probabilidades de éxito que las que les dicen sus estadísticas. Tienen que estar convencidos de que para ellos será diferente, porque su producto o su servicio es diferente. "Uno de los beneficios de un temperamento optimista es que impulsa la persistencia ante los obstáculos", dice Kahneman.[4]

Si no emprendes, no vas a saber si podías tener éxito o no. Más vale que te levantes de tu silla, porque al no emprender también dejas de aprovechar algunas oportunidades. Una empresa propia puede darte ingresos adicionales a los que obtienes en tu empleo.

Puedes emprender con una idea propia o con una prestada. Para esto último están las **franquicias**. Tú puedes pagar a alguien por la experiencia que ya tuvo. A cambio de cierta cantidad de tus ganancias, más un pago inicial, una franquicia te permite comprar una idea de negocio, junto con sus procedimientos para que tú ya solo abras una o varias sucursales.

Si ya te animaste a emprender, considera que debes seguir tres pasos para dejar claro qué es lo que harás con tu empresa, según explica Mauricio Ortiz, consultor de ProEmpleo, una fundación que ayuda a emprendedores a lanzar o mejorar su negocio:

1. **Tienes una idea, no muy clara, de lo que será tu negocio.** Es un bosquejo que puedes escribir en un pedazo de papel o, mejor, como los clásicos, en una servilleta de una cafetería.

2. **Empiezas a probar tu idea.** La comparas con lo que ya existe.
3. **Diseñas un plan de negocios.** Hay toda una metodología que te permitirá dejar clara tu idea de empresa. Así tú entiendes qué es lo que vas a hacer y también puedes explicárselo a otros para que te acompañen en la aventura.

Tienes dos posibilidades:

✔ te avientas a emprender así nada más, sin pensarlo mucho, y puedes ser como el burro que tocó la flauta, o

✔ haces un plan de negocios que te va a servir como un mapa.

Ya que vas a entrarle, sería bueno que escogieras la opción del plan de negocios. Recuerda que no es algo escrito en letras de oro para siempre: es una guía que vas ajustando a medida que avanza tu empresa.

"Al principio solo había un *PowerPoint*", dice Juan sobre la manera como expuso la idea de su empresa a quienes después habrían de convertirse en sus socios. Cuando andaba por los treinta y tantos, Juan gozaba de un buen empleo pero se propuso empezar una empresa por su cuenta. Algo tenía de presión porque la mayoría de sus familiares son emprendedores y le decían que no podía seguir tan cómodo en una vida de empleado, que él podía conseguir más satisfacciones (y un mayor patrimonio) si emprendía.

En 2007 la empresa donde trabajaba estaba en la cúspide: era una compañía que cotizaba en la Bolsa de Valores y estaba entre las más atractivas para los inversionistas. De cualquier manera, Juan sospechaba que no podría seguir en ese empleo para siempre. "Siempre habrá alguien más joven que pueda hacer lo mismo que tú"; es decir, que a medida que pasan los años, las empresas buscarán cómo sustituir a los empleados con más experiencia por algunos que cobran menos y que tal vez no son tan productivos, pero que sí están dispuestos a trabajar más horas. Juan comenta que esa es la naturaleza del modelo económico en el que estamos: "te sustituye una persona o una máquina".

Te decía que al principio Juan solo tenía un *PowerPoint* con un bosquejo de su idea. ¿Tenía cálculos de cuánto podría ganar con la inversión? ¿Comparaba la inversión en su empresa con lo que podría ganar en otra parte? La verdad, la verdad: no. "Números no tenía", más que nada se trataba de una intuición, una visión de una necesidad de mercado que él había detectado y de la forma como podía solucionarla. Su idea tenía que ver con el turismo, más precisamente con la atención al "viajero culinario", como él lo llama. Él vivía en Baja California y encontró que había un cierto grupo de turistas que ya estaban cansados de los grandes *resorts*, al estilo de Cancún o de Playa del Carmen, y que en sus vacaciones querían algo más íntimo, lo que podría resumirse en un "*anti-resort*". Propuso entonces un pequeño hotel en Valle de Guadalupe, en Ensenada, que aprovechara el momento cuando aparecían nuevas bodegas vitivinícolas, de las cuales podía contarse una historia rica e interesante, dado que el vino se produce de forma artesanal.

En lugar del turismo que consiste en ir y encerrarte en un hotel con todo incluido y no te importa el lugar donde estás, porque te da igual si afuera del hotel está Cancún o Los Cabos, Juan quería atender a un turismo que sí le gusta meterse de lleno en el lugar y experimentar la naturaleza, conocer la cultura local y entender los oficios.

Su *PowerPoint* exponía esa idea. Eso le bastó para encontrar a un socio que, junto con él, comprara algunos terrenos y después juntara el talento para desarrollar un hotel, una bodega de vino y un restaurante.

Esa era la idea de Juan. Cinco años después, gran parte de ese bosquejo de idea ya se concretó y parece que va bien. En los terrenos que encontró ya se abrieron un hotel, un restaurante y una bodega de vinos. El hotel ahora es operado por una cadena hotelera que tiene conquistadas a las publicaciones de diseño y estilo del mundo, tipo Travel & Leisure y Conde Nast, que a cada rato lo destacan por sus diseños interesantes y su buen ambiente.

No es que lo tuviera todo completamente en el papel. Cuenta Juan que se dieron "una serie de accidentes afortunados" y los empujones de su hermano mayor. Tú pones la idea y vas adaptándote a lo que sucede en la realidad. Lo que se concreta se parece un poco a la idea que tuviste, pero sin la idea original no te habrías puesto en marcha.

"Los emprendedores creen que hacer un plan de negocios les llevará doscientas hojas desde el principio", dice Mauricio Ortiz, el consultor de ProEmpleo. En realidad, el plan crece cada día en función de lo que aprendes.

¿Qué necesitas entonces para ponerte en marcha? Y ahora con ustedes... el plan de negocios. Será el elemento esencial para que arranques tu empresa sin darte tantos topes.
El plan de negocios

Las áreas fundamentales son la mercadotecnia y las finanzas:

- en **mercadotecnia** defines cuál será tu producto, a quién vas a vendérselo y qué precio está dispuesto a pagarte por él.

- en **finanzas** defines cuánto te costará producir tu bien o servicio.

Aquí tienes que encontrar a los proveedores con quienes vas a trabajar para dejar bien claro cuáles serán tus costos. A veces un emprendedor cree que les ganará a todos sus competidores porque podrá ofrecer el producto más barato, hasta que se topa con que el proveedor no tiene la capacidad real de venderle los insumos tan baratos como le había prometido, con que el proveedor barato no es tan cumplido como el que tiene precios más altos o con que solo tenía un lote en promoción y el resto lo venderá más caro.

Claro que el plan de negocios es mucho más amplio y tiene que servirte para orientarte a ti mismo y para que puedas invitar a otros socios al proyecto.

Aquí te va una lista de lo que debe incluir tu plan de negocios, tomada del manual del Taller Emprende de la fundación ProEmpleo:[5]

1. **Qué es tu empresa.** Cuál es su misión, cómo se diferencia de su competencia.

2. **Quién es el emprendedor.** Qué experiencia tiene, qué puede aportar a la empresa.

3. **A qué mercado se dirige.** Qué necesidades satisface, dónde están los consumidores potenciales, cuánto están dispuestos a pagar, cómo satisfacen ahora esa necesidad.

4. Análisis de las **ventajas competitivas** de la empresa.

5. **Cómo se organizará la empresa.** Dónde va a estar, qué puestos se requieren y qué hará cada puesto. Cuáles son las condiciones de trabajo.

6. Qué *productos* tendrá.

7. Qué *costos* tiene, qué **ingresos** generará. Cómo será su **flujo de efectivo.**

8. *Elementos legales.* Trámites para abrir, qué derechos debe tener sobre sus marcas, cómo se definirá su estructura.

A definir el producto

Cuando defines el producto, también te queda clara cuál será la identidad de tu empresa. La definición del producto tiene que responder qué es y por qué lo necesitan tus clientes. Después buscas en qué mercado lo distribuirás.

A partir de tu producto o servicio también se define cómo será tu empresa. Como explica Mauricio Ortiz, desde que entras a McDonald's entiendes de qué se trata esa empresa. Y también te queda claro de qué no se trata. ¿Alguna vez se te ha ocurrido sentarte a esperar a que llegue un mesero a atenderte? Claro que no, porque en la identidad de la empresa se adivina que es de autoservicio y de alguna forma te lo comunica por cómo está dispuesta y organizada.

Definir la identidad de tu compañía es como que si pudieras diseñar a tus hijos, dice Ortiz: escoger el color de ojos y de piel, la altura, el peso y todas las demás características. Debes ser capaz de imaginar cómo se verá tu empresa, de qué color tendría que ser y qué nombre comunica mejor lo que hace. Tienes que transmitir esas ideas en el eslogan, en el mobiliario, en la decoración de la oficina y en el sitio de Internet.

Para definir tus productos, aquí hay algunas preguntas que debes contestar, también incluidas en el taller del emprendedor de ProEmpleo:

✔ Qué necesidades resuelve tu bien o servicio.

✔ Quién va a comprarlo.

✔ En qué se diferencia de los demás.

✔ Cómo entiendes tú el bien y el servicio.

✔ Y ahora, cómo lo entienden tus clientes potenciales.

Es importante que preguntes a muchas personas si entienden cuál es tu "propuesta de valor"; es decir, la diferencia de tu producto o servicio con los que ya existen en el mercado y la capacidad que tiene de satisfacer una necesidad.

Todos dicen que su producto es diferente y que por eso tendrán clientes que correrán a comprarlo, alerta Ortiz. Tal vez solo en tu cabeza el producto es diferente y atractivo. Tienes que preguntar a la gente si estaría dispuesta a adquirirlo en las condiciones en que lo venderás.

Eso implica que hagas un **estudio de mercado**. No te imagines que vas a contratar a la famosa Consulta Mitofsky o una de esas agencias de investigación de mercado con oficinas en la colonia Polanco de la ciudad de México. Puedes empezar con pequeños sondeos, con tal de que te animes a preguntar a la gente qué opinaría de un producto o servicio como el que te propones vender.

No te limites a la familia. Si preguntas solo a tus familiares, son capaces de ocultarte la verdad con tal de no lastimarte, como advierte Ortiz. O, por el contrario, pueden desanimarte con opiniones supuestamente basadas en que te conocen mejor que nadie. "¿Pero cómo vas a vender si cuando tenías seis años hiciste el ridículo en la kermés de la escuela con tu puestecito de *hot cakes*?"

Aquí hay algunos detalles que deberías saber sobre tu cliente potencial y que podrías descubrir con un pequeño cuestionario, aplicado por ti y tus cuates en la zona donde piensan vender, o con los compradores de una empresa, en caso de que vendas a negocios. Muchas de estas preguntas están tomadas del manual del taller de emprendedores de ProEmpleo:[6]

1. Qué producto consume ahora para satisfacer la necesidad que tú piensas atender.

2. Cuáles aspectos del producto que consume no le satisfacen.

3. Con qué frecuencia lo consume.

4. Las razones por las que compra el producto. Ahí tal vez te encuentres con una fuerte fidelidad a una marca o costumbre.

5. El precio que está dispuesto a pagar.

6. Dónde compra.

7. Quién toma la decisión de comprar el producto en su casa o empresa.

Según el tipo de producto que hayas pensado, serán los **costos** que tendrá. Si piensas vender jabones en barrios de clase media baja, tendrás que encontrar presentaciones más baratas que las que suelen encontrarse en el supermercado. Es probable que el **precio** sea lo que te convierta en atractivo. Sin embargo, si tu idea es vender jabones en una colonia muy elegante, el precio no será tan importante como los diferentes aromas o la historia que tenga el producto (y que sea real, no inventada), como que es elaborado en Francia, tras muchas investigaciones de olfateadores profesionales. Ahí no te diferencias por el precio, sino por el valor agregado que tiene el producto... y eso cuesta. Podrías hacer algunas **pruebas** antes de arrancarte a producir en masa, para saber si el público está dispuesto a pagar el precio que necesitas ponerle a tu producto o servicio.

A definir los costos

La gran pregunta para un emprendedor es cuánto cobrar por su producto o servicio. Gran parte de la respuesta viene de la definición del producto y del mercado donde vas a venderlo. Puedes decidirte por un mercado de gran volumen, que normalmente está acompañado de bajos márgenes de ganancia por unidad, o muy especializado, pero con altos márgenes de ganancia.

No te hagas el listillo ni digas que te vas por el de los altos márgenes de ganancia, porque esos también requieren altas inversiones.

Tú no puedes salir ahora con una camiseta y ponerle tu nombre y pretender cobrar por ella lo mismo que cobra Abercrombie & Fitch, para así tener altos márgenes de ganancia, porque ellos ya invirtieron en conseguir cierto tipo de telas, en diferenciar el diseño, en poner tiendas en lugares estratégicos en Estados Unidos y en pagarle a modelos que enseñan sus pectorales en las bolsas de la marca.

Aquí tienes que pasar por tres pasos:

1. **Definir cuál será tu inversión inicial.** Cuánto pagarás de renta en los primeros meses y qué maquinaria requieres para empezar a trabajar.

2. **Definir tus costos indirectos.** Lo que necesitas para operar en tu empresa, vendas o no vendas; es decir, la renta, los servicios como luz, gas, teléfono, etcétera.

3. **Definir tus costos directos.** Qué tienes que comprar y qué sueldos debes pagar para poder producir y vender tu producto o servicio.

Es importante que hagas un formato para tener una idea del **flujo de efectivo**. No está mal que le pongas los cálculos en los primeros doce meses. Este formato está tomado, en gran parte, del manual de ProEmpleo y del manual *El emprendedor de éxito*.[7]

Tabla 18-2

Concepto	Enero	Febrero	...
Ingresos:			
Inversión inicial			
Ventas de contado			
Ventas a crédito			
Otros ingresos			
Total de ingresos:			
Salidas:			
Compra de maquinaria			
Renta			
Otros servicios			
Transporte			
Sueldos			
Mantenimiento			
Equipo			
Impuestos			
Cuotas de seguridad social			
Total de egresos:			
Flujo de efectivo: es el total de ingresos menos el total de egresos.			

A partir de este cuadro ya puedes calcular, al año, las utilidades o pérdidas que tuvo tu empresa.

También necesitas saber qué activos tiene tu empresa y cuáles son sus deudas. Para eso te sirven los cuadros de los contadores.

Tabla 18-3

Activos. Todo lo que tiene tu empresa	Pasivos. De dónde viene lo que tiene tu empresa. Si no es deuda es dinero o capital que pusieron los socios (que también es deuda, porque hay que devolverlo)
Circulante: el dinero más líquido, lo que tienes en efectivo más lo que está en los bancos y en algún fondo de inversión que venza en menos de un mes. También están aquí las cuentas por cobrar.	A corto plazo. Lo que hay que pagar muy pronto.
Fijo. Lo que has invertido en maquinaria y equipo.	A largo plazo. Aquí pueden ir hipotecas, deudas por la maquinaria, etcétera.
Total activos:	Total pasivos:
	Diferencia activos-pasivos. Esa diferencia es el capital, porque lo que no lo pagaste con deuda con alguien más, lo pusieron los socios.

Puedes encontrar guías para esta contabilidad de tu empresa. Quizá te sirva el Taller Emprende o *El emprendedor de éxito* que ya te había comentado.[8]

No te cases con una sola idea. Tienes que escuchar a tus clientes. A lo mejor no se interesan por tu producto o servicio tal como lo tienes ahora, pero podrías venderles algo similar y no necesariamente de menor precio.

Para definir el precio de tu bien o servicio debes tomar en cuenta **todos los costos:**

✔ los indirectos, que de todos modos pagas, como la luz, el teléfono y la renta, y

✔ los directos, que aumentan mientras más vendes.

La empresa frente a la competencia

Una vez que defines tu producto o servicio, tienes que ser sincero y reconocer que no eres único, aunque tu mamá te lo haya repetido tantas veces. Aun si tu producto es único, por su color, su precio y la forma como lo entregarás, todavía tendrá que **competir** con lo que se le llama **productos sustitutos**. ¿En qué podría gastar el dinero tu cliente en lugar de comprarte a ti? Por ejemplo, si vendes periódicos, tendrías que pensar en que tu cliente se informa por Internet; o si vendes el mejor champú para perros, habría que considerar a los clientes que bañan a sus perros con el jabón del "perro agradecido".

Quién pone qué

Antes de que empieces a pelearte porque en tu puestecito de helados tú pusiste la cuchara y tu socio solo la receta de la nieve de grosella, tienes que definir cuánto vale lo que cada quien está aportando.

Si tú aportas trabajo, es probable que la empresa desde un principio te pague un sueldo. Entonces no te conviertes en capitalista, porque te paga como le pagaría a cualquier otra persona. Ahora, si de cien pesos tú recibes veinte y el resto lo regresas para comprar equipo y maquinaria o para pagar sueldos de otros empleados, entonces ese dinero es tu aportación como capital y es importante que quede registrado.

Lo que para ti es capital, para una empresa es deuda porque la idea es que el dinero sea devuelto a los socios. Si tú pondrás tu trabajo y la idea y tus socios el dinero, tienes que llegar a un acuerdo para definir desde un principio cuánto valen las cosas.

Ten en cuenta lo siguiente:

- ¿Quieres que tus amigos le entren a tu negocio porque te falta dinero al principio? Cuidado: **te conviene más endeudarte con ellos** (pero sí paga, ¿eh?) **que meterlos como socios capitalistas**. Firma con ellos un acuerdo para pagarles la deuda más un cierto porcentaje. Por ejemplo, que les pagarás el capital más 15% de intereses en un año. De lo contrario, si tu cuate se hace tu socio, habrá que darle siempre una **utilidad sobre su capital** y además lo tendrás sobre ti, porque haber entrado como capitalista prácticamente lo convierte en tu jefe.

- Cuando te endeudes para emprender tu negocio, deja en claro los **términos** de pago. Recuerda que **los intereses son sobre los saldos insolutos y no sobre el saldo total**. Va un ejemplo. Supón que te prestan cien pesos que pagarás mensualmente, con un interés de 15% anual. Que no te hagan la trampa de dividir 115 entre 12 pagos. Así pagarías intereses de más, porque los intereses sobre los cien pesos solo se calculan en el primer mes. Hay que dividir la tasa de 15% entre los doce meses del año para saber cuánto pagarías en el primer mes de intereses. El primer mes pagas la doceava parte del capital y el interés sobre cien. Después ya no debes cien, sino que ya pagaste 8.33 (o sea, cien entre doce) y los intereses, y así sucesivamente. Luego ve con un amigo ñoño para que te haga un *Excel* donde puedas calcular el resto de los pagos.

Y atención, emprendedor: te conviene pensar que estás creando una empresa para que funcione sola y para que en algún momento puedas vendérsela a alguien más. "Creamos nuestra empresa para que nuestros nietos la administren", dice Ortiz, quien considera que eso es un error. El objetivo de crear una empresa es que sea **rentable**.

Cuánto es lo menos, güerito

Lo menos, lo menos que debería dejarte el esfuerzo de emprender es una ganancia mayor que la que obtendrías por invertir tu dinero en cetes.

El **cete** es la medida de todas las inversiones en México. Es un papelito que le compras al gobierno y por el cual obtienes determinada ganancia pasado cierto tiempo.

En octubre de 2013 la tasa de rendimiento de los cetes era de 3.44%. Eso quiere decir que tu inversión debe darte cuando menos eso en un año, porque al cete se le considera en México como la inversión libre de riesgo.

Sin embargo, hay que ir más allá. Podrías comparar el rendimiento de tu inversión en una empresa con lo que podrías ganar en una compra de bienes raíces. En México, los bienes raíces aumentaron 3.9% de valor entre el segundo trimestre de 2012 y el segundo trimestre de 2013. En el Distrito Federal el aumento fue mucho mayor, de más de 6%, según los cálculos de la Sociedad Hipotecaria Federal, un organismo del gobierno que publica el índice de precios de la vivienda en México.[9] Si a eso le sumas que puedes ganarle como 0.6% del valor por renta, puedes esperar que a tu vivienda, si la rentas un año y la vendes después, le ganes cuando menos 4% (a lo cual hay que restar gastos de mantenimiento e impuestos).

El rendimiento que debes esperar como emprendedor tendría que ser mucho mayor. Eso podría:

✔ paralizarte, porque temes que no vas a alcanzarlo, o

✔ animarte, porque sabes que si tu negocio funciona, la ganancia será mayor que quedarte como estás.

Ya te sabes esa metáfora de los huevos con jamón, que dice que un empleado es como la gallina, que pone el fruto de su trabajo, y que el emprendedor es como el cerdo, que pone su vida en el platillo.

Referencias:

(1) "La tasa de informalidad laboral o empleo informal presentaba valores de 59.3% en el primer trimestre de 2005 (...) para registrar un 60.1% en el

tercer trimestre del 2012", Instituto Nacional de Estadística y Geografía, Boletín de prensa núm. 449/12, INEGI, México, 2012.

(2) Pascal, *El hombre sin Dios*, Barcelona, Folio, 2007, p. 55.

(3) "El 80% de las Pymes fracasa antes de cumplir cinco años y el 90% no llega a diez años. ¿Por qué?". Consultado el 2 de octubre de 2013. En http://www.barcelonanetactiva.com/barcelonanetactiva/images/cat/El_80%25_de_las_Pymes_fracasa_antes_de_los_cinco_anos_tcm78-24810.pdf

(4) Kahneman, Daniel, *Thinking, Fast and Slow*, Nueva York, Penguin, 2011, p. 257.

(5) Fundación ProEmpleo, *Taller Emprende*, México, Fundación ProEmpleo Productivo A.C., pp. 175-176.

(6) Fundación ProEmpleo, *ob. cit.*, p. 24.

(7) Alcaraz Rodríguez, Rafael, *El emprendedor de éxito*, México, McGraw-Hill, 2012, pp. 189-233.

(8) Fundación ProEmpleo, *ob. cit.*, pp. 116-117. También Alcaraz Rodríguez, Rafael, *ob. cit.*, pp. 189-233.

(9) Sociedad Hipotecaria Federal, "Índice SHF de precios de vivienda en México 2013". Consultado el 2 de octubre de 2013. En http://www.shf.gob.mx/estadisticas/IndiceSHFPreciosViv/Paginas/ÍndiceSHFPreciosVivMexico2013.aspx

Capítulo 19

Los secretos de la Bolsa de Valores

En este capítulo:

▶ Descubrirás cómo evaluar cuándo te conviene empezar tu propio negocio.

▶ Aprenderás a hacer un plan de negocios.

▶ Evaluarás los pros y los contras de convertirte en empresario.

Y que llega Santa Claus a la Bolsa de Valores. Aunque algunos de los inversionistas en la Bolsa ya se ven algo mayorcitos, a todos les deja su regalo porque entre diciembre y enero de cada año suben los precios de las acciones y así cada quien puede irse muy contento con su ganancia. O resulta que los lunes, cerca de la hora del cierre de operaciones de la Bolsa, a las tres de la tarde, es buen momento para comprar acciones, no así el viernes en la tarde o el lunes por la mañana, cuando los operadores de Bolsa están más frenéticos.

*E*ste tipo de historias se cuentan de la Bolsa de Valores, en un afán por descubrir qué acciones comprar y cuándo para obtener ganancias. Y pueden servir para predecir, pero también pueden no servir.

Es lo bueno (o lo malo) de los relojes cuyas manecillas se detuvieron: te dan la hora exacta dos veces al día, el problema es que tú no sabes en qué momento. Así puede ser con ese tipo de observaciones. Le atinan, pero no sabes exactamente cuándo.

Es verdad lo de Santa Claus. No que existe y llega a la Bolsa de Valores; no, eso todavía está por descubrirse. Lo que es verdad es que alguien lo utilizó como un argumento real para invertir. Un asesor de inversiones muy serio me dijo que tenía que aumentar mi inversión en diciembre, porque en México hay algo llamado "el *rally* de Santa Claus", en el cual el simpático viejito baja para aumentar el valor de la Bolsa.

En Estados Unidos se llama "el efecto enero". Se supone que habría que comprar acciones en los primeros días de enero y venderlas al final de mes para obtener ganancias. Sin embargo, resulta que si todos quisieran comprar una acción al mismo tiempo, la misma subiría de precio, y si todos quisieran venderla, su precio bajaría. Entonces, el efecto enero iría cambiando de fecha. Un inversionista avispado dirá que en lugar de comprar en los primeros días de enero, comprara al final de diciembre y después vendiera en febrero. Otros participantes en la Bolsa lo hacen también y el efecto vuelve a cambiar de fecha.

Lo mismo sucedería con la creencia de que es mejor comprar acciones en la tarde del lunes. Lo más probable es que la mayoría de los participantes en la Bolsa hayan escuchado ese supuesto secreto y entonces eliminarían el efecto, porque al querer todos comprar al mismo tiempo, elevarían el precio.

A todos nos gusta encontrar la lógica en lo que sucede y eso nos sirve para hacer algunas predicciones.

Estaba sentado un día Miguelito, el amigo de Mafalda (personaje de tiras cómicas), sentado en la banqueta y dice: "a que el próximo auto que pase es azul". Se ve a Miguelito observando el auto que pasa y, como de seguro el auto no coincidió con el color previsto, su conclusión fue: "¿Cómo puede un auto equivocarse tanto?".[1] Algunos científicos tienen el chiste de que si la realidad no se ajusta a los modelos, peor para la realidad. Más o menos eso podría aplicarse a las predicciones en la Bolsa de Valores: no pueden ser muy precisos.

Como argumento en contra de que puedes predecir cuál será el precio de una determinada acción está el siguiente: si alguien descubre un secreto de por qué suben o por qué bajan las acciones en su conjunto, muy pronto ese conocimiento será compartido por los demás. Y entonces se eliminará, porque todos querrán hacer lo mismo.

Por eso se ha concluido que es muy difícil ganarles a todos anticipando lo que va a suceder en la Bolsa de Valores. Se dice que el mercado de acciones actúa en forma azarosa; es decir, que brinca de un lado a otro sin que sea posible predecir con exactitud hacia dónde va. Como tú sabes, los inversionistas reaccionan a las noticias que leen en los periódicos o ven en la televisión, así como a las condiciones de la economía en general. Por ejemplo, cuando las tasas de interés suben, puede ser más interesante comprar bonos del Tesoro de Estados Unidos o cetes de México que buscar oportunidades en la Bolsa de Valores. Es decir, que los cambios en las tasas de interés también tienden a influir sobre lo que harán los inversionistas en la Bolsa. Como la reacción de todos los inversionistas va en el mismo sentido, los efectos de la noticia también serán predecibles y no habrá manera de ganarles a todos los demás.

La conclusión de esta idea es que el mercado de valores en realidad funciona en forma aleatoria, por más que quieras encontrar patrones en él, y no habrá manera de que tú les ganes a otros porque todos tienen la misma información.

En finanzas, a esto se le llama la **hipótesis de los mercados eficientes:** todos los participantes tienen la misma información y actúan en consecuencia, de manera que el precio de una acción es exactamente el que debe tener, considerando la información disponible.

Para explicar esta hipótesis se ha recurrido a un chiste. Van dos partidarios de esta hipótesis caminando por una de las calles principales de Chicago y uno de ellos ve un billete de un dólar tirado en la banqueta. Le comenta a su compañero y él le responde que no hay que recogerlo porque, si tuviera valor, el mercado ya lo habría recogido. Esto me recuerda otro más: ¿Cuántos economistas se necesitan para cambiar un foco? Ninguno, el mercado se encargará de hacerlo.

El hecho de que la dirección que toma el mercado de valores sea aleatoria no quiere decir que los precios de las acciones sean irracionales. Los precios de los títulos de las empresas reflejan toda la información disponible que hay sobre cada una, de manera que **el nivel de precios de las acciones sí tiene una relación con el valor de la empresa que las emite.**[2]

¿Para qué te sirve la hipótesis del mercado eficiente? Hay una conclusión lógica: no te conviene perder el tiempo analizando tendencias, revisando gráficas y estudiando numeritos, si por más que te esfuerces no podrás ganarle al mercado.

Por ejemplo, si pones tu dinero en fondos de inversión que meten el dinero en la Bolsa de Valores, tienes dos opciones:

✔ entrar a uno que solo sigue al mercado, porque no hay manera de ganarle, o

✔ meter tus recursos en otro fondo en el que hay una persona encargada de manejarlo y de encontrar los momentos clave para comprar y vender acciones y así obtener ganancias, gracias a que se puso a estudiar.

En la distribuidora de fondos de tu preferencia puedes encontrar cualquiera de esas dos opciones. Los dos tipos de fondos, según la forma como se manejan, se clasifican en:

1. **Fondos pasivos.** Siguen al mercado y están muy conformes con lo que pueden conseguir, gracias al avance en el precio de las acciones a lo largo del tiempo. El mercado se sigue mediante los índices. Por ejemplo, la Bolsa Mexicana de Valores tiene el Índice de Precios y Cotizaciones (IPC); la de Wall Street tiene el S&P 500, que es una canasta de acciones seleccionada por Standard & Poor's como representativa de lo que le sucede al mercado; o el Dow Jones, que tiene varias versiones. En Londres está el índice "Footsie", el apelativo para los cuates del índice Financial Times o FT; en Buenos Aires, el Merval; en Madrid, el Ibex; en Sao Paulo, el Bovespa; y en Lima, el IGBVL.

2. **Fondos de manejo activo.** Ponen a un "manejador" (por no decirle "gerente") que busca ganar más de lo que podría obtenerse si se sigue la tendencia del mercado. Cuando le va bien, sale en las fotografías de las revistas de negocios; cuando le va mal no da entrevistas. Se supone que puede lograr más ganancias que los fondos pasivos, pero las malas lenguas dicen que el premio alcanza apenas para pagar las comisiones que cobra. Como está quemándose las pestañas, tienes que pagarle al manejador y a su equipo. Nadie dice que no gane, a veces, más que el mercado, pero los partidarios de la hipótesis del mercado eficiente alegan que si le gana es porque funciona como el reloj detenido: alguna vez tendrá que atinarle.

Tú puedes invertir en forma **pasiva**. Basta con que contrates un fondo de inversión que siga al índice de la Bolsa de Valores que tú quieras.

¿O sea que de nada sirve estudiar? No tan rápido. Hay quienes aseguran que un poco o un mucho de estudio sí puede llevarte a tener ganancias. Ya quiero presentarte a uno de los héroes de quienes invierten en la Bolsa. Se trata de Benjamin Graham. Es considerado el padre de la inversión de valor. El hijo del premio Nobel de Literatura, Mario Vargas Llosa, Álvaro Vargas Llosa, es uno de sus apóstoles en América Latina. Dice que cuando los libros de Graham cayeron en sus manos sintió una revelación. "Salí de sus páginas como salen de las aguas termales quienes creen en sus propiedades curativas". Se emociona tanto que dice que todos los colegios deberían ofrecer a los niños un curso sobre estas cuestiones.[3]

Pero Graham es todavía más conocido gracias a que uno de los tres hombres más ricos del mundo, Warren Buffett, lo reconoce como su padre intelectual. "Para mí", dice Buffett en el prefacio de uno de los libros de Graham, "Ben Graham fue mucho más que un autor o un profesor. Más que cualquier otro hombre, excepto mi padre, ha influido en mi vida".[4]

Y ahora te cuento de Warren Buffett. Lo conocen como el oráculo de Omaha, la pequeña ciudad donde vive, por su habilidad para invertir en empresas que aumentan su valor. En la lista de multimillonarios del mundo que cada año publica la revista *Forbes*, Warren Buffett ocupa el cuarto lugar, con una fortuna calculada en 53,500 millones de dólares, solo por debajo de Carlos Slim, Bill Gates y Amancio Ortega (el dueño de Zara).[5] A sus 83 años, Buffett ha visto de todo y, como cuenta Álvaro Vargas Llosa, generalmente ha evitado las acciones de moda. Así que ya te imaginarás que a finales del siglo XX lo criticaron por no aprovechar las grandes posibilidades de crecimiento que ofrecían las empresas de Internet. Después esas personas se dieron de topes contra la pared por no copiarle a Buffett, quien se quedó tan tranquilo a pesar del ruido sobre Internet y solo compró acciones de empresas que no sonaban tan interesantes como Nortel, sino que se veían muy aburridas.

Dice la teoría que, a lo largo del tiempo, nadie puede ganarle al mercado. Sin embargo, mira cómo se ha comportado el precio de las acciones de la principal empresa de Warren Buffett, Berkshire Hathaway, desde 1996 a 2013, comparado con el índice de la bolsa de Wall Street.

Berkshire Hathaway contra la Bolsa de Nueva York

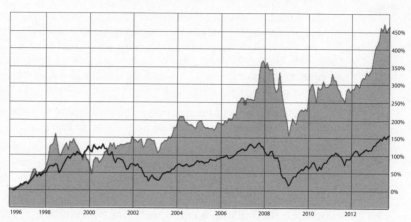

Figura 19-1: Berkshire Hathaway contra la Bolsa de Nueva York (Fuente: Yahoo Finance).

La línea gris representa el valor de Berkshire Hathaway, la empresa de Buffett. La línea negra es el índice Standard & Poor's de la Bolsa de Valores de Nueva York.

Sí, la empresa de Buffett ha aumentado su valor a mayor ritmo que el promedio de las empresas que están representadas en el índice de la Bolsa. Esto todavía no prueba que sea efectiva la forma de inversión de Buffett; solo que el valor de su empresa ha aumentado a gran velocidad. Si te fijas con más detenimiento, verás que las variaciones en el precio de la acción de la empresa se dan casi en el mismo sentido que las del mercado: cuando el mercado baja, también bajan los precios de Berkshire Hathaway y cuando el mercado sube, aumentan de valor.

Lo que tendría que saberse es: ¿cómo le hizo Buffett para encontrar las empresas en las cuales debía invertir, de manera que subieran de valor?

Graham también estaba de acuerdo, en parte, con la hipótesis del mercado eficiente. Decía que por más que te pusieras a estudiar las variaciones en los precios de las acciones, los demás también lo estarían haciendo, de manera que no podrías obtener una ventaja significativa. Él escribió:

No es un truco muy difícil traer una gran cantidad de energía, estudio y habilidad nata a Wall Street y terminar con pérdidas, en lugar de ganancias.

Si un inversionista hace la predicción correcta, con base en la información estadística que obtiene del mercado, es muy probable que otros ya la hayan hecho también. Si la predicción es correcta, dice Graham, "el precio de mercado ya podría reflejar lo que él está pronosticando".[6]

La receta de Graham, entonces, no es estudiar lo que sucede en las gráficas ni confiar en que es posible predecir las variaciones de la Bolsa, gracias a las estadísticas. El inversionista tiene que actuar en forma **contraria** a lo que harían los otros participantes de mercado. Y para eso solo le queda analizar cuáles son las empresas que ofrecen más valor. Es decir, tiene que revisar los **estados financieros** de las compañías y encontrar las condiciones de mercado a las cuales se enfrentan, para saber si el precio de su acción refleja toda la capacidad de una empresa. Mediante el **análisis** de los números internos de una compañía, Graham descubre si el precio de sus acciones se justifica o no.

Como resume Vargas Llosa, el inversionista tiene que pensar como un hombre de negocios, no como un financiero. Él explica:

> Comprar una acción era lo mismo que comprarse una empresa, de manera que había que estudiar lo que esa empresa valía, no lo que había sucedido la víspera, o el año pasado, con el papelito que se transaba en la Bolsa.[7]

La escuela de Graham es continuada por Warren Buffett, quien suele dar recomendaciones aburridas sobre inversión:

- Nunca pagar más que lo que vale una empresa.

- Analizar si esa empresa tiene un buen mercado y un foso protector; es decir, que tiene **ventajas** claras sobre sus competidores que no se borrarán de un día para otro.[8]

Son aburridas porque, al seguirlas, Buffett suele perderse la moda. En otro capítulo ya te había comentado del múltiplo de precio sobre utilidad. El tamaño de ese múltiplo puede ser una buena señal para saber si te conviene invertir o no en una acción determinada.

El múltiplo relaciona **el precio de la acción con las utilidades en el último periodo reportado** (algunas veces se hace con el precio de la acción y las utilidades proyectadas). Mientras más pequeña es esa relación, quiere decir que el precio es más adecuado a las utilidades que da la compañía en ese momento.

Ya te lo había dicho en otro capítulo, pero te lo repito para que no te regreses: Facebook tenía en septiembre de 2013 una relación entre precio y utilidad de 230 veces, y Apple de once. De Facebook no se sabe muy bien si hará negocio o no, pero de Apple ya hay señales de que puede generar ganancias.

No te quedes solo con el numerito de ese multiplicador. Tienes que echarte un clavado en los libros de contabilidad de las empresas. ¿Cómo? ¿A poco Carlos Slim va a permitirte verlos cuando quieras comprar acciones de una de sus empresas? Resulta que sí: si una empresa cotiza en la Bolsa de Valores, su contabilidad puede ser consultada por quien lo desee. Así que si te interesa ver cuánto valen las jaulas de gallinas de Bachoco (por decir algo) o cuánto debe Coca-Cola Femsa, puedes consultarlo en la Bolsa Mexicana de Valores. Los informes trimestrales se venden en unos 540 pesos cada uno.

Tampoco se trata de que cierres tu consultorio dental o de que digas a tus clientes del puesto de tortas que después los atiendes porque estás leyendo los resultados trimestrales de Cemex, para ver si compras o vendes sus acciones. En todo caso, tendrías que preguntar a tu asesor financiero si quien manejará tus inversiones hace análisis de los fundamentos de las empresas en las que invierte.

¿Esto quiere decir que no deberías invertir en empresas de moda? Si insistes en hacerlo, tal vez deberías irte con cuidado o dedicar una parte pequeña de tus inversiones a probar suerte en acciones de compañías que están por entrar a todo un nuevo mundo.

Una de las funciones de los ricos es **probar los inventos** primero que nadie. Pagan cierta cantidad adicional por ser los primeros en usarlos. En tecnología se les llama "*early adopters*", lo cual podría traducirse como "usuarios tempranos"; es decir, quienes compran el primer modelo de un producto. Si viviste en los años ochenta, tal vez recordarás todavía con admiración a tu amiguito cuyos papás habían comprado la videocasetera, a pesar de los altísimos precios que tenían esos aparatos. Después llegaron las pantallas planas, que costaban casi tanto como un refrigerador. Los primeros en adoptarlos pagan un extra, disfrutan esa tecnología y sirven un poco como conejillos de indias, porque no siempre esa tecnología es la que dominará, como bien recordarás los discos láser y las agendas electrónicas *Newton*.

Si no los recuerdas, te comento que fueron inventos que volvieron locos a muchos, como los *iPhone* o las *iPad* ahora, pero que no pegaron. Alguien tiene que pagar para que se prueben los productos en el mercado. Y de la misma forma, algún inversionista tiene que ser tan audaz como para invertir en una empresa que no cumple las condiciones de Graham o de Buffett, pero que abrirá nuevos caminos.

Es el espíritu del capitalismo: emprender aunque no estés 100% seguro de que triunfarás. Así que los ambiciosos que saltaron a comprar acciones de empresas hoy desaparecidas, como Boo.com, TheGlobe.com o Pets.com tal vez estén arrepentidos. Pero en una de esas podrían haber comprado acciones de Amazon o de eBay. ¿A quién se le ocurre comprar acciones de una tienda de subastas en línea? Imagínate, en marzo de 2000 las acciones de eBay estaban en 30.46 dólares cada una y habían subido de precio en los meses anteriores, así que se veían apetitosas. Para el 1 de enero de 2001, el precio de esas acciones se había desplomado a 7.64. "¡Te lo dije!", te habrían gritado varias personas, "¿para qué te metiste en eso?". Para septiembre de 2013, esa misma acción ya se cotizaba en 55.78, una ganancia de más de 80% desde el nivel de marzo de 2000.[9]

A leer con cuidado

Antes de dejar en un gran pedestal a Graham y Buffett, que supongo que lo merecen, debes tener cuidado con los números que analizas.

Te cuento una anécdota personal. Después de leer el libro de Vargas Llosa me dije que también yo podría ser un converso a la escuela del valor en inversiones. Me puse a analizar el múltiplo de precio sobre ganancias de las empresas que forman el Índice de Precios y Cotizaciones de la Bolsa. Encontré que Urbi era una de las compañías que tenía el múltiplo más bajo. Mientras Bimbo andaba por arriba de 20, Urbi estaba en 4. "¡Ajá! Acabo de encontrar una oportunidad que nadie había visto", exclamé con tono de la versión *nerd* de Lex Luthor, el enemigo de Superman. Compré acciones de Urbi, una constructora de casas de bajo costo, en ocho pesos, que después bajaron a 1.57. Una pérdida de 80% en cosa de cuatro meses. Resultó que además de ese múltiplo había que analizar los activos y cuánto valían. La compañía tenía terrenos para construir casas, reserva territorial que le llaman, pero el gobierno anunció que cambiaría su política de vivienda para dejar de dar créditos para comprar viviendas en lugares apartados de la ciudad. Los terrenos de Urbi estaban muy lejos de las zonas céntricas, lo cual obligaba a que los que adquirían las casas construidas por esa empresa gastaran grandes cantidades de tiempo y de dinero en trasladarse a su trabajo. De alguna forma, la sociedad estaba subsidiando el modelo de negocio de Urbi y de otras constructoras de vivienda. El modelo de negocio se desplomó y a la vez dejó en claro que estaba muy distorsionado por los apoyos del gobierno.

Así que cuando analices una empresa, hazlo con más cuidado y no te dejes ir por un solo indicador.

Al analizar las posibilidades de una empresa, necesitas apoyarte en alguien que de verdad sepa de contabilidad, para entender los estados financieros y ver si esa compañía tiene un buen valor.

Y, sin embargo, se mueve...

A pesar de lo que pregonan Graham, Buffett y muchos de los seguidores de la escuela del valor, hay una corriente de pensamiento que dice que sí es posible obtener ganancias si se analizan las regularidades de los mercados financieros.

Se trata del **análisis técnico**. En México existe el término de "cascarle" al mercado. Es como hacían los enanitos de Blanca Nieves (en la película de Disney, porque han resultado muy perversos en las nuevas versiones) que buscaban pepitas de oro en una mina. Hay que cascarle, que significa dar golpes a algo quebradizo; o sea, que hay que pegarle a una u otra opción para obtener algún resultado, más allá de lo que podrías lograr si inviertes en un fondo que sigue al índice de la Bolsa.

Para guiarse, los analistas técnicos usan las herramientas de las **estadísticas**. ¿Te acuerdas que en un capítulo anterior te hablaba del Atlas y del América? ¿Y de que podían hacerse estadísticas con sus resultados? Si se usara en el futbol, el análisis técnico serviría para tratar de **predecir** el resultado del siguiente juego a partir de los marcadores anteriores. Lo que se hace en este tipo de análisis es ver cómo sube y baja el precio de una determinada acción o un índice y a partir de ahí predecir qué sucederá después.

Como ya te había dicho, nos encanta ver regularidades en todas las cosas que se repiten. Acuérdate de las gráficas de la Bolsa de Valores que has visto. En tu imaginación ya hay una línea que sube y baja con cierta regularidad. Los analistas técnicos analizan los valles, o sea cuando la línea está en lo más bajo, y las cimas, cuando llega a lo más alto. Tratan entonces de encontrar cuándo cambian las tendencias:

✔ Si la tendencia va hacia **abajo**, lo ideal es encontrar el momento cuando empezará a ir hacia arriba y eso dará la indicación de **comprar**.

✔ Por el contrario, cuando va hacia **arriba** y se espera el cambio de tendencia, es momento de **vender** y obtener una **ganancia**.

Los libros de texto de finanzas no son particularmente partidarios de este tipo de análisis. Mira, por ejemplo, lo que dice uno de ellos: "aunque los resultados empíricos no favorecen el uso del análisis técnico, algunos inversionistas y manejadores de portafolios siguen usando ese tipo de análisis".[10] Malkiel sentencia que, bajo el escrutinio científico, los seguidores del análisis técnico se merecen compartir un pedestal junto con los alquimistas.[11]

Sin embargo, en Internet encuentras una gran oferta de cursos para que aprendas el análisis técnico y sepas identificar las señales que podrían llevarte a tener ganancias.

Graham es muy cuidadoso al distinguir a los inversionistas de quienes usan el análisis técnico para encontrar ganancias rápidas. Dice que es muy diferente un inversionista de un especulador: el especulador quiere ganar rápido; el inversionista sabe que es importante esperar.

Aquí también te advierto lo mismo, aunque te confieso que yo no he sometido los procedimientos del análisis técnico a rigurosos y sesudos escrutinios: quien lo utiliza tiene que ser consciente de que podría tener grandes pérdidas en caso de que el mercado no se comporte como él prevé. Tal vez se pregunte cómo es que el mercado puede equivocarse tanto, como diría Miguelito, el de Mafalda.

Referencias:

(1) Mi memoria me permite citar a Miguelito casi sin volver a checar. Afortunadamente hay un *twitter* llamado @Mafaldaquotes que te ayuda a recordar esas historias. Consultado el 3 de octubre de 2013. En https://twitter.com/MafaldaQuotes/status/6491318058483713

(2) Bodie, Zvie, Kane, Alex y Marcus, Alan J, *Essentials of Investments*, Nueva York, McGraw-Hill/Irwin, 2007, p. 244. Para una muy sabrosa explicación de la hipótesis de los mercados eficientes: Malkiel, Burton G, *A Random Walk Down Wall Street*, Nueva York, W. W. Norton & Company, 2012. Hay traducción al español: Malkiel, Burton G, *Un paseo aleatorio por Wall Street*, Madrid, Alianza Editorial, 2013.

(3) Vargas Llosa, Álvaro, *Y tú, ¿dónde pones tu dinero? Aprende a invertir en valor: de Ben Graham a Warren Buffett*, México, Debate, 2012, p. 14.

(4) Buffett, Warren, prefacio para Graham, Benjamin, *The Intelligent Investor*, Nueva York, HarperCollins, 2006, p. ix. Hay traducción al español: Graham, Benjamin, *El inversor inteligente*, Barcelona, Deusto, 2012 (versión electrónica).

(5) "The Richest People on the Planet 2013", revista *Forbes*, 3 de abril de 2013. Consultado el 3 de octubre de 2013. En http://www.forbes.com/billionaires/

(6) Graham, Benjamin, *ob. cit.*, p. 31.

(7) Vargas Llosa, Álvaro, *ob. cit.*, p. 25.

(8) Puedes ver más detalles sobre la estrategia de inversión de Warren Buffett en Lofton, Louann, *Warren Buffett Invests Like a Girl: And Why You Should Too*, Nueva York, HarperCollins, 2011.

(9) Para el precio de las acciones de eBay: Yahoo! Finance. Consultado el 3 de octubre de 2013. En http://finance.yahoo.com/echarts?s=EBAY

(10) Mayo, Herbert B, *Investments: an Introduction*, Mason, Cengage Learning, 2008, p. 482.

(11) Malkiel, G, *ob. cit.*, p. 157.

Capítulo 20

Y la mejor inversión es...

En este capítulo:

▶ Descubrirás cómo obtener más ganancias y vivir mejor.

▶ Identificarás cuál es tu perfil de inversionista y las inversiones que te convienen.

Empezaré por el final: **no existe una sola mejor inversión para tu dinero.** Tan tan. Muchas gracias, no olvides pasar por los decálogos y nos vemos en el próximo libro.

Espero que no te conformes con esta respuesta, porque aquí encontraremos otra un poco más detallada que va a servirte.

Desde la escuela, a los economistas nos enseñan que ante casi cualquier pregunta, la respuesta debe ser "depende". Depende de para qué quieras invertir, cuál es tu nivel de ingresos, qué aspiraciones tienes en la vida, cuántas personas dependen de ti.

Cuando vas a una institución financiera a pedir que hagan un plan de inversiones para ti, lo primero que hacen, casi antes de ofrecerte una silla, es aplicarte un cuestionario para saber qué tipo de personalidad tienes y así hacerte una recomendación adecuada.

Es más, lo hacen por ley. La legislación mexicana pide a las instituciones financieras que definan muy bien cuál es el perfil de inversionista de sus clientes antes de hacerles recomendaciones de inversión. Si tú eres conservador y te recomiendan inversiones para una persona agresiva, sí pueden llegar a hacerte daño, porque a lo mejor pusieron tu dinero en la Bolsa de Valores, a siete años, y tú tienes una emergencia y necesitas el dinero pero ya y no puedes disponer de él.

Esto no tiene por qué sucederte, siempre y cuando exijas a tu asesor que solo ponga tus recursos en inversiones que se ajusten a tu personalidad.

Primero, te propongo un pequeño juego. Relaciona las personalidades de la derecha con la inversión que creas que les corresponda, a la izquierda.

Tabla 20-1

Personalidad	Encuentra la relación	Inversión
Señora de 45 años, divorciada, con tres años en su empleo. No había cotizado antes en el Seguro Social. Tiene un ahorro como de tres meses de su sueldo y quiere juntar dinero para completar su pensión.		Acciones de gran crecimiento, que podrían tener un avance de 500% en los próximos diez años, aunque también podrían caer 10% en su valor en ese tiempo.
Pareja de treinta años de edad; ambos tienen ingresos, no planean tener hijos en los próximos siete años y cuentan con seguros de gastos médicos, seguro de vida y un ahorro equivalente a ocho meses de sus ingresos. Además quieren invertir un millón de pesos y pueden esperar resultados para dentro de diez años.		Una casita done puedan vivir tranquilos.
Un profesional y su esposa, que viven cómodamente por su herencia, no quieren saber nada de la Bolsa de Valores y lo único que les interesa es estar tranquilos y seguros.		Depósitos periódicos en una afore.

¿Te das cuenta de que no puedes recomendar lo mismo a todos? Es probable que los jóvenes, a quienes por el momento les sobra el millón de pesos, compren las acciones con altas perspectivas de crecimiento (aunque recuerda que no estaría mal que leyeran los capítulos anteriores y pensaran, mejor, en comprar un fondo que imita al índice de la Bolsa de Valores).

De cualquier manera, busqué algunas autoridades que recomienden una mejor manera de elegir la inversión más conveniente, cuando menos para tener una vida más tranquila. Encontré a una autoridad, Burton Malkiel, un profesor de Princeton, que escribió un libro sobre lo errática que en apariencia es la Bolsa de Valores de Wall Street y que ha examinado diversos métodos de análisis de inversión. Su recomendación es muy sencilla y para ella no necesitas sacar, por ahora, tu calculadora financiera:

La cosa más importante que puedes hacer para alcanzar la seguridad financiera es empezar un plan de ahorro e iniciar lo más pronto posible.[1]

Mientras más temprano empieces a **ahorrar**, más pronto comenzará tu dinero a generar rendimientos y más pronto verás rendimientos sobre esos rendimientos.

Porque cuando empiezas temprano a ahorrar, puedes aprovechar la magia del **interés compuesto**. Por si no lo sabes, el interés compuesto es nada menos que cuando se generan **intereses sobre los intereses**.

Hay un viejo ejemplo, que compara el ahorro de dos jóvenes. María empieza a ahorrar cien pesos anuales durante siete años. Consigue una tasa de interés de 6%. Al séptimo año deja de hacer sus aportaciones anuales, pero deja que su dinero siga creciendo con los intereses. Como Juanito ve lo bien que le va a María, empieza a ahorrar en el año 9. Ahorra durante doce años y también consigue un rendimiento de 6% anual. O sea que estamos abarcando un periodo de veinte años. ¿Quién juntó más dinero?

Mira cómo se veía el dinero acumulándose:

Tabla 20-2

Año	María	Juanito
1.	100	0
2.	206	0
3.	318	0
4.	437	0
5.	563	0
6.	697	0
7. En este año, María deja de hacer su aportación anual pero deja los recursos para que generen intereses.	839	0

Tabla 20-2 (*Cont.*)

Año	María	Juanito
8.	889	0
9. Juanito empieza a ahorrar sus cien pesos anuales.	943	100
10.	999	206
11.	1,059	318
12.	1,123	437
13.	1,190	563
14.	1,262	697
15.	1,337	839
16.	1,418	989
17.	1,503	1,149
18.	1,593	1,318
19.	1,689	1,497
20.	1,790	1,686

¿Viste cómo Juanito hizo un esfuerzo durante más tiempo pero al final María tenía más dinero que él, solo porque ella empezó antes?

Ya que te convencí de empezar temprano, regresemos a la idea de que la inversión que más te conviene depende del tipo de persona que seas. A ese tipo de persona se le llama perfil del inversionista. Las instituciones financieras se afanan por descubrir qué perfil eres y para ello te hacen algunos exámenes y te aplican cuestionarios.

Los cuestionarios de las instituciones financieras toman en cuenta los siguientes siete factores para encontrar qué pueden recomendarte:

✔ Tu edad.

✔ Qué porcentaje de tu patrimonio vas a invertir.

✔ Cuántas personas dependen de tu ingreso para vivir y en qué medida.

✔ Qué tanto sabes de inversiones.

✔ Cuánto tiempo puedes dejar tu dinero invertido.

✔ Qué tanto necesitarás algunos recursos durante el tiempo que dure tu inversión.

✔ Cuán dispuesto a aceptar las alzas y bajas de tu dinero.

A partir de una serie de preguntas pueden llegar a la conclusión de que tú eres:

• Conservador

• Moderado

• Agresivo

El **agresivo** es el que está dispuesto a aceptar más el **riesgo**, porque sabe que casi siempre con un mayor riesgo puede obtener más rendimiento. A él no le interesan tanto las inversiones en bienes raíces, que pueden ser muy seguras porque siempre habrá quien quiera comprar o pagar el alquiler de una casa, pero no dan tantos rendimientos como ser socio de una empresa que promete curar alguna enfermedad grave. A lo mejor le gustará buscar nuevos horizontes y pedir que una parte de su dinero se use para financiar una obra de infraestructura en Turquía y otra en Tailandia, lo cual puede darle grandes rendimientos.

Puede ser esa su personalidad... en apariencia. Pero en realidad es un individuo que siempre ha vivido de la herencia que le dejaron su padres y no está muy seguro de cómo es que se multiplicó ese dinero. Se la ha pasado estudiando historia y literatura, y entre sus lecturas no aparecen ni Adam Smith ni el gurú de las inversiones, Benjamin Graham. De manera que cuando algo no sale bien en el corto plazo, puede pedir a gritos que le devuelvan su dinero y se considerará engañado. ¿Ves? No era tan agresivo como parecía. Y a eso añádele que ya peina canas y que tiene tres hijos que mantener. Entonces, por más que quiera prestarle su dinero al gobierno turco, se quedará con las ganas, porque según su perfil le conviene seguir siendo conservador.

Veamos entonces cómo es cada uno de los perfiles y después cuál tipo de inversión podría convenirle a cada uno de ellos.[2]

Y tú, ¿quién eres?

De alguna manera tienes que identificarte con alguno de los tres perfiles de inversionista. Te decía que no cualquiera está dispuesto a arriesgar su dinero con la promesa de tener grandes ganancias en el futuro. Pero hay quien sí lo está.

Aun cuando estuvieras dispuesto a arriesgar tu dinero, tienes que tomar en cuenta cuál es tu momento de vida, qué planes tienes y si hay alguien que depende de ti o no. Para los financieros, todos estos aspectos se conocen como **restricciones**.

Antes de saber cuál inversión te conviene, tienes que contestar estas preguntas:

- **Qué tan líquida quieres que esté tu inversión.** De la respuesta que des, depende la inversión que pueden recomendarte. Por ejemplo, si muy pronto vas a tener que hacer algún pago, no te conviene invertir en algo que no puedas vender con rapidez. Lo que se mide es la liquidez del activo que estás comprando. El dinero es líquido: puedes usarlo en cualquier momento. Lo mismo sucede con tus ahorros en los cetes. Solo tienes que esperar a que venzan para cambiarlos por dinero en efectivo. Entre lo menos líquido están las casas, porque tendrá que pasar algún tiempo para que puedas convertirlas en dinero contante y sonante a la hora que lo necesites.

- **Cuánto tiempo puedes desprenderte de tu dinero.** Es decir, cuánto tiempo puedes dejar esos recursos sin tocarlos. A eso se le llama **horizonte de inversión**. Es importante que no uses los mismos instrumentos para los diferentes plazos. Un pagaré del banco te sirve si tu horizonte de inversión es de menos de un año, pero si puedes desprenderte del dinero por más de cinco años, ya puedes (y debes) buscar inversiones que te den mayores rendimientos.

- **En qué momento de tu vida estás.** ¿Tienes hijos? ¿Qué edad tienen? ¿Dependen de ti?

- **Qué porcentaje de tu riqueza vas a invertir.** Si tienes 53,500 millones de dólares como Warren Buffett, bien te podrías dar el lujo de hacer algunos experimentos y dedicar, digamos, unos cien mil pesos al changarro de tu primo. Tal vez te los multiplica y tal vez no, pero como representa apenas 0.00018% de tu fortuna, ni vas a preocuparte.

Tabla 20-3

Pregunta	*Anota un "0" si tu respuesta es:*	*Anota un "1" si tu respuesta es:*	*Anota un "2" si tu respuesta es:*
Qué tan disponible quieres que esté el dinero.	Que lo pueda sacar de inmediato.	Podría esperar 28 días. Bueno, máximo 91 días.	No necesito que esté líquido, no quiero ni verlo por cuando menos dos años.
Dentro de cuánto tiempo vas a necesitarlo.	Pues para pagar la colegiatura de los niños en septiembre.	En unos dos años.	Dentro de seis o siete años.

Tabla 20-3 (*Cont.*)

Pregunta	Anota un "0" si tu respuesta es:	Anota un "1" si tu respuesta es:	Anota un "2" si tu respuesta es:
¿Tienes hijos?	Sí y son pequeños y dependen por completo de mí.	Sí, pero ya andan por los veinte años y solo me piden dinero de vez en cuando.	No. O sí, pero ya son adultos y se mantienen por su cuenta.
¿Qué tanto de tu riqueza vas a meter en esta inversión?	La mayor parte. Es mi patrimonio.	Es una parte, ya tengo una casita.	Una parte pequeña.
¿Qué reacción tendrías si te dijeran que tus recursos perdieron 15% de su valor? (aunque pueden recuperarlo después)	¡Están locos! ¿Qué están planeando?	Me pondría algo intranquilo y buscaría salirme poco a poco de esa inversión.	Entiendo que hay bajas temporales en las inversiones. Mientras no me salga, no he convertido en realidad esa pérdida que está solo en el papel.
¿Qué edad tienes?	Más de cuarenta años.	Entre 35 y cuarenta años.	Menos de 35 años.
¿Tienes ahorros extra?	No.	Un poco, como para una emergencia.	Sí, como para dejar de trabajar dos años.
¿Tienes seguro de gastos médicos?	No.	Sí	Sí
Suma el total de puntos por tus respuestas.			

Los resultados

- Si la suma de los resultados te da entre 0 y 3, te conviene irte por el perfil **conservador**.

- Si estás entre 4 y 10, eres un perfil **moderado**.

- Si tienes entre 11 y 16 puntos ya puedes asomarte a las inversiones **agresivas**.

- Si tienes más de 16 puntos, deja de hacer trampa.

Para conservadores

¿Te fijas que el conservador es el que tiene más edad? No es necesario que seas mayorcito para volverte conservador. Puedes tener razones para serlo desde joven. No es lo mismo un joven de 25 años con cinco hijos que dependen de él, que otro soltero sin hijos y papás ricos que pueden mantenerlo en caso de que pierda su trabajo de director de una empresa de productos de consumo.

También puede haber razones psicológicas para que quieras ser conservador. Hace poco, en una reunión, alguien preguntó a los presentes cuál era el sueño que veían como algo que debían alcanzar. Una chica, como de unos 26 años de edad, dijo que ella soñaba con el día en que pudiera comprarse un departamento. Vivía con sus papás y el trabajo le quedaba al otro lado de la enorme y congestionada ciudad de México. Su sueño era comprar el departamento para vivir cerca de su trabajo, porque decía que así podía dedicarle más tiempo a su vida privada, hacer ejercicio, salir con los amigos y esas cosas que hacen las chicas de unos 26 años.

La chica tenía un buen sueldo y podía darse el lujo de ahorrar 30% de él cada mes. Muy pronto podría conseguir su objetivo de comprar el departamento. ¿Es esa su mejor inversión? Para estar tranquila y cumplir el sueño que le han inculcado, sí, pero a su edad y con su capacidad, tal vez le convendría alquilar un departamento cerca de su trabajo y dedicar el esfuerzo que estaba haciendo para ahorrar para el enganche y meterse a una inversión un poco más agresiva. Sin embargo, recuerda que te dije que puede haber condiciones psicológicas para escoger una forma de invertir conservadora.

Que no te digan que no te he advertido a lo largo del libro que cualquier cosa que elijas tiene un **costo de oportunidad**; es decir, el costo de no obtener la ganancia que podrías conseguir de haber optado por el otro camino.

Estas son las opciones de inversión para un inversionista conservador:

a) **Pagaré bancario.** Lo que pagan depende del rendimiento de los cetes, que se publican en la página del Banco de México. El dinero está seguro pero no puedes esperar grandes rendimientos.

b) **Un bien raíz.** Ya que acumulas suficientes recursos, ya puedes comprar un bien raíz y hacerle caso a las abuelitas que dicen que no hay nada más seguro. Los precios de las viviendas en México crecieron así de 2008 a 2013:

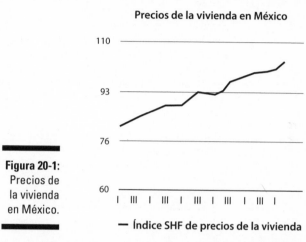

Precios de la vivienda en México

Figura 20-1:
Precios de
la vivienda
en México.

— Índice SHF de precios de la vivienda

Como puedes ver en esa gráfica, del primer trimestre de 2008 al segundo trimestre de 2013 se dio un avance continuo en el precio de las viviendas.

Si la vivienda es para vivir en ella, se tiene la ganancia adicional de una sensación de seguridad. Si es para alquilarla a alguien más, se puede conseguir entre 0.6 y 1% de ganancia adicional en un año sobre el valor de la casa.

De las ganancias de la vivienda habrá que descontar los recursos, incluido tiempo y dinero, que se utilizan para conservarla en buen estado, así como los pagos de impuestos y de la administración de un condominio, en caso de que lo haya.

Como es difícil tener el dinero junto para comprar una casa, habrá que recurrir a una hipoteca, cuyas mensualidades pueden convertirse en algo difícil de pagar en caso de que se pierda el trabajo por un periodo mayor al cubierto por el seguro de desempleo que el banco incluye en el préstamo.

Los pagos de la hipoteca también pueden verse como un ahorro forzado. Si no tienes disciplina para ahorrar, la obligación de pagar la mensualidad hará que tu dinero se convierta en ladrillos en lugar de haberse ido en quién sabe qué o en aburridas comidas y borracheras con los compañeros de oficina.

c) Seguros dotales. Con este tipo de seguros te comprometes a juntar cierta cantidad. La ventaja que suelen ofrecer algunos de ellos es que la aseguradora paga la cantidad comprometida en caso de invalidez o de muerte del titular. Si no tienes ningún ahorro o alguna propiedad que pueda servirte para tener ingresos en caso de invalidez, te conviene contratar el seguro. Sin embargo, puede salirte más caro si ya tienes el ahorro o una casita para alquilar que pueda sustituir tu ingreso actual.

d) Fondos de inversión de deuda de corto plazo. En los bancos ya tienen listos fondos de inversión que se ajustan a tus necesidades de conservador. O sea, que puedes disponer del dinero en menos de 24 horas. Cuando se espera que suban las tasas de interés, siempre es bueno tener algo de deuda de corto plazo, porque el valor de los fondos aumenta. Eso aplica también para los inversionistas moderados y los conservadores.

e) Afore. Aun cuando seas conservador y solo quieras invertir para el corto plazo, te conviene asomarte a las afores. Son las administradoras de las cuentas individuales para el retiro. Tú puedes entrar en ellas con un peso. Algunas te piden que dejes el dinero cuando menos dos meses y luego ya puedes sacarlo, pero la recomendación para el conservador es que tenga este plan para su retiro y así puede estar más tranquilo.

Para moderados

Ya puedes darte el lujo de:

✔ despegarte un poco más de tiempo de tu dinero, y

✔ analizar inversiones con un poco más de riesgo, pero también con más rendimiento.

Puedes entrar a las mismas inversiones que el conservador y a otras un poco más complicadas.

a) Fondos de inversión de deuda de mediano y largo plazo. En general, las empresas y el gobierno suelen pagar un poco más de intereses si la deuda es a más de 28 o 91 días.

Ya tienes que entender un poco más de inversiones para entrar en esto, porque en caso de que suban las tasas de interés, el valor de tu fondo puede bajar.

b) Fondos de inversión en renta variable. Hay algunos fondos que incluyen algo de renta variable; es decir, que invierten en acciones de la Bolsa de Valores, pero que en su panza también tienen inversiones en deuda. Así, el valor de la inversión no sufre muchos altibajos.

c) Fondos de inversión de ciclo de vida. Hay muchas operadoras de fondos de inversión que ofrecen los fondos de ciclo de vida, ya listos para el consumo de una persona que entiende un poco más de inversiones. Por lo general en el nombre llevan un número que se relaciona con la década en que nació el que podría contratarlo o el año que se recomienda esperar para salir de esa inversión.

Para agresivos

Tú sí que tienes el espíritu del capitalismo. Estás dispuesto a buscar más ganancias y para ti se abren las posibilidades... que estén al alcance de tu monto mínimo de inversión.

Puedes aprovechar la inversión en las afore, que es para el largo plazo. Además, en México ya puedes invertir en los fondos de inversión de renta variable o directamente en acciones. Te conviene leer los capítulos 17 y 19 para tener una idea de cómo elegir las inversiones en el mercado accionario.

Si ya eres de los muy aventados, puedes encontrar muchas otras opciones de inversión en la Bolsa de Valores gracias a los **mercados de derivados**, que son instrumentos que se mueven en función a **cambios en la economía y en el precio de las acciones en el mercado**.

Definir el perfil de inversionista también puede serte de ayuda cuando decides en qué inviertes tu tiempo y qué es lo que escoges para trabajar.

Sería bueno que recordaras que cambias con los años, así que **tu perfil puede cambiar con la edad**. Cuando eres joven, soltero y sin compromisos tal vez puedas ser un inversionista agresivo, porque estás creando tu patrimonio. Sin embargo, pocos años después te casas y adquieres una serie de compromisos (la colegiatura, el ahorro para la universidad, el pago de la casa) que pueden volverte conservador por un rato, hasta que llegas a los 45 años, ya pagaste la hipoteca y tus hijos ya entraron a la universidad. Entonces podrías volver a ser un inversionista agresivo, siempre y cuando tengas seguros y ahorros, además del dinero que arriesgas en busca de grandes ganancias.

Antes de invertir

Que no se te olvide que antes de meterte en inversiones para multiplicar tu dinero, debes asegurarte de:

1. Entrar a lo que entiendes.

2. Tener un ahorro para emergencias, porque no se trata de que eches mano de tus recursos invertidos. Es probable que se te presente una emergencia justo cuando haya una baja en el valor de tus acciones, o que tengas que malbaratar tu casa por la urgencia de conseguir recursos. Mejor no inviertas el dinero que pueda sacarte de aprietos.

3. Tener seguros de gastos médicos. Lo mismo que con el ahorro de emergencias, no puedes depender del dinero que tienes invertido para pagar por el tratamiento costoso de algún padecimiento grave.

Referencias:

[1] Malkiel, Burton G, *A Random Walk Down Wall Street*, Nueva York, W. W. Norton & Company, 2012, p. 304.

[2] Puedes encontrar cuestionarios para determinar tu perfil de inversionista en Internet. Hay uno de Invex en esta liga (consultada el 2 de octubre de 2013): http://www.invex.com/Herramientas_Financieras/Perfiles.aspx.

Y un cuestionario de Accigame en esta liga (consultada el 2 de octubre de 2013): https://accigame.banamex.com.mx/aperfil/ejercicio2.html

Más referencias:

• Para consultar los diferentes fondos de inversión te conviene entrar al sitio de Morningstar, una empresa que se dedica a calificar los instrumentos de inversión: www.morningstar.com.mx

• Chelminsky, Adina, *Cabrona y millonaria*, México, Diana, 2009.

• Macías, Sofía, *Pequeño cerdo capitalista. Finanzas personales para hippies, yuppies y bohemios*, México, Aguilar, 2011.

• Mayo, Herbert B, *Investments: an Introduction*, Mason, Cengage Learning, 2006.

Parte V
Los decálogos

En esta parte...

*E*ncontrarás un condensado de lo que has aprendido a lo largo de este libro, junto con mis sugerencias para el mejor manejo de tu dinero.

Capítulo 21

Los 10 tips más importantes para aprovechar mejor tu dinero

1. **Guarda primero una parte del dinero para ti.** Desde que tienes seis años ya puedes entender que cada vez que te dan algo de dinero, una parte es para ahorrar y otra para gastar. A tus papás les parecerá muy simpático que tengas tus propios objetivos y que busques comprarte algo. Cuando tienes seis años existe la ventaja adicional de que los papás, al verte ahorrar, te ayudarán a comprar ese objeto que quieres. Cuando ya eres un adulto, te conviene ahorrar primero antes de empezar a gastar. ¿Sabes por qué? Porque si no lo haces así, nunca lo harás. Si piensas que podrás ahorrar lo que te sobra, nunca te sobrará nada.

   Y ahora viene tu pregunta: ¿qué porcentaje será bueno ahorrar? La respuesta es: mientras más puedas, mejor. Empieza, si quieres, con 1%. Cuando veas que se va acumulando algo, te motivarás a ahorrar un porcentaje mayor. Según los clásicos, es decir, aquel conocido libro de *El hombre más rico de Babilonia*, sería bueno que ahorraras 10% de tu ingreso. Es un buen comienzo, pero si eres de clase media alta en México, claro que puedes ahorrar un porcentaje mucho mayor.

   ¿Por qué ahorrar? Porque en el futuro tendrás algunos gastos que ni siquiera te imaginas para qué serán. No puedes comprar hoy las medicinas ni los alimentos que necesitarás dentro de diez años, así que no conviene que te gastes ese dinero desde ahora.

   Tienes que dividir tu ahorro según el momento cuando pienses que vas a usar ese dinero apartado. Si es ahorro para enfrentar una emergencia, te conviene tenerlo en un pagaré bancario, del que puedas echar mano en cualquier momento. El resto de tu ahorro ya tiene que estar en instrumentos que den rendimientos.

2. **Haz un presupuesto.** Se trata de saber cuáles son tus gastos más importantes para que siempre estés preparado para enfrentarlos. No tiene por qué ser una tarea muy pesada. Solo tienes que seguir estos cuatro pasos:

a) Define cuánto dinero recibes al año. Haz una lista de todos tus ingresos. Si solo recibes tu salario, está fácil porque multiplicas el sueldo por doce y sumas lo que recibas una vez al año, como el aguinaldo y el fondo de ahorro.

b) Observa cómo gastas durante un mes. Encuentra ahí cuáles son tus gastos indispensables, o sea, los que destinas a comida, casa, ropa y diversión. Determina los gastos que podrías reducir y los que podrías dejar de hacer.

c) Toma en cuenta los gastos que se dan solo una o dos veces al año.

d) Define una cantidad para el ahorro.

Ya que tienes esas cuatro cantidades, encuentra cómo repartirás tus ingresos entre tus gastos mensuales. Habrá algunos meses más pesados que otros, por eso te conviene saber cuánto ganas al año, para ver de dónde vendrá el pago. Por ejemplo, es probable que ganes más en diciembre porque es cuando recibes el aguinaldo y el fondo de ahorro. Sin un presupuesto, tienes la tentación de gastarlo todo ese mismo mes. Si ya tienes un presupuesto, podrás ver que en enero tienes gastos adicionales por servicios de la casa, que en febrero hay que pagar la inscripción del niño a la escuela o que en agosto hay más gastos por el regreso a clases y las vacaciones (y en ese mes no hay aguinaldo).

3. **Ponte un truco para ahorrar.** Si eres una persona normal, te propones ser mejor mañana. Mañana sí vas a ir al gimnasio, mañana sí vas a limpiar la bodega y mañana sí vas a ahorrar. Hazte trampa a ti mismo para que sí vayas al gimnasio y sí ahorres mañana. Para ir al gimnasio, basta con preparar la bolsa con tus tenis desde hoy y apostar con un amigo a que sí lo harás; para empezar a ahorrar, puedes ir con los de recursos humanos de tu empresa y pedirles que te depositen una parte de tu nómina en el ahorro voluntario de tu afore. O puedes pedirle a una distribuidora de fondos que te haga el descuento de tu ahorro desde tu cuenta de cheques. Si te hacen el descuento automático de tu ahorro, ya no tendrás que pensar cada mes en ahorrar.

4. **Encuentra cuánto gastas al mes en tu tarjeta de crédito.** Tú tienes que saber en este momento cuál es tu saldo en la tarjeta de crédito o, cuando menos, poder consultar con solo un vistazo a tu teléfono inteligente. ¡Hey! Te metiste al teléfono para ver el saldo de tu tarjeta, no para contestar tus mensajitos. Al saber tu saldo, podrás programar el pago en el momento del corte. Te conviene más que pagues todo, porque así no te cobran altísimos intereses.

5. **Prepárate para lo peor.** El ahorro por tu cuenta no basta para enfrentar las emergencias. Puede suceder que necesites un tratamiento muy costoso para una enfermedad grave o que mueras y tu familia se quede sin una fuente de ingresos estable. Necesitas contratar seguros. Un

seguro de gastos médicos te permitirá enfrentar un gasto fuerte para recuperar la salud. Esos seguros tienen una prima, que es el costo (anual, semestral o mensual) y un deducible, que es lo que tú debes pagar cuando tenga que usarse. Si puedes tener algo ahorrado para pagar el deducible, te conviene, porque mientras mayor sea el deducible, menor es la prima.

6. **Siembra ahora para lo que vas a necesitar dentro de tres años.** Dicen que no es bueno esperar a necesitar la sombra para plantar los arbolitos porque no estarán a tiempo para tu reunión en el jardín en la tarde. Tienes que plantarlos ahora si quieres sombra dentro de diez o quince años. Eso significa que debes separar algo de dinero para enfrentar gastos en el futuro. También aplica a tus ingresos por lo que considera que necesitas prepararte para ganar más. Tal vez ahora eres un exitoso cajero, reportero, gerente, pero dentro de cinco años necesitarás ascender de puesto. Debes empezar a prepararte para avanzar en tu carrera, tal vez pagar algún curso o aprender alguna nueva habilidad.

7. **Platica con tu familia sobre tus planes para el dinero.** Si vives con alguien más, es importante que hables de dinero. Aun si eres tan joven y vives con amigos para compartir el pago de la renta, hablar de cómo se distribuirán los gastos les permitirá vivir más cómodos y con menos conflictos. Si ya tienes tu familia, no esperes que los demás adivinen cuáles son tus planes y objetivos. Tal vez tú tienes pensado que dentro de cinco años irán todos de vacaciones a Orlando y que pagarás la escuela de Juanito, pero tu pareja cree que dentro de cinco años comprarán una casa y que Juanito no quiere ir a la escuela. Es mejor que todos se pongan de acuerdo en cómo gastarán el dinero y sepan cuáles son las metas que tienen en común, para así encontrar cómo se organizarán para alcanzarlas.

8. **Separa tu ahorro para distintos propósitos.** Si pones todo el ahorro en el mismo lugar, no vas a conseguir los rendimientos que requieres. Puedes estar ahorrando para irte de vacaciones el año próximo y para comprar una casa dentro de diez años. El dinero para las vacaciones tendría que estar en una cuenta bancaria, sin muchos rendimientos, pero el de la casa para dentro de diez años debe depositarse en un lugar donde obtengas ganancias, porque debes protegerlo de la inflación.

9. **Aprende a negociar.** Primero tienes que convencerte a ti mismo de qué harás con tu esfuerzo y con tu dinero. Después debes convencer a tu familia y a tus jefes de qué es lo que mereces por lo que haces. Es importante que negocies con tu pareja, para saber qué es lo que aporta cada miembro de la familia. Y más importante todavía es que negocies con tu jefe. Él siempre asume que estás a su servicio, pero tú necesitas proteger tu tiempo libre y conseguir un buen sueldo. Nótese que dije "aprende a negociar" y no "lánzate a negociar sin saber". Negociar es todo un arte. Debes hacerlo, pero tienes que conocer algu-

nos secretos antes de atreverte a fijar límites a tus jefes o a tu pareja, porque existe el peligro de que solo te pelees y no consigas lo que quieres (o pierdas lo que ya tienes).

10. **Antes de comprar, come.** Es evidente que cuando vas al súper con hambre, compras más cosas. Si ibas por un foco para la sala, saldrás con un queso para hacerte una quesadilla rápida, una lata de aceitunas y cuatro latas de mejillones. El hambre no es buena consejera al ir a comprar y tampoco lo es cuando compras ropa o muebles en una tienda de departamentos, porque estás ansioso y quieres terminar el proceso lo más pronto posible. Entonces das el tarjetazo sin analizar con calma lo que vas a comprar. Además de ir sin hambre a la tienda de departamentos, te conviene revisar lo que tienes en casa antes de salir. Una visita a tu propio clóset antes de ir a las rebajas de verano en la tienda de ropa te permite saber qué te falta... y qué no te falta.

Capítulo 22

Las 10 preguntas más frecuentes sobre dinero e inversiones

1. **¿Cuál es el mejor banco?** No te preocupes, no encontrarás el mejor banco para todo. A lo mejor en uno te atienden en cuanto llegas y hasta te sirven café y es probable que en otro te den mejores rendimientos en tu pagaré bancario. Si lo quieres para obtener rendimientos por tu pagaré bancario, compara en el sitio del Banco de México: http://www.banxico.org.mx/portal_disf/wwwProyectoInternetNotaTPA.jsp

   De todos modos, el mejor banco para ti es el que esté más cerca de tu casa y tenga más cajeros automáticos a tu disposición. Te conviene que tenga más cajeros automáticos cerca de ti porque en los que no son de tu banco te cobran una comisión por sacar dinero. Subrayo cerca de ti porque puede ser que los bancos que tienen más cajeros automáticos y sucursales en el país no tengan servicios en tu colonia.

2. **¿Cuándo compro dólares?** Como tenemos a un lado a Estados Unidos, que ha presumido ser un país muy estable, aunque no siempre sea cierto, se ha considerado que es conveniente comprar dólares como protección contra la inflación. Recuerda que también allá aumentan los precios, así que no es una protección infalible. También puede suceder que el peso aumente de valor, temporalmente, frente al dólar, y eso hace que tengas el riesgo de que tus ahorros pierdan poder de compra si los cambias todos a la moneda estadounidense. La respuesta corta es: compra dólares cuando vayas a necesitarlos, más que como un instrumento para proteger el valor de tu ahorro. En México hay fondos de inversión a los cuales entras con pesos mexicanos y cuando sales te dan pesos mexicanos, pero con la ganancia que hubieran obtenido si los hubieras cambiado a dólares.

3. **¿Pago mis deudas y después ahorro o empiezo a ahorrar antes de salir de deudas?** Esta pregunta es buena. Es como cuando estabas gordito y flácido y te preguntabas qué hacías primero: ponerte a dieta o levantar pesas. Me he topado con gente que dice que primero hay que ponerse a dieta y que como estará uno tan débil por comer cala-

bacitas y pescado asado en lugar de pambazos, guajolotas (tortas de tamal) y tlacoyos, habrá que dejar el ejercicio para cuando ya se haya estabilizado. Craso error, y nunca mejor dicho eso de craso porque significa "gordo". Hay que empezar al mismo tiempo, porque se trata de cambiar de hábitos.

Es verdad que, por lo general, la tasa de interés que debes pagar por la deuda es mayor que la que ganas con tu ahorro. Imagina que te metes a un plan de pagos a 24 meses de tu tarjeta de crédito y que empezarás a ahorrar cuando pasen esos dos años. Ni lo intentes. A medida que vas pagando, vas sintiendo que puedes volver a usar tu tarjeta de crédito y entonces vuelves a endeudarte y nunca empiezas a ahorrar.

Mejor entra a ese plan de pagos, ruégale a quien le debes que te deje pagar un poquito menos y ese poquito menos métele en un cochinito, en un pagaré bancario, en una cuenta de ahorro o en un fondo de inversión. Mira un ejemplo real. Supón que debes cincuenta mil pesos en tu tarjeta de crédito. Sí, hay gente que debe ese dineral. Y que la tasa de interés es de 38.56%, como es el caso de mi tarjeta. ¡Es que los intereses son altísimos! En un plan de pagos a 24 meses, tendrías que pagar 3,020.63 pesos mensuales. Al final de los dos años, y con el favor de los dioses de las compras que no van a tentarte en todo ese tiempo, ya no deberás nada en la tarjeta. Ahora imagínate que en lugar de pagar 3,020.63 pesos pagas cien pesos menos. ¿Sabes en cuántos meses más pagarías la tarjeta? En dos meses. Pero al final de dos años ya tendrías un ahorro de 2,400 pesos y ya estarías acostumbrado a guardar cien pesos al mes.

Eso con las tarjetas de crédito. ¿Qué pasa con las hipotecas? ¿Deberías adelantar los pagos o empezar a ahorrar? A menos que adelantes una buena cantidad, no se te reducirán gran cosa las mensualidades. O sea que si destinas una parte de tu ingreso a empezar un guardadito, inauguras algo que se convertirá en un buen hábito.

4. **¿Es mejor rentar o comprar?** Dicen las abuelitas que cuando rentas, le regalas tu dinero al casero. Sin embargo, en momentos cuando hay una gran oferta de casas en renta, puedes obtener una ventaja si eres tú el que paga el alquiler en lugar de comprar tu propia casa, porque en ese caso, las rentas van a la baja. Pagas una renta que representa apenas un pequeño porcentaje del valor de la vivienda y no tienes que pelear con el plomero, el carpintero y el zángano de tu esposo porque no cuelga ni un toallero. Esa es una ventaja de rentar sobre comprar. Hay un argumento a favor de comprar una vivienda: siempre, o casi siempre, aumenta de valor. Si tienes todo el dinero junto para pagar de un trancazo la vivienda, ese mismo dinero podrías destinarlo a otra inversión; por ejemplo, un negocio que te dé para vivir y genere mayores rendimientos que el aumento anual de precio de la casa. Claro, si no eres muy bueno para emprender o para encontrar buenas inver-

siones, escucha a tu abuelita. A la hora de hacer cuentas, no te olvides de considerar que cuando compras una casa debes pagar el impuesto predial y el mantenimiento.

5. **¿Es momento de comprar una vivienda a crédito?** Hay muchos conductores de noticiarios que son como Chicken Little, el pollito que cree que el cielo se está cayendo porque le cae una cáscara de huevo en la cabeza. Según ellos, todo el tiempo, todo está por derrumbarse, en especial la economía. Cuando uno escucha esas noticias catastróficas, se asusta y se pregunta si este será el momento de comprometerse con una hipoteca. Las hipotecas de los bancos tienen tasas fijas y pagos mensuales conocidos a todo lo largo del crédito, así que eso no cambia con las crisis económicas. Sí hay créditos, en especial los del Infonavit, que se ajustan cada año y eso podría convertirse en un peligro a la hora de pagar. Lo que tendrías que preguntarte es si tu fuente de ingresos está amenazada por esa situación que crees que va a suceder.

6. **¿Qué porcentaje de mi ingreso debería ahorrar?** La respuesta clásica es 10%. No está mal, sobre todo si empiezas desde joven. Si vas a destinar ese ahorro única y exclusivamente a engordar tus cuentas para el retiro, tal vez, repito, tal vez, sea suficiente.

   Si no tienes afore y empiezas a ahorrar a los 25 años para tu retiro, tendrías que destinar 8.4% de tu sueldo (suponiendo que tu dinero ganará buenos rendimientos durante los cuarenta años que te faltan para retirarte). Si empiezas a los 45 años, deberías guardar la tercera parte de tu sueldo para alcanzar la meta de tener un buen ahorro que te permita mantenerte cuando estés jubilado.

7. **¿Debería entrar a la Bolsa Mexicana de Valores?** Invertir en la Bolsa, dices, ¿verdad? Porque entrar al edificio de la Bolsa Mexicana de Valores, ese que rodean algunos manifestantes pensando que ahí están los odiosos capitalistas, no tiene mucho chiste. Seguro habrás visto en películas que hay unas personas muy trajeadas gritando porque quieren comprar o vender tal o cual acción de una empresa. Eso se terminó desde 1999, cuando todas las operaciones en la Bolsa Mexicana de Valores empezaron a hacerse vía electrónica. En el famoso mercado bursátil de Wall Street todavía se da el griterío; en México no. Pero veamos, ¿deberías invertir en la Bolsa? Sí, porque puedes obtener mejores rendimientos en el largo plazo. De hecho, si tienes una afore, una parte de tu ahorro para el retiro ya se destina a comprar títulos de fondos que están en la Bolsa de Valores. Tú podrías entrar a la Bolsa por tu cuenta, pero más vale que inviertas en lo que sí entiendes. ¿Qué tanto sabes de Walmart de México, de Cemex o de Femsa, empresas que cotizan en la Bolsa? ¿Eres capaz de imaginar si subirán o bajarán de precio sus acciones y cuándo comprar o vender? Es probable que no, pero sí podrías aprovechar las ventajas de la Bolsa de Valores si

entras a un fondo de inversión. Si puedes esperar cinco años, cuando menos, para ver resultados, puede convenirte, siempre y cuando sepas lo que estás haciendo.

8. **¿Compro oro?** Hay unas moneditas en Internet que se llaman *bitcoins*. No está muy claro todavía cómo funcionan pero se supone que son muy pocas y que por eso suben de precio. Esa moneda es tan misteriosa como el oro: vale precisamente porque tiene valor; el oro tiene la ventaja de que se puede tocar y el *bitcoin*, de que puede guardarse en la computadora. Todavía es más fácil comprar oro: se vende en las joyerías y en las casas de empeño. Comprarlo sirve para convertir los billetes y monedas en algo tangible que podrá venderse o empeñarse después, cuando se necesite, con la esperanza de que aumente de precio. Casi siempre aumenta, lo cual es diferente de "siempre aumenta". Puede ser un buen refugio contra la inflación, aunque no completamente infalible. Si lo compras en forma de joya, cuando la vendas, al comprador no le importará el diseño del aretito o del collar, sino que pagará por el peso en oro, lo cual puede restarle valor a tu objeto; si lo compras como una de esas monedas conocidas como centenarios, éstas se pueden raspar y perder valor. Los bancos pagan mejor los centenarios mejor conservados. Para comprar un centenario vas a un banco y el precio de venta es como 18 o 19% mayor que el precio de compra. O sea que si compras un centenario, tendrás que esperar que suba 19% de valor tan solo para recuperar lo que invertiste en él, algo que puede tomar algunos años.

9. **¿Ya vendo mi terrenito?** Lex Luthor, el malo de *Superman*, dice que la gente siempre necesitará tierra, y eso es algo que todavía no es manufacturado por el hombre. A ese malvado siempre le gustó la inversión en bienes raíces. En una de las películas compra baratos miles de terrenos en el desierto junto a California y planea destruir ese estado con una megabomba para que los sobrevivientes le compren un terreno en lo que sería la nueva costa oeste de Estados Unidos (California iba a hundirse con la bombota). Lex Luthor sí que sabía cómo aumentar el valor de sus terrenos: incrementando la demanda por ellos. Más allá de lo absurdo que es tener el dinero suficiente para comprar los terrenos y después construir la súperbomba para destruir California, en lugar de disfrutar esa millonada desde ahora, los terrenos sí pueden ser una buena inversión, siempre y cuando sepas cuándo es el momento de comprar y cuándo el de vender. Desde el momento en que compras tienes que decidir cuándo tendrías que vender el terreno. Si lo adquieres en una zona que está en desarrollo porque empezaron a generarse más empleos y hay gente que va a vivir ahí, decide cuánto quieres ganarle. Lo pones en oferta, ves si ya alcanzas a sacar esa ganancia y, si la alcanzas, lo vendes. No obstante, tienes que definir el momento desde el principio, porque si no, se te podría pasar la oportunidad de venderlo con ganancia. Lo importante es que no te propongas una ganancia es-

pectacular y que durante un buen rato revises cuánto suben de precio dichos terrenos. Esperar una ganancia superior a la que fijaste al principio podría hacer que no lo vendieras. Es verdad que no se manufacturan muchos terrenos, pero sí es probable que la demanda por un lugar empiece a disminuir llegado cierto punto.

10. **¿Cuál es la mejor inversión?** Esta es una pregunta capciosa. En realidad deberías volver a formularla porque nunca encontrarás una respuesta. ¿Qué quieres lograr con tu inversión? ¿Sacar el dinero dentro de seis meses para pagar la colegiatura de los niños? Entonces mete el dinero a una inversión segura, aunque no dé grandes rendimientos. ¿Puedes esperar diez años? Entonces puedes meterte en un negocio que tome tiempo para madurar, pero del que puedas obtener grandes ganancias. La respuesta es que no hay una mejor inversión para todo. No puedes esperar el menor riesgo con el mayor rendimiento. Tienes que escoger porque las inversiones poco riesgosas dejan poco dinero y las muy riesgosas pueden dejarte ganancias (o pérdidas).

Capítulo 23

Los 10 mitos más locos sobre el dinero

1. **Los bancos (o el gobierno) van a devaluar.** Por fortuna, en buena parte del mundo civilizado eso de que el gobierno devalúe la moneda ya se convirtió en un mito o en un mal recuerdo. Sin embargo, fue una realidad hace no mucho tiempo. **¿Qué pasaba antes que no pasa ahora?** En el caso de México, el presidente en turno tenía poder directo sobre las decisiones del banco central (Banco de México) y se fijaba un tipo de cambio del peso frente al dólar. Ese tipo de cambio tenía que sustentarse en las reservas de dólares y oro que tuviera el banco central... y en la palabra del presidente.

Cuando los mercados internacionales empezaban a sospechar que el peso no era en realidad tan fuerte como decía el presidente, había ataques contra la moneda, para ver qué tanto el gobierno la sostenía en el nivel puesto por decreto. A esos ataques se sumaba la liberalidad del gobierno que se ponía a imprimir billetes para mantener un tren de gastos faraónico, y para pagar deudas que contraía con prestamistas nacionales y extranjeros.

Llegaba un momento en que no había reservas suficientes para mantener el nivel que se había fijado y entonces el gobernante tenía que salir a anunciar que dadas las condiciones actuales del entorno económico mundial y considerando bla, bla, bla, se ajustaría la banda de flotación del peso. O sea que se aventaban un rollo enorme para decir que no quedaba más remedio que aceptar la realidad y devaluar el peso frente al dólar.

¿Qué pasa ahora? El valor del peso frente al dólar fluctúa de acuerdo con las condiciones del mercado, de manera que ya no es tan probable que el gobierno decrete una devaluación de un momento a otro. **Conclusión:** Por lo pronto, el gobierno no tiene tanta fuerza como para decretar el valor del peso frente al dólar, así que podría decirse que ya no es tan fácil que se presente el fantasma de las devaluaciones por orden del presidente. Eso no evita que haya ocasionales caídas del valor del peso frente a otras monedas. Eso sí: tienes que mantener la cordura. Si ganas en pesos, lo mejor es que tus deudas no estén en dólares. Y si tienes compromisos en monedas diferentes al peso, necesitas conseguir alguna forma de cubrirte. Hay instrumentos en México que pueden ayudarte a hacerlo.

2. **El dinero no da la felicidad, pero cómo se le parece.** Tampoco el agua da la felicidad, pero cómo la necesitas para vivir. El dinero te sirve para comprar lo necesario para tu subsistencia. Si no da la felicidad, la falta de dinero sí puede causar muchas amarguras. Por eso te conviene romper con esa idea de que es puro materialismo y consumismo pensar en que el dinero compra la felicidad. Lo necesitas para mantener la tranquilidad... y para no vivir de prestado.

3. **El dinero es malo.** En realidad el dinero solo es un medio. Es un símbolo que ayuda a la humanidad para ponerse de acuerdo a la hora de cambiar unas cosas por otras. Cuando piensas que el dinero es malo y que no hay que esforzarse mucho por conseguirlo podrías convertirte en lo que los economistas llaman, en forma muy elegante, gorrón. Es decir, alguien que vive del esfuerzo de los demás.

4. **No hay que arriesgarse... nunca.** Con ese tipo de pensamiento uno podría concluir que hay que refugiarse en una casita y vivir tranquilos sin andar tentando al demonio con inversiones arriesgadas. Pero no hay una seguridad absoluta. Invertir todo tu tiempo en mantener un empleo, en apariencia seguro, en lugar de buscar otras formas de ingreso o de prepararte para el cambio, puede ser muy riesgoso. Dejar tu dinero en un pagaré bancario, en donde se supone que está más seguro que en cualquier otra inversión, es perderse las ganancias de otros instrumentos y poner en riesgo tu capacidad de compra en el futuro, porque con el pagaré bancario no alcanzas a defenderte de la inflación.

5. **Las afore son un robo.** Tanto se ha dicho en los medios que las administradoras de fondos para el retiro (afores) de México son de las que más cobran comisiones del mundo o que en ciertas épocas han perdido valor, que algunos concluyen que están diseñadas para robar a los trabajadores.

Si se trata de opiniones, las afores bien podrían bajar sus comisiones. Casi no tienen que hacer esfuerzos para atraer clientes, sus oficinas de atención no requieren muchos lujos y el volumen les permite hacer grandes inversiones sin tener que lidiar con los caprichos de miles de usuarios diferentes. No obstante, aun con el nivel de comisiones que tienen y las ocasionales bajas, por la volatilidad de los mercados financieros, las afores han dado mejores rendimientos que muchos otros destinos para la inversión.

Es probable que con un mayor monto de inversión y algo de asesoría puedas conseguir más ganancias para tus fondos de pensiones, pero la afore es de lo mejor que puedes conseguir con montos bajos y prácticamente sin esfuerzo. Así que si puedes aumentar el ahorro con alguna aportación voluntaria a tu afore, no estaría mal que lo hicieras.

6. **Es mejor gastar ahora porque el dinero pierde valor.** Sí, un peso hoy vale más que un peso mañana, por el efecto de la inflación. Sin embargo, lo que necesitas consumir cambia con tu momento de la vida. A lo mejor hoy necesitas gastar en un auto, pero mañana necesitarás recursos para pagar atención médica o un lugar entretenido donde puedas convivir con tus nietos.

7. **Solo los ricos tienen acceso a inversiones con buenos rendimientos.** Esta es una gran verdad si te comparas con los multimillonarios de la lista de Forbes o con el feliz 1% de la población mexicana que puede hacer planeaciones y pagar carísimos abogados fiscalistas para liberarse de buena parte de los impuestos y además puede arriesgar su dinero en empresas audaces, con grandes ganancias. Sí, tal vez tú no puedas meter tus inversiones en un laboratorio que saque un gran medicamento con enormes ganancias, pero sí puedes entrar a inversiones con muchísimos mejores rendimientos que los que te dan los instrumentos financieros tradicionales. Con el mito de que solo los ricos pueden invertir te pierdes los fondos de inversión, incluso las afores, y te quedas sentado sobre tu ahorro. Tú puedes conseguir, por ejemplo, un plan personal de retiro que además te ayudará a pagar menos impuestos.

8. **Es posible conseguir grandes ganancias en Internet, invirtiendo en los mercados de divisas.** Creer que tú puedes obtener premios extraordinarios porque alguien te revela un secreto es muy peligroso. Y suele suceder. A cada momento las autoridades mexicanas alertan sobre sitios de Internet que captan dinero del público para especular con el tipo de cambio del peso frente a otras monedas, y aun así hay quien cae en la trampa. Es muy difícil adivinar cuál será el rumbo del tipo de cambio en un momento determinado del día o del mes, pero es muy fácil poner en riesgo el dinero en apuestas como las que ofrecen esos mercados de divisas por Internet. Hay algunos sitios que no solo ponen en riesgo el dinero que se tiene, sino que llevan al usuario a endeudarse para apostar sobre el valor del peso frente a otras monedas. Regla número 1: revisar siempre que las instituciones financieras estén vigiladas por las autoridades de tu país.

9. **En la Bolsa de Valores los especuladores se aprovechan de ti.** En la Bolsa tú puedes comprar y vender acciones de empresas que consideras que pueden darte rendimientos a lo largo del tiempo. No hay una conspiración para quitarte tu dinero. Eso sí: debes estar alerta sobre el tipo de gobierno corporativo que tenga la empresa de la cual compres acciones. Las empresas que cotizan en la Bolsa de Valores están obligadas a respetar los derechos de los accionistas minoritarios (o sea tú, si compras acciones en la Bolsa). A veces, algunas empresas no lo han hecho. Hay que estar atento a los movimientos de los accionistas mayoritarios de la compañía de la cual compras acciones y revisar que tenga un buen consejo de administración.

10.Hay una conspiración. Cada tanto tiempo, sobre todo en medio de la confusión que generan las grandes crisis financieras, surge alguna teoría de la conspiración. Por ejemplo, que un grupo de malosos, reunidos en algún lugar de Nueva York, planean llevarse todos los pesos a una montaña y sustituirlos por monedas de plástico. Algo así sucedió durante la crisis de 2008, cuando había un popular video por Internet que decía que el gobierno estadounidense estaba llenando unos barcos con monedas para llevárselos a algún refugio, y que para engañar a los usuarios estaba repartiendo billetes sin valor. Si el gobierno se apropia del dinero de todo el mundo, dime: ¿cómo le hará para que la economía funcione y para que las empresas generen utilidades y los trabajadores reciban un sueldo? Y si eso no sucede, ¿a quién le cobraría impuestos?

IDIOMAS

Alemán
PARA
DUMMIES

Aprende a:
- Conversar en el idioma con más hablantes nativos de la UE
- Pronunciar con un buen acento
- Utilizar el vocabulario propio de los negocios
- ¡Disfrutar más de tus escapadas a zonas de habla alemana!

**Paulina Christensen
Anne Fox**

Chino
PARA
DUMMIES

Aprende a:
- Hablar chino sin dificultad
- Incluye vocabulario básico, normas de pronunciación y gramática, referencias culturales y pautas de etiqueta
- Dirigida a viajeros, estudiantes de relaciones internacionales, gente de negocios y aficionados a los idiomas

Wendy Abraham
Profesora de chino y directora asociada del Centro de Estudios Iwaltinos de Stanford

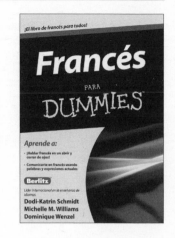

Francés
PARA
DUMMIES

Aprende a:
- ¡Hablar francés en un abrir y cerrar de ojos!
- Comunicarte en francés usando palabras y expresiones actuales

Berlitz
Líder internacional en la enseñanza de idiomas

**Dodi-Katrin Schmidt
Michelle M. Williams
Dominique Wenzel**

Frases en francés
PARA
DUMMIES

- Conoce rápidamente los fundamentos del idioma
- Habla sin dificultad con la ayuda de los puntos de pronunciación
- Encuentra el vocabulario que necesitas en las secciones "Palabras para recordar"

**Dodi-Katrin Schmidt
Michelle M. Williams
Dominique Wenzel**
Autores de *Francés para Dummies*

Frases en inglés
PARA
DUMMIES

Gail Brenner
Autora de *Inglés para Todos*

English Grammar
PARA
DUMMIES

Aprende a:
- Hablar y escribir en inglés correctamente y sin dificultad
- Detectar y evitar los errores más comunes
- Utilizar con rigor tiempos verbales, pronombres y preposiciones

Geraldine Woods

Inglés
PARA
DUMMIES

Aprende a:
- Hablar inglés desde el primer día con esta guía fácil y divertida
- Comunicarte eficazmente en inglés
- Pronunciar correctamente, aprender un poco de gramática, diálogos y muchos trucos sencillos

Gail Brenner
Creadora y profesora del programa de inglés de Nivel Intensivo en la Universidad de California

Italiano
PARA
DUMMIES

Aprende a:
- Mantener conversaciones formales e informales
- Pronunciar como los nativos
- Utilizar el vocabulario propio de los negocios
- Descubrir las costumbres y las palabras tabú para los italianos

**Francesca Romana Onofri
Karen Antje Möller**

Business English
PARA
DUMMIES

Aprende a:
- Liderar reuniones y negociaciones con éxito
- Prestar una excelente atención al cliente
- Llevar al día tu networking internacional
- Sentirte seguro en un entorno de negocios en inglés

More business English
PARA
DUMMIES

Portugués
PARA
DUMMIES

Aprende a:
- Mantener conversaciones formales e informales
- Pronunciar correctamente
- Utilizar el vocabulario propio de los negocios
- Descubrir las costumbres y las palabras tabú, tanto en Portugal como en Brasil

Karen Keller

¡El libro de ajedrez para todos!

Ajedrez
PARA
DUMMIES

¡El libro de póquer para todos!

Póquer
PARA
DUMMIES

Aprende a:

- Conoce la habilidad y la suerte
- Interpretar las pistas de tus oponentes
- Descubrir el Texas Hold'em, el 7-Card Stud y el Omaha Hi/Lo

Richard D. Harroch
Abogado y periodista

Lou Krieger
Columnista de Poker Player Digest

Gerard Serra
Uno de los mejores jugadores y analistas

¡El libro para entender a tu perro para todos!

Entiende a tu perro
PARA
DUMMIES

Aprende a:

- Mejorar la comunicación con tu mascota
- Descubrir cómo piensa tu perro y a educarlo mejor
- Mostrarle quién es el líder

Stanley Coren y Sarah Hodgson
Expertos en comportamiento canino

Carlos Rodríguez (asesor)
Veterinario, presentador del programa Como el perro y el gato (Onda Cero)

¡El libro de guitarra para todos!

Guitarra
PARA
DUMMIES

Aprende a:

- Dominar todas las bases técnicas para tocar la guitarra
- Utilizar los mejores trucos y tocar fácilmente bonitas melodías
- Distinguir los estilos musicales más diversos: rock, jazz, folk, guitarra clásica...

Mark Phillips
Director musical de Cherry Lane Music Company

Jon Chappell
Guitarrista y escritor

¡El libro de magia para todos!

Magia
PARA
DUMMIES

Aprende a:

- Hacer magia increíble de manera práctica y sencilla
- Desentrañar el misterio de cada truco con fotos paso a paso
- Asombrar a tus amigos, a tu familia y a tus colegas

David Pogue
Mago y columnista de The New York Times

Recomendado por la Fundación Abracadabra de Magos Solidarios

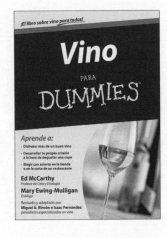

¡El libro sobre vino para todos!

Vino
PARA
DUMMIES

Aprende a:

- Disfrutar más de un buen vino
- Desarrollar tu propio criterio a la hora de degustar una copa
- Elegir con acierto en la tienda o en la carta de un restaurante

Ed McCarthy
Profesor de Cata y Enología

Mary Ewing-Mulligan
Enóloga

Revisado y adaptado por **Miguel Á. Rincón e Isaac Fernández**
periodistas especializados en vino

¡El libro de enigmas y misterios para todos!

Enigmas y misterios
PARA
DUMMIES

Aprende a:

- Descubrir la lógica oculta de los acontecimientos
- Conocer qué ciencias estudian los enigmas y qué métodos emplean
- Distinguir qué misterios mantienen en vilo a los investigadores
- Cuestionarte las versiones oficiales sobre los grandes hechos históricos

J. J. Benítez
Periodista, escritor de bestsellers e investigador de fenómenos paranormales

¡El libro de cocina para todos!

Cocina fácil
PARA
DUMMIES

Aprende a:

- Cocinar desde el primer día, aunque tengas aversión a los fogones
- Organizar tu cocina para que todo resulte más fácil
- Elaborar la lista de la compra para ahorrar más
- Preparar 300 recetas que te facilitarán la vida

Inés Ortega
Autora de recetas mundialmente conocidas

¡El libro sobre matemáticas para todos!

Matemáticas cotidianas
PARA
DUMMIES

Aprende a:

- Calcular rápidamente precios, intereses, tasas y demás retos económicos domésticos
- Descubrir trucos y trampas escondidos en la letra pequeña de los anuncios y contratos
- Divertirte y poner en forma tu agilidad mental con juegos y ejercicios del día a día

Charles Seiter
Adaptado por Marc Meléndez, físico y matemático

SALUD

¡El libro de pilates *para todos!*

Pilates
PARA
DUMMIES

Aprende a:

- Aplicar la filosofía básica del método pilates
- Progresar con fluidez en las series de suelo (prepilates, principiante, intermedio y avanzado) y tonificar abdomen, trasero, espalda, muslos y otros músculos, además de lograr un mayor control corporal
- Tratar dolores y lesiones
- Beneficiarte de las máquinas específicas para trabajar pilates

Ellie Herman
Instructora certificada del método pilates

¡El libro sobre perder peso *para todos!*

Perder peso
PARA
DUMMIES

Aprende a:

- Perder peso sin pasar hambre
- Identificar los pros y las contras de las dietas más populares
- Elegir la dieta más sana para ti, según tu edad, tu ritmo de vida y tus necesidades.
- Combatir los malos hábitos alimentarios

Ramón Sánchez-Ocaña
Periodista especializado en salud y nutrición

¡El libro de yoga *para todos!*   Nueva edición

Yoga
PARA
DUMMIES

Aprende a:

- Diseñar tu propio programa de yoga
- Escoger la enseñanza más adecuada según la edad: para niños, adolescentes, adultos o mayores
- Integrar los beneficios del yoga en tu programa habitual de ejercicio y bienestar

Georg Feuerstein
Profesor e historiador de yoga, autor de más de 40 obras

Larry Payne
Profesor y terapeuta de yoga

José Fco. Argente (rev.)
Formador de profesores de yoga

¡El libro sobre el embarazo *para todos!*   Nueva edición

Embarazo
PARA
DUMMIES

Aprende a:

- Planificar tu embarazo y prepararte para el parto
- Evaluar los pros y las contras de las pruebas de diagnóstico más avanzadas

Joanne Stone y Keith Eddleman
Médicos ginecólogos

Mary Duenwald
Periodista

Revisado por Carlos Molina, médico ginecólogo

¡El libro sobre psicología *para todos!*

Psicología
PARA
DUMMIES

Aprende a:

- Comprender cómo funciona el cerebro humano
- Reconocer las principales corrientes de la psicología moderna y sus aportaciones
- Identificar las fases de psicología evolutiva
- Detectar síntomas de posibles patologías

Adam Cash
Psicólogo

¡El libro sobre meditación *para todos!*   Nueva edición

Meditación
PARA
DUMMIES

Aprende a:

- Adentrarte en técnicas de meditación eficaces
- Crear tu propio programa de meditación
- Meditar para aliviar el estrés, enriquecer tu vida espiritual e incrementar tu bienestar general

Stephan Bodian
Coautor de Budismo para Dummies

¡El libro sobre Masaje *para todos!*

Masaje
PARA
DUMMIES

Aprende a:

- Aliviar el estrés y calmar el dolor
- Aplicar las técnicas de masaje sueca, deportiva y de auto-masaje
- Mejorar la circulación, fortalecer el sistema inmunitario y potenciar la recuperación de los tejidos
- Concentrarte y lograr el equilibrio emocional

Steve Capellini
Titulado en masaje terapéutico, entrenador y consultor

Michel Van Welden
Licenciado en rehabilitación osteopática y neuroalgia

¡El libro sobre cómo ponerse en forma *para todos!*

Ponerse en forma
PARA
DUMMIES

Aprende a:

- Planificar tu programa de ejercicio, según tu estado de forma física
- Alimentarte de forma equilibrada y sana
- Concentrarte y mantener la motivación para seguir tu programa
- Elegir los ejercicios adecuados para tonificar cada parte del cuerpo

Juan Rallo
entrenador personal y programador de un gimnasio

¡El libro sobre el cuidado de tu hijo pequeño *para todos!*

Tu hijo de 0 a 3 años
PARA
DUMMIES

Aprende a:

- Reconocer los principales hitos en su proceso de crecimiento y maduración
- Identificar los síntomas que requieren una visita al médico
- Crear un entorno seguro para que crezca sin riesgos
- Disfrutar de la experiencia de ser madre o padre

Dr. Jordi Pou Fernández
exjefe de los servicios de Pediatría y Urgencias del Hospital de Sant Joan de Déu (Barcelona)

MANAGEMENT

¡El libro de coaching para todos!

Coaching

PARA

DUMMIES

Aprende a:
- Cómo equilibrar tu vida y darle más sentido con el coaching
- Motivarte, tomar el control de tu vida y desarrollar todo tu potencial

Jeni Mumford
Experta en coaching y PNL
Alfredo Diez (asesor)
Coach, especialista en habilidades directivas

¡El libro de PNL para todos!

PNL

PARA

DUMMIES

Aprende a:
- Equilibrar tu vida y darle más sentido con la programación neurolingüística
- Liberar tus pensamientos negativos y potenciar tus creencias positivas sobre ti y sobre el mundo que te rodea

Romilla Ready
Kate Burton
Xavier Guix (asesor)

INFORMÁTICA

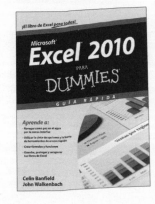

¡El libro de Excel para todos!

Microsoft
Excel 2010
PARA
DUMMIES
GUÍA RÁPIDA

Aprende a:
- Navegar como pez en el agua por la nueva interfaz
- Utilizar la cinta de opciones y la barra de herramientas de acceso rápido
- Crear fórmulas y funciones
- Guardar, proteger y recuperar tus libros de Excel

Colin Banfield
John Walkenbach

RELACIONES

¡El libro de sexo para todos!

Nueva edición

Sexo

DU

Aprende a:
- Gozar de una sexualidad sana durante toda tu vida
- Descubrir tu cuerpo y el de tu pareja, para una relación más satisfactoria
- Hablar de sexo con tus hijos con toda naturalidad

Dra. Ruth Westhe...
Terapeuta sexual de fama mundial y profesora universitaria
con Pierre A. Lehu
Dra. María Pérez Conchillo
Sexóloga

¡El libro sobre la seducción para todos!

El arte

DU

Aprende a:

El libro sobre el Kama-sutra para todos!

Kama-sutra

PARA

DUMMIES

...rende a:
- ...utar mucho más de tus ...nes sexuales
- ...escar tu vida de pareja con ...sis de creatividad y fantasía
- ...ar la belleza de la poesía
- ...icar los principios zaragoza ...sicología sexual masculina ...nina

...la Gallotti
...especialista en sexología

ESPIRIT

¡El libro de budismo p...

Bu

DU

Aprende a:
- Aplicar las enseñanzas mi... de Buda en pleno siglo xx...
- Practicar la meditación y ... el despertar espiritual
- Alcanzar la serenidad y la ... interior

Jonathan Landaw
Antiguo editor en traduccio... al inglés del Dalai-lama
Stephan Bodian
Maestro budista Zen y psicólogo